Digital Storytelling im Web

Markus Säwert · Roland Riempp

Digital Storytelling im Web

am Beispiel von scroll-activated animations

mit 131 Abbildungen und 44 Code-Beispielen

Springer Vieweg

Markus Säwert
Bretzfeld, Deutschland

Roland Riempp
Offenburg, Deutschland

Satz: Druckfertige Daten der Autoren

ISBN 978-3-658-23054-8   ISBN 978-3-658-23055-5 (eBook)
https://doi.org/10.1007/978-3-658-23055-5

Die Deutsche Nationalbibliothek verzeichnet diese Publikation in der Deutschen Nationalbibliografie; detaillierte bibliografische Daten sind im Internet über http://dnb.d-nb.de abrufbar.

Springer Vieweg

Springer Vieweg ist ein Imprint der eingetragenen Gesellschaft Springer Fachmedien Wiesbaden GmbH und ist ein Teil von Springer Nature.
Die Anschrift der Gesellschaft ist: Abraham-Lincoln-Str. 46, 65189 Wiesbaden, Germany

Danksagung

Ein spezieller Dank geht an Herrn Martin Börger und Frau Sophia Leonhard von Springer Vieweg für ihre fundierte fachliche Beratung und ihre große Geduld bei der Begleitung und Unterstützung der Autoren.

Ein weiterer Dank geht an alle Unternehmen und Personen, die freundlicherweise die Nutzungsrechte ihrer Inhalte für dieses Buch eingeräumt haben.

Nicht zuletzt gilt der Dank den Familien und Freunden der Autoren, die durch ihre Unterstützung und ihren Verzicht auf viele gemeinsame Stunden die Publikation dieses Buches erst möglich gemacht haben.

Links und Code-Listings

Im Inhalt dieses Buchs finden sich zahlreiche Verweise auf Beispiele aus der Praxis und inhaltliche Querverweise in Form von Weblinks.

Um dem Leser der Print-Ausgabe dieses Buches einen bequemeren Zugang zu den verlinkten Inhalten zu ermöglichen und umständliches Abtippen zu ersparen, wird eine umfangreiche Link-Liste online vorgehalten. Nach dem Download sollte diese Liste am besten mit Adobe Acrobat Reader geöffnet werden, damit die Links von dort aus durch Anklicken direkt im Webbrowser geöffnet werden können. Andere PDF-Reader arbeiten hierfür möglicherweise nicht befriedigend.

Weiterhin werden alle Code-Beispiele aus dem Buch ebenfalls digital zum Download vorgehalten und können so bequem ohne lästiges Abtippen weiterverwendet werden.

Der Zugriff auf Links und Code-Beispiele ist mit Passwort geschützt. Dieses finden Leser am Ende von Kapitel 1.

EXTRAS ONLINE

Unser Service für Leser

Code-Listings und Link-Sammlung zu diesem Buch können unter folgender URL abgerufen werden:

https://www.springer.com/de/book/9783658230548

Inhaltsverzeichnis

1. Einleitung **01**

2. Definition, Entwicklung & psychologische Wirkungsweise 09

2.1 Definition 10

    2.1.1 Visual Storytelling 12

    2.1.2 Multimedia Storytelling und Scrollytelling 13

2.2 Die Geschichte des Storytellings 15

2.3 Warum das Gehirn Geschichten liebt 27

3. Medienformen **39**

3.1 Storytelling mit Text 40

3.2 Storytelling mit Bildern und Text 47

    3.2.1 Header-Bilder 52

    3.2.2 Hintergrundbilder 58

    3.2.3 Bilder im Inhaltsbereich 59

    3.2.4 Storytelling mit Infografiken 61

3.3 Storytelling mit Animationen und animierter Interaktion 66

3.4 Storytelling mit Video 72

3.5	Storytelling mit Audio	77
3.6	Storytelling mit Social Media	80
3.7	Multimediales Storytelling	82
3.8	Grafik-Novel	85
3.9	Multimediale Storytelling-Websites im Vergleich zu herkömmlichen Websites	87
3.10	Gründe für Digital Storytelling – Ein Fazit	89

4. Animationen im Web . . . 97

4.1	Definition Animation	98
4.2	Arten von Animationen	99
4.3	Funktion einer Animation	100
4.4	Herausforderungen moderner Web-Animationen	101
4.5	Animationen mit CSS3	103
	4.5.1 CSS3-Transform	104
	4.5.2 CSS3-Transition	107
	4.5.3 CSS3-Keyframe-Animation	110
	4.5.4 Aufbau einer CSS3-Keyframe-Animation	110
	4.5.5 Beispiel: Moving-<div>-Element	114
	4.5.6 Keyframe-Animationen kombinieren	115
	4.5.7 Responsive Keyframe-Animation	117
	4.5.8 Parallax-Effekt	117

4.6 Das Scalable-Vector-Graphics-Format (SVG) 122

4.6.1 SVG-Grafik versus Bitmap-Grafik 122

4.6.2 Einbindung von SVG-Grafiken 123

4.6.3 Aufbau einer SVG 128

4.6.4 SVG-Koordinatensystem

und Maßeinheit 129

4.6.5 SVG-Grundformen 133

4.6.6 SVG-Transformation 141

4.6.7 SVG-Filter 142

4.6.8 SVG-Effekte – Support 144

4.6.9 SVG-Animation 144

4.6.10 SVG-Tools 148

4.7 HTML5 Canvas 151

4.7.1 Aufbau des Canvas-Elements 152

4.7.2 Canvas in HTML einbinden 152

4.7.3 Koordinatensystem 153

4.7.4 Zeichnen mit Canvas 154

4.7.5 Canvas Pfade 156

4.7.6 Kreis zeichnen 157

4.7.7 Beispiel: Transformieren 159

4.7.8 Canvas Animation 161

4.7.9 Responsive Canvas 168

4.7.10 Canvas-Tools 170

4.7.11 Unterschiede zwischen SVG und Canvas 171

4.8 Scroll-activated animations 175

4.9 Tools für Digital Storytelling-Websites 178

4.9.1 Pageflow 178

4.9.2 Shorthand 178

4.9.3 Storyform 179

5. Demoprojekt 187

5.1 Anforderungen an
Digital Storytelling Websites 189

5.2 Konzeption 191

5.3 Screendesign 198

5.4 Coding 201

    5.4.1 Vorüberlegungen anhand
    des Screendesigns 201

    5.4.2 ScrollMagic.js 205

    5.4.3 Hello World und erste Schritte 215

    5.4.4 Multilayer-Parallax 217

    5.4.5 Mikroanimationen 225

    5.4.6 Scroll-activated animations 227

    5.4.7 Horizontale Navigation 229

    5.4.8 Schweinestall und Wiese
    jeweils mit Traktor 237

    5.4.9 JavaScript zur
    responsiven Positionierung 243

    5.4.10 Infobox 246

    5.4.11 Biogasanlage 249

    5.4.12 Gasleitung 254

    5.4.13 „Scroll down"-Hinweis 257

5.5 Weiterführende Anpassungen 262

6. Résumé 277

Abkürzungsverzeichnis

2D	Zweidimensionalität
3D	Dreidimensionalität
B2B	Business-to-Business
B2C	Business-to-Consumer
ca.	circa
CMS	Content Management System
CSS	Cascading Style Sheets
DOM	Document Object Model
DTD	Dokumenttypdefinition (Document Type Definition)
ebd.	ebenda
em	repräsentiert die vom Browser berechnete Schriftgröße des Elements, basierend auf der Schriftgröße des Elternelements
EU	Europäische Union
ex	Die x-Höhe der Schrift, relativ zur Schriftgröße des Eltern-Elements
f.	folgende
ff.	fortfolgende
fps	frames per second (Bilder pro Sekunde)
GIF	Graphics Interchange Format
GUI	Grafische Benutzeroberfläche (Graphical User Interface)
HD	High Definition
HTML	Hypertext Markup Language
ID	Identifikator
in	Inch

IT	Informationstechnologie
KB	Kilobyte
MB	Megabyte
mm	Millimeter
o. J.	ohne Jahr
PC	Personal Computer
pc	Pica
PNG	Portable Network Graphics
PR	Public Relations
pt	Punkt
px	Pixel
S.	Seite
SEO	Suchmaschinenoptimierung (Search Engine Optimization)
SVG	Scalable Vector Graphics
u. a.	und andere
URL	Uniform Resource Locator
US$	United States Dollar
v. Chr.	vor Christus
vgl.	vergleiche
Web	World Wide Web
WDR	Westdeutscher Rundfunk
WWW	World Wide Web
XML	Extensible Markup Language
z. B.	zum Beispiel
zit. n.	zitiert nach

Aus Gründen der einfacheren Lesbarkeit wird in diesem Buch bei der Nennung von grammatikalischen Personen nur die männliche Form verwendet.

1

Einleitung

Menschen erzählen sich Geschichten. Das tun sie schon immer, seit Anbeginn der Menschheit. Wozu tun sie das? Sie übergeben so Informationen vom Erzähler an die Zuhörer. Dies könnte man ja aber auch ohne Geschichte tun und das geschieht auch ständig in anderem Zusammenhang. Wieso also Information zuerst aufwändig in Geschichten verpacken, um sie zu übergeben? Dafür muss es einen Grund geben.

Geschichten haben das Potential zu fesseln. Sie halten die Zuhörer bei der Stange, binden sie an den Erzähler. Sie wecken die Neugier. Man möchte wissen, was als nächstes kommt. Wie geht es weiter?

Informationen werden nicht einfach trocken übergeben. Sie werden aneinander gereiht in einer gezielten Form. Es entsteht ein roter Faden, eine bewusst angelegte Sequentialität dieser Informationen.

Und das kann nicht Jeder. Es gibt gute Erzähler, und nicht so gute. Geschichten gekonnt zu erzählen, muss man lernen und üben. Das ist anspruchsvoll und stellt eine Herausforderung dar für die Erzähler.

Geschichten in ihrer ursprünglichen mündlicher Form haben aber zwei gravierende Nachteile: sie sind flüchtig und sie sind lokal. Nur wer zum Zeitpunkt der Erzählung vor Ort ist, hat Zugang zu ihnen.

Um dieses Problem zu lösen, entwickelte die Menschheit Medien. Allen voran die Schrift. Mit ihrer Erfindung liessen sich die Geschichten nun festhalten und über Zeit und Raum transportieren. Ein großer Vorteil.

Um eine solche Geschichte von ihrer schriftlichen Form wieder in die ursprüngliche mündliche Form zu bringen, wird sie vorgelesen. Das funktioniert prima, wenn der Vorlesende gut vorlesen kann.

Seit Erfindung der Tonaufzeichnung kann man sich den Umweg über die Schrift sogar noch sparen und direkt die gesprochenen Worte des Erzählers in ihrer ursprünglichen verbalen Form festhalten. Noch besser.

Heutzutage kann man die Tonaufzeichnungen digitalisieren und dadurch noch einfacher verbreiten. Über das Internet sogar masselos und ohne Tonträger.

Ist auf diese Weise nun aus der mündlich erzählten Geschichte eine Digital Story geworden und aus dem Geschichtenerzähler ein Digital Storyteller? Ist das Ganze jetzt Digital Storytelling im Web? Nein, irgendwie nicht.

Irgendetwas ist anders. Aber was eigentlich?

Das Web ist meist stumm. Nutzer verzichten auf Audio, weil sie es als störend empfinden, speziell in öffentlichen Situationen. Und durch die mittlerweile primäre Nutzung von mobilen Endgeräten als Zielplattformen für Inhalte aus dem Web, zumindest bei Privatpersonen, ist dieser Trend eher noch verstärkt worden.

Was bedeutet das aber nun für das Erzählen von Geschichten in unserer heutigen Zeit, die so sehr vom Web geprägt ist?

Das Erzählen von Geschichten muss sich zwangsläufig an diese Gegebenheiten und Gepflogenheiten anpassen. Muss sich quasi neu erfinden.

Es muss sich von einer primär auditiven Form in eine primär visuelle Form wandeln. Eine Metamorphose.

Die Erzähler sind gefordert, neue Wege zu finden, um Ihre Geschichten zu verpacken. Visuelle Geschichten, an Stelle von auditiven Geschichten.

Naja, auditive Geschichten visuell machen, das ist doch eigentlich ganz einfach. Das wurde doch bereits vor langer Zeit erfunden. Einfach die mündlichen Geschichten in Buchstaben kleiden. Dann sind sie plötzlich visuell. Und diese Buchstaben digital über das Internet verbreiten. Fertig ist das Digital Storytelling im Web, oder?

Weit gefehlt. Warum? Nutzer des Webs möchten dort typischerweise keine ellenlangen Texte lesen, das haben diverse Untersuchungen gezeigt.

Kurze Texte werden bevorzugt, lange meist nur kurz angelesen oder gleich ganz übersprungen.

Was nun? Digital Storytelling im Web muss folglich nicht nur visuell sein, sondern dabei auch noch auf das geschriebene Wort als primären Informationsträger verzichten.

Geht das überhaupt? Wir stellen eine Reihe von Abbildungen ins Web und streuen dazwischen wenige kurze Textblöckchen ein. Ist das Digital Storytelling im Web?

Und was ist dann eigentlich mit dem roten Faden? Mit der Faszination einer Geschichte? Mit der Neugier auf das Kommende entlang der Erzählstrecke?

Und hier kommt nun die scroll-activated-animation ins Spiel. Da ist er wieder, der rote Faden. Der Nutzer scrollt sich mit der Maus schön sequentiell durch die Erzählung. Oder er wischt dafür mit dem Finger auf Smartphone und Tablet.

Der Erzähler reiht dafür die einzelnen Anteile der Erzählung ganz gezielt in einer sequentiellen Form aneinander an. Sehr genau überlegt er sich dabei, welcher Anteil nach welchem vorherigen kommen soll. Er baut den roten Faden auf, dem der Nutzer später folgt auf seiner sequentiellen Tour durch die Inhalte, immer neugierig, was wohl als nächstes kommen wird auf seiner Scroll-Reise durch die angebotene visuelle Geschichte.

Das ist es! So funktioniert Storytelling auch in unserer Web-zentrierten Zeit.

Und wofür ist dabei eigentlich das Mittel der Animation gut? Animationen erlauben es, Inhalte zu inszenieren, sie gezielt erscheinen zu lassen und auch wieder zu verbergen. Ähnlich wie Schauspieler in einem Film. Sie erscheinen dann, wenn der Drehbuchautor und der Regisseur dies wünschen, erfüllen ihre Rolle und entfernen sich wieder aus der Szene. Einzeln oder in Gruppen, losgelöst vom Hintergrund. Auf ähnliche Weise kann scroll-activated-animation eingesetzt werden, um Inhaltsanteile entlang der Erzählstrecke sequentiell anzubieten und sie dabei würdig erscheinen und wieder gehen zu lassen, beispielsweise mit einer weichen Ein- und Ausblendung. Und der Nutzer kann diesen Fortgang oft auch noch selbst steuern und an seine Wünsche anpassen über die angebotene Interaktivität.

Das Mittel der Animation kann alternativ oder parallel auch zur Stimulierung und Lenkung der Aufmerksamkeit des Nutzers eingesetzt werden. Sein Blick wird dabei über den Bildschirm geführt vom digitalen Erzähler, indem dieser kleine aufmerksamkeitslenkende Animationen gezielt einsetzt, um den Nutzer so zu leiten entlang der Erzählung.

Animation kann aber auch Teil des eigentlichen Informationsgehaltes sein. Gewisse Informationen lassen sich wesentlich intuitiver aufnehmen und verstehen, wenn sie in bewegtbildlicher Form angeboten werden. Und dies oft noch viel wirkungsvoller, wenn dabei dem Nutzer zusätzlich noch der Zugriff auf die Geschwindigkeit und Abfolge der Darbietung eingeräumt wird mittels Interaktivität.

An dieser Stelle seien exemplarisch und vorab nur einmal diese drei Einsatzvarianten genannt. Die Möglichkeiten zum Einsatz von scroll-activated-animations sind damit jedoch noch nicht ausgeschöpft. In den weiteren Kapiteln dieses Buches wird auf sie noch weiter eingegangen werden und der Leser ist zudem aufgefordert, den Strauß der Möglichkeiten auch noch durch eigene neue Varianten zu erweitern.

Das vorliegende Buch widmet sich dem Digital Storytelling im Web und legt dabei bewusst seinen Fokus auf scroll-activated-animations. Hierbei werden wiederum speziell Animationen auf Basis von Vektorgrafik beleuchtet, weil selbige besonders gut zum Responsive Web passen, lassen sie sich doch ohne jeden visuellen Qualitätsverlust auf jede denkbare Bildschirmgröße skalieren, ganz im Gegensatz zu Animation auf Basis von Pixeln.

Das Buch ist dabei folgendermaßen aufgebaut:

Kapitel 2 bietet zunächst Begriffsdefinitionen und widmet sich dann einer Betrachtung der historischen Entwicklung des Geschichtenerzählens. Dabei wird beleuchtet, wie sich die Kommunikation entlang des kulturellen und technischen Fortschrittes bis heute verändert hat. Abschließend werden psychologische und neurowissenschaftliche Aspekte der menschlichen Informationsverarbeitung beleuchtet. Hierbei wird der Frage nachgegangen, weshalb Geschichten Menschen zeitlebens faszinieren und wie sie die mit ihnen vermittelten Informationen mental verarbeiten. Daraus können Schlüsse gezogen werden, die der Leser in eigenen Digital-Storytelling-Projekten anwenden und dadurch deren Qualität fundiert steigern kann.

Kapitel 3 untersucht anhand einzelner möglicher Medienformen im Web, wie diese für Digital Storytelling bereits verwendet werden. Eine umfangreiche Kollektion handverlesener Beispiele aus dem realen Web unterfüttert dies praxisnah. Dabei erfolgt jeweils auch eine kritische Betrachtung, worin die Vorteile aber auch die Grenzen jedes einzelnen Mediums in seiner Verwendung für das Digital Storytelling im Web liegen. Die Betrachtung erweitert Ihren Fokus schliesslich auf den Einsatz kombinierter Medien im Rahmen des Digital Storytellings und stellt die Idee des Multimedia-Storytellings vor. Dabei wird auf die Spezifika dieser spezifischen Kommunikationsform im Vergleich zu eher gängigen Inhalten im Web eingegangen.

Kapitel 4 legt den Fokus auf Storytelling im Web mittels Animation. Dabei werden auch drei unterschiedliche Möglichkeiten zur Umsetzung von Animation im Web näher untersucht und ausführlich im Detail und in der Anwendung beschrieben:

- ▶ CSS3-Animation
- ▶ SVG-Animation
- ▶ Animation mittels HTML5 Canvas

Weiter wird das Prinzip von scroll-activated-animations vorgestellt und deren technische Realisierung auf Basis von ScrollMagic beleuchtet. Eine Sammlung von Tools zur Realisierung von Digital Storytelling-Websites rundet das Kapitel ab.

Kapitel 5 stellt ein umfangreiches Demoprojekt vor und dokumentiert dabei dessen Konzeption und Realisation in aller Tiefe und Ausführlichkeit. Detailliert wird auf An- und Herausforderungen, Konzeptstellung, Gestaltung und Programmierung einer exemplarischen Digital-Storytelling-Website mit scroll-activated animations eingegangen. Der Leser kann jeden Schritt mitvollziehen und sich so aktiv in der Konzeption und Umsetzung schulen. Darüber hinaus werden Hinweise gegeben, wie das Demoprojekt weiterentwickelt und angepasst werden kann im Hinblick auf künftige reale eigene Projekte des Lesers.

Kapitel 6 schließlich zieht ein Fazit und wirft einen Blick in die Zukunft.

Hinweis:

Eine Liste aller im Buch genannter Weblinks sowie alle Code-Beispiele können unter folgender URL heruntergeladen werden:

https://www.springer.com/de/book/9783658230548

Beides ist als Bonus-Content exklusiv für zahlende Leser gedacht und daher passwortgeschützt.
Das Passwort lautet:

D!g!Story2020?

Es muss nach Doppelklick auf die zuvor heruntergeladene Datei in das entsprechende Feld eingetippt werden. Bitte dabei auf Groß- und Kleinschreibung achten.

2

Definition, Entwicklung & psychologische Wirkungsweise

© Springer Fachmedien Wiesbaden GmbH, ein Teil von Springer Nature 2019
M. Säwert und R. Riempp, *Digital Storytelling im Web*,
https://doi.org/10.1007/978-3-658-23055-5_2

2.1 Definition

Der Begriff Storytelling setzt sich zusammen aus den englischen Worten für *Geschichte* (Story) und *erzählen* (telling).

Die beiden Wissenschaftler Prof. Dr. Dieter Georg Herbst und der Doktorand Thomas Heinrich Musiolik von der Universität der Künste Berlin datieren den Ursprung des Begriffs *Digital Storytelling* in die 1990er Jahre. Für diese Aussage fanden sie bei ihren Recherchen zwei unterschiedliche Quellen, die diese Datierung rechtfertigt.[1]

Zum Einen wurde zu dieser Zeit an der Berkeley-Universität ein Kurs für „(digitale) Videoproduktion von Kurzgeschichten"[2] angeboten. Zum Anderen „prägte der US-Amerikaner Dana Atchley den Ansatz mit seiner autobiografischen Theater- und Videoproduktion und mit seiner Website".[3] Zusammen mit Joe Lambert gründete er das *Center for Digital Storytelling*. Dieses zählt bis heute zu den wichtigsten Institutionen für die Ausbildung im Digital Storytelling.[4]

Demzufolge ist das momentan populäre Digital Storytelling gar keine aktuelle Entwicklung, sondern dessen Wurzeln reichen schon gut 25 Jahre zurück. Bedenkt man die damaligen technischen Möglichkeiten im Web, so ist es umso erstaunlicher, dass sich bestimmte Personen bereits zu dieser Anfangszeit wegweisende Gedanken hierzu gemacht haben.

2008 formulierte Carolyn Handler Miller in ihrem Buch *Digital Storytelling: A Creator's Guide to Interactive Entertainment* eine erste Definition um den Begriff zu charakterisieren, einzugrenzen und zu beschreiben:

> *„The biggest difference between traditional types of narratives and digital storytelling is that the content of traditional narratives is in an analog form, whereas the content in digital storytelling comes to us in a digitized form."*

---

1 Vgl. Herbst / Musiolik 2016, S. 40.

2 Ebd., S. 40.

3 Ebd., S. 40.

4 Vgl. ebd., S. 40 f.

*(„Der größte Unterschied zwischen traditionellen Erzähl-
typen und Digital Storytelling besteht darin, dass der
Inhalt traditioneller Erzählungen in analoger Form vorliegt,
während die Inhalte des digitalen Geschichtenerzählens in
digitalisierter Form vorliegen. ")* [5]

Drei Jahre später formulierte Bryan Alexander eine weitere Begriffsbestimmung:

*„Telling stories with digital technologies"
(„Geschichten erzählen mit digitalen Technologien").* [6]

Im Prinzip stellt diese Aussage den Inhalt von Miller in
kurzer Form dar. Beide Definitionen sind jedoch unzurei-
chend, denn es würde nach diesen Aussagen ausreichen,
eine analoge, gedruckte Geschichte Eins zu Eins auf
einer Website zu veröffentlichen. Die Möglichkeiten des
Digital Storytelling sind jedoch weitaus umfangreicher.

*„Stattdessen ist Digital Storytelling das Erzählen von
Geschichten mit den Besonderheiten der digitalen Medien
und digitalen Technologien. Diese Besonderheiten sind:
Integration, Verfügbarkeit, Vernetzung und Interaktivität".* [7]

Eine passendere Beschreibung für Digital Storytelling
stammt von Herbst und Musiolik:

*„Digital Storytelling ist das Erzählen und Erleben von
Geschichten mit den Besonderheiten der digitalen
Medien und digitalen Technologien".* [8]

Hierbei schließt die formulierte Definition die Besonderheiten des Mediums und der Technik mit ein. Gleichzeitig
charakterisiert sie die Erzählweise als Erlebnis. Im Web
finden sich eine Vielzahl an Beispielen, die dies belegen.

---

5 Miller 2008, S. 40.
6 Alexander 2011, S. 3.
7 Herbst / Musiolik 2016, S. 40 f.
8 Ebd., S. 41.

Im Zusammenhang mit Digital Storytelling stehen auch weitere, ähnliche Bezeichnungen:

„Multimedia Storytelling, Interactive Storytelling, Transmedia Storytelling, Crossmedia Storytelling, Digitale Narration"[9] sowie die Begriffe *„Visual Storytelling"*[10] und *„Scrollytelling"*.[11]

Im Folgenden werden einige der Begriffe näher erläutert.

2.1.1 Visual Storytelling

Vereinfacht gesagt, kann dieser Begriff mit

„[m]it Bildern Geschichten erzählen" [12]

erklärt werden. Diese Beschreibung greift jedoch zu kurz, da hierbei nicht die typischen Besonderheiten dieser Erzählform entsprechend berücksichtigt werden. Somit würden sämtliche Geschichten mit einem erzählenden Charakter, wie zum Beispiel Games, Comics oder Spielfilme, sich auch unter dieser Definition wiederfinden. Daher muss der Begriff Visual Storytelling enger gefasst werden.

In ihrem Buch *The Power of Visual Storytelling* formulieren die Autorinnen Ekaterina Walter und Jessica Gioglio folgende Definition:

„Visual storytelling is defined as the use of images, videos, infographics, presentations, and other visuals on social media platforms to craft a graphic story around key brand values and offerings." („Visual Storytelling bezeichnet den Einsatz von Bildern, Videos, Infografiken, Präsentationen und anderen Bildelementen auf Social-Media-Plattformen, mit dem Ziel, eine grafische Geschichte um die Kernwerte und Angebote einer Marke herum zu spinnen.")[13]

---

9 Herbst / Musiolik 2016, S. 41.
10 Sammer / Heppel 2015, S. 81.
11 Ebd., S. 171.
12 Ebd., S. 81.
13 Walter / Gioglio 2014, S. 8, zit. n. Sammer / Heppel 2015, S. 81.

Diese Beschreibung zeigt die Vielfältigkeit an möglichen Ausprägungen auf. Im Kern beziehen die Autorinnen ihre Ausführungen jedoch hauptsächlich auf den Social Media Kanal. Dieser erfährt aktuell dank Facebook, Twitter, Instagram und Pinterest größtes Interesse und ist sehr populär. Dennoch ist visuelles Geschichtenerzählen auch in anderen Kanälen sowie offline in verschiedenen Printformaten von Bedeutung.[14]

Daher erscheint die oben genannte Definition zu eng, da diese den Fokus der Aussage ausschließlich auf einen speziellen Kanal legt. Dies wird im nächsten Kapitel an zahlreichen Praxisbeispielen verdeutlicht und analysiert.

2.1.2 Multimedia Storytelling und Scrollytelling

Bei Miller werden diese beiden Begriffe synonym verwendet und der Schwerpunkt wird darauf gelegt, dass auf einer Website überwiegend Text, Bild, Video und Audio kombiniert eingesetzt werden.[15]

Im Vergleich zu klassischen Reportagen soll der Betrachter durch den Einsatz der multimedialen Möglichkeiten intensiver in die Geschichten und Themen hineingezogen werden.[16] Diese Form des Storytellings ist besonders aus kognitionspsychologischer Sicht interessant. Dabei konnte festgestellt werden, dass das menschliche Gehirn weit mehr verarbeiten und im Gedächtnis speichern kann, wenn mehrere, unterschiedliche Sinne parallel angesprochen werden.[17] Dies macht sich Scrollytelling zunutze, indem weitere Medienformate wie Bilder, Videos, Animationen und Audio neben Text eingebunden und verwendet werden.

Darüber hinaus beschreibt der Begriff Scrollytelling auch die Art und Weise, wie die Geschichte konsumiert wird – durch Scrollen. Sie wird dabei komfortabel an einem Strang erzählt und der Nutzer muss sich nicht selbst über Menüs oder Verlinkungen durch die Site navigieren.

---

14 Vgl. Sammer / Heppel 2015, S. 81.
15 Vgl. Miller 2008, S. 41.
16 Vgl. Engelfried / Zahn 2012, S. 28.
17 Vgl. ebd., S. 28.

Damit ist allerdings nicht gemeint, dass sich der Nutzer nur durch ellenlange Texte zu scrollen hat. Vielmehr soll das Scrollen auf Grund der verschiedenen multimedialen Elemente zu einem Erlebnis werden. Durch Mausbefehle, beziehungsweise das Wischen auf Smartphones sowie Tablets, navigiert sich der Nutzer durch die Inhalte.

Diese werden gezielt nacheinander angeboten. Auch kann der Nutzer die Geschwindigkeit der Informationsaufnahme individuell steuern.[18] Diese Form des Digital Storytellings wird in Kapitel 3 noch ausführlich erläutert.

Die Vielzahl an unterschiedlichen Begrifflichkeiten deutet darauf hin, dass dieses Thema insgesamt recht neu ist, da es noch keine allgemeingültige Definition hierzu gibt.

Thematisch ordnen sich die bereits genannten Begriffe alle dem Oberbegriff Digital Storytelling unter. Mit der Differenzierung legen die einzelnen Begriffe jeweils den Schwerpunkt auf eine bestimmte Anwendungsvariante. Hierdurch wird der Fokus innerhalb der Thematik auf die spezifische Charakteristik der einzelnen Formen gelenkt.

Obwohl Digital Storytelling als Oberbegriff für eine ganze Anzahl von verschiedenen Ausprägungen zu verstehen ist, wird dieser Terminus dennoch für die weiteren Ausführungen in diesem Buch global verwendet.

Abschließend sei noch eine Anmerkung von Pia Kleine Wieskamp angeführt, die den generellen Charakter des Storytellings beschreibt:

> *„Storytelling bedeutet nicht nur Geschichten zu erfinden oder etwas nachzuplappern. Es ist vielmehr eine gezielte und strategische Vorgehensweise, eine Methode zur Erlangung bestimmter Ziele".*[19]

---

18 Vgl. Böker 2016.
19 Kleine Wieskamp 2016, S. 8.

2.2 Die Geschichte des Storytellings

Storytelling ist keine neuartige Erfindung, sondern existiert bereits seit Anbeginn der Menschheit.[20]

Bis heute wird mit dieser Methode das Wissen von einer Generation zur nächsten Generation weitergegeben. Das Geschichtenerzählen stellt folglich eine elementare Form der menschlichen Kommunikation dar.[21]

Die Menschen haben aber auch bereits sehr früh damit begonnen, Informationen und Wissen visuell zu fixieren und über diese Hilfsmittel Wissen auszutauschen.

Die ältesten Zeugnisse (visuellen) Storytellings liefern Höhlenmalereien. Die frühesten ihrer Art wurden auf der indonesischen Insel Sulawesi gefunden und sind etwa 40.000 Jahre alt.[22]

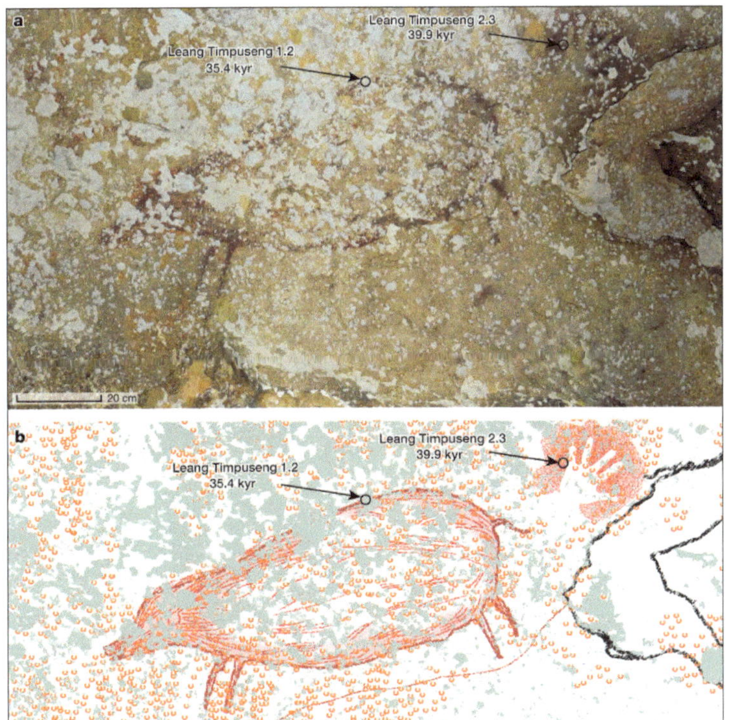

Abbildung 2.1

Auf der indonesischen Insel Sulawesi wurden in einer Höhle ca. 40.000 Jahre alte Höhlenmalereien entdeckt. Unten sind die einzelnen Farbpigmente archäologisch herausgearbeitet worden, sodass die Malereien sichtbarer werden. Deutlich ist eine Zeichnung von einem Tier sowie einer Hand zu erkennen.

---

20 Vgl. Kleine Wieskamp 2016, S. 1.

21 Vgl. Vaih-Baur 2018, S. 185 ff.

22 Vgl. Aubert u.a. 2014, S. 223.

Interessant ist hierbei, dass diese Funde in etwa gleich alt sind, wie Höhlenmalereien, welche in Spanien und Frankreich entdeckt wurden.[23] Demzufolge hat sich diese Erzählform nicht nur in Europa entwickelt, sondern zeitgleich und unabhängig voneinander an mehreren unterschiedlichen Orten auf der Welt.

Um 3.500 v. Chr. ist in Mesopotamien die Keilschrift erfunden worden. Erstmals wurde damit der Schritt von einem Bildzeichen zum phonetischen Sprachzeichen vollzogen. Hierbei muss die Information durch optisch-skripturale Zeichen festgehalten werden. Jedem Zeichen werden dabei eindeutige Lautungen zugewiesen, wie Einzellaute, Silben oder Worte. Dadurch verweisen die Schriftzeichen nicht mehr auf eine einzige Bedeutung.[24]

Abbildung 2.2
Tontafel mit Keilschrift. Zu erkennen sind die Grundelemente dieser Schrift: waagerechte, senkrechte und schräge Keile.

Ab dem 8. Jahrhundert v. Chr. verdrängten moderne Schriftsysteme, wie die phönizische oder griechische Lautschrift, die Keilschrift allmählich. Mit Einführung der phonetischen Schrift wurden symbolbasierte, bildliche Schriftformen jedoch nicht überflüssig.[25] Diese sind bis heute erhalten geblieben und werden immer noch eingesetzt, beispielsweise in Form von Piktogrammen.[26]

---

23 Vgl. Aubert u.a. 2014, S. 225.
24 Vgl. Meinel / Sack 2004, S. 56.
25 Vgl. ebd., S. 56 f.
26 Vgl. Böhringer u. a. 2014, S. 288.

Eine solche bildbasierte Sprache ist auch schon die altägyptische Hieroglyphenschrift. Diese Bilderschrift besteht aus Einzelkonsonanten, Wort- und Silbenzeichen. Ihr Ursprung lässt sich bis 3.000 v. Chr. zurückverfolgen. Mit der römischen Kaiserzeit ging die Kenntnis dieser Schrift jedoch verloren.[27]

Abbildung 2.3
Steintafel mit Hieroglyphen. Diese Bilderschrift besteht aus Einzelkonsonanten, Wort- und Silbenzeichen.

In der Frühzeit konnten nur sehr wenige Menschen lesen und schreiben. Daher gestaltete es sich schwierig, Informationen, Geschichten und Wissen spontan und für Jedermann dauerhaft festzuhalten.[28]

Auch konnten nur Auserwählte – die im Lesen und Schreiben unterrichtet wurden – die Dokumentationen verstehen. Deshalb wurden Informationen weiterhin mit Hilfe von Bildern dargestellt. So wurde auch bildungsfernen Schichten ohne Lesekompetenz der Zugang zu Erzählungen und Geschichten ermöglicht.[29]

Ein Beispiel hierfür ist die Bibel. Aufwändig gemalte religiöse Darstellungen schmückten den in Latein verfassten Text und visualisierten hierdurch für Jedermann den Inhalt bis zu einem gewissen Grad.

---

27 Vgl. Meinel / Sack 2004, S. 57.
28 Vgl. ebd., S. 57.
29 Vgl. ebd., S. 64.

Diese Form der Medienerstellung war jedoch sehr zeitintensiv, sodass nur wenige Bücher pro Jahr gefertigt werden konnten. Dadurch war dieser Zugang zu Geschichten weiterhin auf wenige Personen beschränkt.[30]

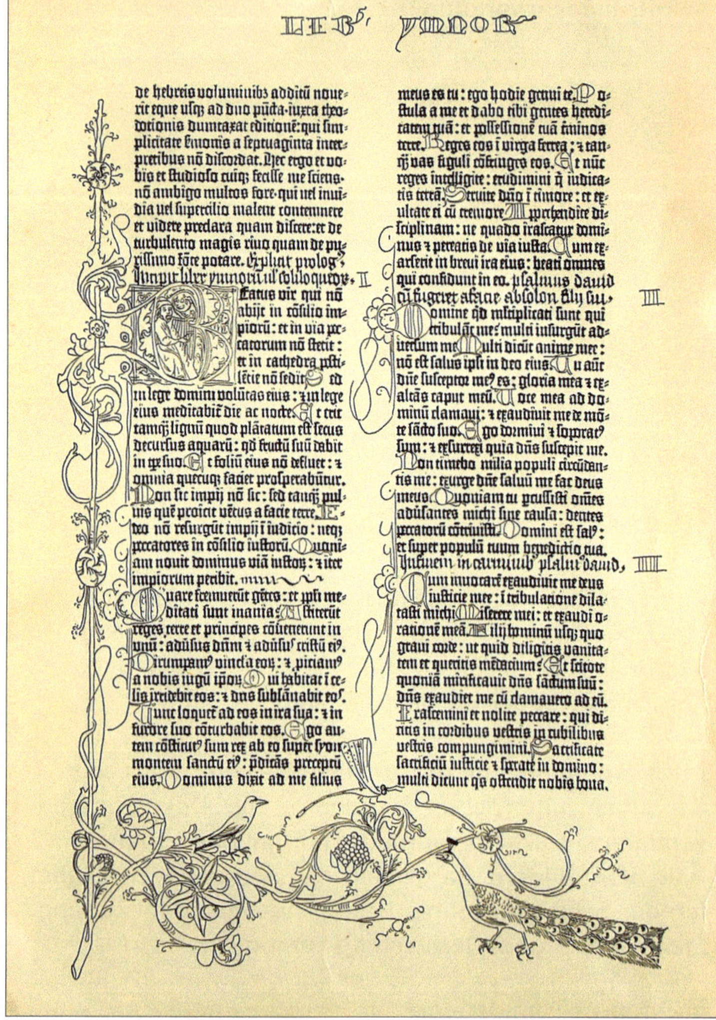

Abbildung 2.4
Bildlich verzierte Bibelseite.

Abbildung 2.5
Portrait Johannes Gensfleisch zum Gutenberg.

Erst als der Mainzer Patrizier Johannes Gensfleisch zum Gutenberg um das Jahr 1440 n. Chr. den Buchdruck mit beweglichen Lettern erfand, änderte sich dies und das erste *Massenmedium* entstand.

---

30 Vgl. Meinel / Sack 2004, S. 61 f.

Diese Erfindung ermöglichte nun die Produktion hoher Auflagen in deutlich geringerer Zeit.[31] Entsprechend ökonomischer Gesetze führte dies auch zu einem Preisverfall des jeweiligen Einzelstücks. Ärmere Bevölkerungsschichten konnten sich daher erstmals gedruckte Informationen und Geschichten leisten, also auch Geschichten.[32] In der Folge, sowie auf der Basis einer stetig zunehmenden Bildung der Bevölkerung, entwickelte sich auch das Zeitungswesen.[33]

Abbildung 2.6
Darstellung des Buchdrucks zu Zeiten Gutenbergs.

Die nächste Entwicklungsstufe war die Erfindung der Fotografie. Dem französischen Offizier Joseph Nicéphore Niépce gelang es 1826 erstmals, das Bild einer *Camera obscura* nach acht Stunden Belichtungszeit auf einer mit Naturasphalt bestrichenen Zinnplatte zu fixieren.[34]

1888 entwickelte George Eastman das Fotografieren für Jedermann. Die vereinfachte und leicht zu bedienende Kameratechnik sowie die Erfindung des Rollenfilmes half dieser Kommunikationstechnologie zum Durchbruch, der Weg zum Massenkonsum war geebnet.

Auf diese Weise wurde zugleich eine neue Kommunikationsform geschaffen, welche sich unter Anderem auch für Storytelling eignet.

---

31 Vgl. Meinel / Sack 2004, S. 61.
32 Vgl. Füssel 2012.
33 Vgl. Meinel / Sack 2004, S. 65.
34 Vgl. Sammer / Heppel 2015, S. 11.

Abbildung 2.7

1826 gelang Joseph Niépce das erste Foto der Welt.

Alle diese genannten Kommunikationsformen, die sich über mehrere tausend Jahre hinweg entwickelten, sind jedoch nicht in der Lage, Bewegung darzustellen.

Dies änderte sich grundlegend Ende des 19. Jahrhunderts mit der Erfindung des Films. Die unbewegliche, statische Bilder wurden optisch zum Laufen gebracht. Auch hier waren die Anfänge zunächst bescheiden.

Der von Thomas A. Edison 1889 patentierte Kinematograph ermöglichte jedoch nur einer einzelnen Person die Betrachtung. Sechs Jahre später stellten die Gebrüder Louis Jean und Auguste Lumière eine Weiterentwicklung des Kinetoskops einem größeren Publikum vor.[35]

Auf Grund dieser Neuerung konnten erstmals mehrere Personen gleichzeitig einen Film anschauen und die Ära des Kinos hatte begonnen.

Dabei machten sich die Erfinder das Phänomen der Netzhautträgheit zu nutze. Diese bewirkt, dass ein Bild bei der Wahrnehmung noch ca. 1/16 Sekunde auf der Retina (Netzhaut) verbleibt, ehe es wieder erlischt. Auf dieser Basis konstruierten sie ihre Apparate derart, dass eine schnelle Abfolge von Stroboskopbildern (Standbilder) den Eindruck von Bewegungsabläufen erzeugt.[36]

---

35 Vgl. Meinel / Sack 2004, S. 77 f.

36 Vgl. ebd., S. 77 f.

Zu Beginn des Zeitalters des Films war dieser zunächst stumm und wurde von Musikern während der Vorstellung live vertont. 1925 wurde dann der Tonfilm parallel in den USA und Europa entwickelt. Der vollvertonte Film „The Jazz Singer" der Warner-Brothers Studios feierte am 6. Oktober 1927 seine Premiere, und leitete den Siegeszug des Tonfilms ein.[37]

Abbildung 2.8
Filmvorführung in einem alten Kino.

Auf diese Weise war die bis dato ausgereifteste Form des medialen Storytellings entstanden. In der Folge setzte sich diese Form weltweit durch und hat aufgrund ihrer vielen Vorzüge bis heute ihre Bedeutung beibehalten.

Parallel gab es weitere bahnbrechende Innovationen im Bereich der Kommunikation. Am 25. Dezember 1906 gelang dem kanadischen Ingenieur und Erfinder Reginald Fesseden die erste Funkübertragung von Sprache und Musik. Daraus entwickelte sich ab 1920 der Rundfunk für alle.[38]

Eine spezifische Form des Storytellings im Radio ist das Hörspiel. Dieses kommt ohne visuellen Anteil aus, liegt aber sehr nahe an den Ursprüngen des Storytellings, wie es bereits von unseren Vorfahren ohne jegliche technische Hilfsmittel praktiziert wurde.

---

37 Vgl. Meinel / Sack 2004, S. 78.
38 Vgl. ebd., S. 76 f.

Wenig später wurde dann auch das Fernsehen erfunden. Dieses Medium brachte schließlich das Bewegtbild nach Hause ins Wohnzimmer.[39]

Abbildung 2.9
Der Fernseher hat Einzug in die heimischen Wohnzimmer gehalten.

Radio und Fernsehen ermöglichten erstmals, Informationen unmittelbar zum Zeitpunkt ihrer Entstehung zu übertragen und bequem zu Hause zu konsumieren, quasi in Echtzeit.

Ab diesem Zeitpunkt beschleunigte sich die Geschwindigkeit der Informationsverbreitung enorm, verglichen mit früheren Medienformen, wie dem Druck.

Mit der Erfindung des Computers schließlich und des Internets brach dann erneut eine neue Zeit an. Als Apple 1975 den Apple II auf den Markt brachte, begann die Geschichte des Personal Computers (PC).

1984 mit dem Macintosh führte Apple erstmals eine grafische Benutzeroberfläche ein, sodass diese Geräte intuitiver und ohne Informatikkenntnisse bedient werden konnten. Besondere Merkmale des PCs sind dabei auch seine grafischen und akustischen Ausgabefähigkeiten.[40]

---

39 Vgl. Meinel / Sack 2004, S. 79 f.
40 Vgl. ebd., S. 87 ff.

Abbildung 2.10
Erster Apple Macintosh
Computer von 1984.

War der PC zu Anfang eher der Arbeitswelt und dem Büroalltag zugeordnet, so entwickelte er sich in der Folge zunehmend auch zur Plattform für die Rezeption von Medieninhalten auch im privaten Bereich.

Spätestens mit dem Aufkommen des World Wide Web (WWW) für Jedermann zu Anfang der 90er Jahre wandelte der PC seine Funktion hin zu einer Medienzentrale. Auf diese Weise entstand die mitlerweile primäre Plattform für das Digital Storytelling, wie wir es heute kennen.

War anfangs nur die Darstellung von Text und Standbild, noch in eher geringer Qualität möglich, so bot die rasante Verbesserung der Technik, die gestiegene Leistungsfähigkeit der IT-Infrastruktur sowie der Endgeräte zunehmend bessere Möglichkeiten – auch für Digital Storytelling.

Das Web wurde in der Folge zunehmend multimedialer. Video, Audio und Animation kamen als Medienformen neu hinzu. Statische Websites wurden dynamisch und interaktiv erlebbar.[41]

Hochauflösende Full-HD-Videos auf Videoplattformen und Websites sind für uns heute selbstverständlich. Doch auch hier ging der Weg des Bewegtbildes im Web zunächst über das klassische statische Bild.

---

41 Vgl. Meinel / Sack 2004, S. 626 ff.

Erst spezielle Bildformate, wie zum Beispiel *Animated GIF*, machten es erstmals möglich, Bewegtbild fürs Web zu erzeugen.[42]

Da dieses Format qualitative Defizite aufweist, wurden in der Folge neue Varianten entwickelt, um Animationen und auch Videos im Web darzustellen.

Voraussetzung hierfür war allerdings, dass der Nutzer das jeweils passende Plug-in installiert hat. Flash, Java, QuickTime und Silverlight sind bekannte Vertreter ihrer Art. Gleichzeitig brachten diese jedoch auch Sicherheitslücken mit in den Browser.[43]

Mit der Einführung von iPad und iPhone begann die technische Ablösung dieser Plug-ins, denn Apples Smartdevices unterstützen bewusst kein Flash oder andere Plug-ins. iPad-Nutzer können folglich keine Videos im Web mehr konsumieren, die entsprechende Plug-ins zur Wiedergabe voraussetzen.[44]

Mit diesem Kompatibilitätsproblem ging auch das Thema Responsive Design einher, denn die Vielfalt der unterschiedlichen Bildschirmformate ist durch Smartphone und Tablet enorm gestiegen. Das klassische Raster einer Website funktioniert auf den kleinen hochauflösenden Devices nicht mehr.[45]

Abbildung 2.11

Responsive Webdesign. Die Website passt sich automatisch auf die unterschiedlich großen Ausgabedevices an und ist dadurch immer optimal zu betrachten und zu bedienen.

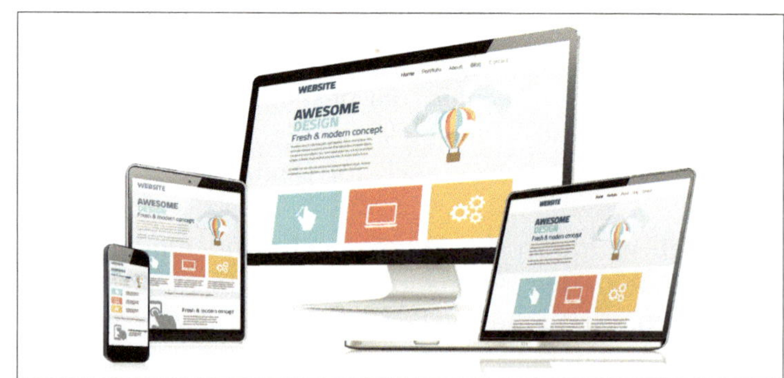

---

42 Vgl. Meinel / Sack 2004, S. 113.

43 Vgl. Wyman u. a. o. J.

44 Vgl. Ertel / Laborenz 2017, S. 394.

45 Vgl. ebd., S. 22 ff.

Bei der Entwicklung von HTML5 & CSS3 wurden diese Herausforderungen angegangen. Da die Bedeutung von Videos im Web enorm zunahm, wurde hierfür das HTML5 <video>-Tag eingeführt. Webentwickler können nunmehr Videos nativ und ohne umständliche Plug-ins in eine Website einbinden.[46]

Abbildung 2.12

HTML5- und CSS3-Logo.

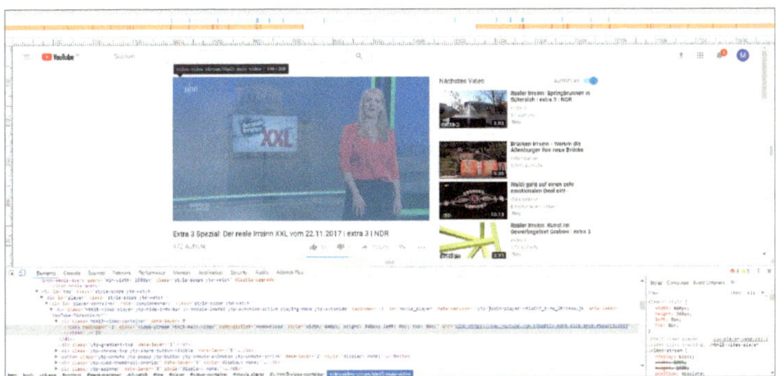

Abbildung 2.13

YouTube verwendet heute den HTML5 <video>-Tag um die Videos auf der Website dynamisch einzubinden.

In der Folge wurde und wird diese Möglichkeit auch genutzt, um Animationen im Web zu verbreiten. Diese werden dabei jedoch zuvor in Videos umgewandelt und auf dem gleichen Weg verbreitet, wie Videos die Szenen aus der Realität darstellen.

Obwohl diese Vorgehensweise heute sehr gängig ist, ist sie dennoch nicht optimal, spezlell wenn die Animationen nicht mit Hilfe einer Videokamera auf Pixelbasis erzeugt wurden, sondern auf Vektorbasis am Rechner, ohne Nutzung einer Kamera digital entstanden sind.
Wandelt man nämlich vektorbasierte Animationen in pixelbasierte Videos um, so verliert man gleich zwei wesentliche Vorteile vektorbasierter Animationen:

▶ vergleichsweise geringe Datenmenge

▶ stets optimale Darstellungsqualität, unabhängig von der dargestellten Größe und Auflösung auf dem Screen

---

46 Vgl. Ertel / Laborenz 2017, S. 394.

Erst sehr spät in der Entwicklung des Web etabliert sich derzeit zunehmend die Möglichkeit, Animationen auch auf Vektorbasis nativ zu verbreiten, also ohne sie zuvor in (pixelbasierte) Videos umwandeln zu müssen.

Spätesten mit diesem letzen Schritt hat sich das interaktive, mutlimediale Web von heute auch zu einer geradezu idealen Plattform zur Verbreitung und Nutzung von Inhalten nach dem Konzept des Digital Storytellings entwickelt.

Abbildung 2.14

Heute können verschiedene Informationen gleichzeitig und parallel über die unterschiedlichsten Medien und Geräte konsumiert werden.

Für die Zukunft lässt sich erwarten, dass sich neben dem Web möglicherweise noch weitere Plattformen für Digital Storytelling etablieren könnten. Beispielsweise aus dem Bereich interaktiver Spiele heraus oder basiert auf Virtual Reality und Hologramm-Technik. Eine tiefere Auseinandersetzung mit solchen möglichen zukünftigen Formen erfolgen in diesem Buch allerdings nicht.

Zusammenfassend lässt sich festhalten, dass die Form, beziehungsweise die Art und Weise, wie Geschichten verbreitet, erzählt und schlussendlich konsumiert werden, vielfältiger geworden ist. Der substanzielle Kern ist jedoch bis heute unverändert geblieben.

Wie vorstehend beschrieben sind Geschichten jedweder Art ständiger Begleiter des *Homo sapiens*. Seit mindestens 40.000 Jahren übt Storytelling eine ungebrochene Faszination aus. Daher müssen Geschichten auf den Menschen offensichtlich eine besondere Wirkung haben. Dieser These geht das anschließende Teilkapitel nach.

2.3   Warum das Gehirn Geschichten liebt

Das Potenzial von Geschichten ist auch der modernen Hirnforschung bekannt.

„Aus neurologischer Sicht gibt es kaum eine effektivere Vermittlung von Wissen und Werten als durch Geschichten".[47]

Digital Storytelling ist also auch aus kognitionspsychologischer Sicht interessant und bietet möglicherweise Vorteile, verglichen mit anderen Darbietungsformen. In die Betrachtung werden dabei sowohl externe Faktoren, als auch interne neuronale Prozesse im Gehirn einbezogen.

In der Ausgangssituation befindet sich dabei typischerweise ein Nutzer vor einem Bildschirmmedium und betrachtet eine Digital-Storytelling-Darbietung. Der allererste Eindruck wird dabei stark vom visuellen Design bestimmt, weniger vom eigentlichen Inhalt.

Dabei spannt sich gemäß den Aussagen von Heimann und Schütz zwischen dem Nutzer und dem Design ein sogenannter *Assoziationsraum* auf.[48]

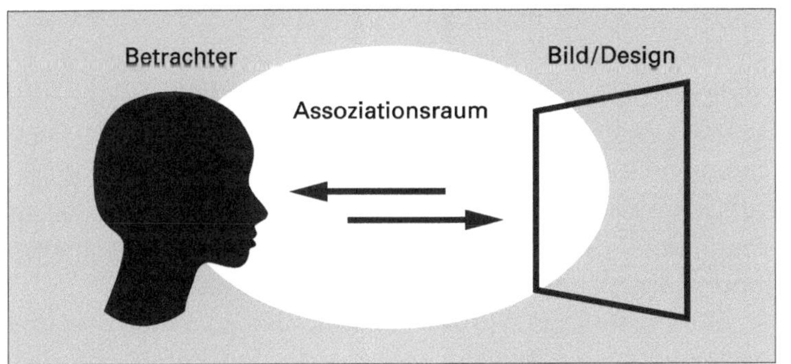

Abbildung 2.15

Der Assoziationsraum kann als Wechselwirkung bzw. Dialog zwischen Design und Betrachter beschrieben werden.

Eigene Darstellung in Anlehnung an Heimann / Schütz 2017, S. 27.

Von der einen Seite her betrachtet, basiert hierbei die individuelle Wahrnehmung des Designs beim Nutzer auf bereits vorangegangenen Erfahrungen, Wünschen, Ängsten oder auch entsprechenden Vorstellungsbildern.

---

47 news aktuell GmbH 2017, S. 3.
48 Vgl. Heimann / Schütz 2017, S. 26 f.

Von der anderen Seite her betrachtet, können all diese genannten Punkte jedoch auch vom Design induziert werden.[49] Schlussfolgernd gilt:

> *„Designwirkung ist immer ein Dialog zwischen Design und Betrachter, der meist ganz willkürlich abläuft".*[50]

Sämtlichen Wirkungen liegt nach Heimann und Schütz dieser elementare psychologische Mechanismus zugrunde.[51]

Daraus kann abgeleitet werden, dass der Designer durch die bewusste Auswahl von Inhalten, sowie dem zielgruppenspezifischen Aufbau des Layouts bewusst auf die individuellen Erfahrungen, Bilder und Erinnerungen des Nutzers abzielen kann. So ist es möglich, mit Hilfe vielfältiger Anknüpfungspunkte den Nutzer gezielt zu aktivieren.

Neben einer ansprechenden und abgestimmten Optik ist in dieser Phase auch die Rezeptionsverfassung des Nutzers entscheidend. In der Medienforschung werden hier die Verhaltensweisen *Lean Back* und *Lean Forward* unterschieden. Typisch für ein *Lean Back Medium*, wie zum Beispiel das Fernsehen, ist dabei die bequeme, zurückgelehnte passive Haltung des Zuschauers. In dieser Position ist er besonders für spannende Geschichten oder stimmungsvolle Bilder empfänglich.[52]

Dem gegenüber steht die aktive *Lean Forward Haltung*. Hierbei nimmt der Nutzer eine aufrechte, leicht nach vorne geneigte Haltung ein. Zudem ist er mental ungeduldiger. Dies hat zur Folge, dass der Nutzer beim Surfen typischerweise eher nicht bereit ist, beispielsweise einem längeren Video seine volle Aufmerksamkeit zu schenken und muss daher anders angesprochen werden.

Ein Leanforward-Nutzer kann als ein Erkunder beschrieben werden. Er ist also immer aktiv auf der Suche nach neuen Entdeckungen auf einer Website.[53]

---

49 Vgl. Heimann / Schütz 2017, S. 26 f.
50 Ebd., S. 27.
51 Vgl. ebd., S. 27.
52 Vgl. ebd., S. 45.
53 Vgl. ebd., S. 45.

Dementsprechend muss er

„das Gefühl haben, schnell und übersichtlich informiert zu werden und das Geschehen auf dem Bildschirm jederzeit steuern zu können".[54]

Der Schweizer Sven Ruoss arbeitet seit mehreren Jahren als Project Manager Business Development. Regelmäßig verfasst und veröffentlicht er Medienarbeiten sowie Fachartikel im Bereich Digitale Transformation.[55] Seine zu diesem Thema erstellte Infografik verdeutlicht die zuvor beschriebenen Situationen visuell.

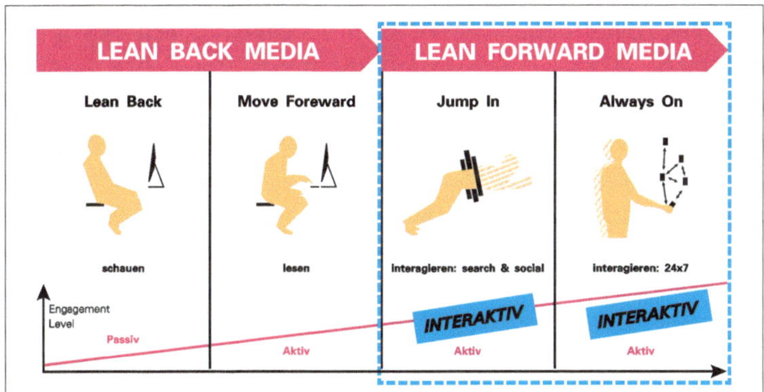

Abbildung 2.16
Leanback- und Leanforward-Zustand. Zu sehen ist das typische Konsumverhalten verschiedener Medienformen.

Daraus lässt sich Folgendes erkennen: Je aktiver der Nutzer die Geschichte erleben kann, desto höher steigt auch die Bereitschaft, sich selbst aktiv daran zu beteiligen. Bemerkenswert ist dabei auch, dass das reine Lesen von Ruoss zwar als *Move Forward* Verhalten bezeichnet, dennoch aber der Gruppe *Lean Back Media* zugeordnet wird.

Digital Storytelling, im Gegensatz zu klassischem Storytelling, lässt sich dieser Kategorisierung zu Folge also eindeutig als *Lean Forward* Medium charakterisieren. Auf Grund der hohen Interaktivität hat der Nutzer das Gefühl, in die Geschichte hineingezogen (*Jump in*) zu werden und schlussendlich ein Teil dieser zu sein.

---

54 Heimann / Schütz 2017, S. 45.
55 Vgl. Ruoss o. J.

Hinzuweisen ist auch auf das hohe Emotionalisierungs-potenzial von Geschichten, selbst ohne Interaktion.

„Keine andere Kommunikationsform dringt so tief ins Bewusstsein vor".[56]

Tatsächlich haben Hirnforscher nachgewiesen, dass Erzählungen deutlich größere Bereiche im Gehirn aktivieren, als dies nur für das Verständnis von Worten nötig wäre. Allein die Beschreibung von Angst, Schmerzen oder Gerüchen genügt, um diejenigen Areale im Gehirn zu aktivieren, die auch dann tätig werden, wenn diese Sinneseindrücke real erlebt werden.[57]

Wie zuvor beschrieben, können Geschichten besonders einfach verarbeitet werden, da diese über ihre vielfältigen Anknüpfungspunkte an bereits im Gedächtnis vorhandene Eindrücke anknüpfen können. Im Gegensatz zu einer vollständigen Faktenauflistung lösen diese daher Emotionen aus und wirken entsprechend nachhaltiger.[58]

In einem Interview beleuchtet der renommierte Neurobiologe Gerald Hüther einen wesentlichen Aspekt des menschlichen Lernens. Ihm zufolge kann das Individuum sich nur dann geistig weiterentwickeln, wenn es neues Wissen an bereits Vorhandenes anknüpfen kann.[59]

Schon vor 50 Jahren entwickelte der Schweizer Biologe Jean Piaget im Kontext der Entwicklungspsychologie eine entsprechende Theorie. Dabei legte er die Annahme zu Grunde, dass jeder Mensch in sogenannten Schemata denkt. Wie diese funktionieren, lässt sich an einem vereinfachten Beispiel mit einem Kleinkind aufzeigen.[60]

Für diesen Fall wurde angenommen, dass das Kind bereits ein Schema für eine Katze erlernt hat. Dieses beinhaltet, vereinfacht ausgedrückt, die Merkmale, dass das Tier vier Pfoten und einen Schwanz hat sowie Miau-Laute von sich geben kann.

---

56 news aktuell GmbH 2017, S. 3.
57 Vgl. ebd., S. 3.
58 Vgl. ebd., S. 3 f.
59 Vgl. ebd., S. 9.
60 Vgl. Piaget 1987, S. 156 f.

Daher stellt in dieser Ausgangssituation eine Kuh das Gleiche dar, wie eine Katze. Dieser Vorgang wird als *Assimilation* bezeichnet und beschreibt den Prozess, bei dem Menschen eintreffende Informationen auf bereits gelernte Schemata anwenden. Zumindest bis zu dem Punkt, als die Kuh einen Muh-Laut von sich gibt. Das gelernte Schema passt plötzlich nicht mehr. Es kommt zum inneren Konflikt und die *Akkomodation* beginnt. Hierbei wird das zuvor angewendete Schema hinsichtlich der neuen Information erweitert und abgespeichert.[61]

Hüther unterstreicht an anderer Stelle, dass jeder Lernprozess von Emotionen begleitet wird. Die entsprechenden Hirnbereiche werden bei einer reinen Vermittlung von Fakten nicht angesprochen. Die bessere Verarbeitung liegt unter anderem auch daran, dass bei Emotionen neuroplastische Botenstoffe ausgeschüttet werden, die die Bildung von neuen Vernetzungen fördern.[62]
Ein ebenso wesentlicher Aspekt ist nach Hüther, dass der Mensch überwiegend in Bildern denkt, da diese nicht nur kognitiv sondern auch emotionaler wirken.[63]

Dies spiegelt sich auch im Aufbau des Gehirns wieder:

> *„Etwa 50% aller sinnesverarbeitender Nervenstränge in der Großhirnrinde sind mit den visuellen Informationen beschäftigt".*[64]

Davon abgeleitet muss nun noch beleuchtet werden, weshalb stehende, wie auch bewegte Bilder, für Digital Storytelling besonders gut geeignet sind.

Vereinfacht ausgedrückt besteht das Gehirn aus zwei Hälften. In der linken Gehirnhälfte befindet sich das Langzeitgedächtnis. Auf dieses kann aktiv zugegriffen werden. In der rechten Gehirnhälfte befindet sich das bildhafte Gedächtnis.

---

61 Vgl. Piaget 1987, S. 156 f.
62 Vgl. news aktuell GmbH 2017, S. 9 f.
63 Vgl. ebd., S. 9.
64 Kleine Wieskamp 2016, S. 28.

Beide Hälften arbeiten unterschiedlich. Wird zum Beispiel eine Person nach ihrem Wissen zur Firma Google gefragt, dann kann diese antworten, dass dieses Unternehmen eine Suchmaschine entwickelt hat, der Sitz in den USA liegt und mit Werbung mehrere Milliarden US$ pro Jahr verdient werden. Zusammengefasst stammen diese Antworten mit dem faktischen Wissen primär aus der linken Gehirnhälfte. Soll die befragte Person jedoch von ihrem letzten Urlaub erzählen, verhält sich der Prozess oft ganz anders. Eher emotionale Erinnerungen und Bilder werden dann aus dem Gedächtnis der rechten Gehirnhälfte hervorgeholt.[65]

Besonders erwähnenswert ist an dieser Stelle, dass bildhafte Erinnerungen die Sinnesorgane derart ansprechen können, dass man mittels Vorstellungskraft zum Beispiel die salzige Meeresluft oder die wärmende Sonne förmlich zu spüren vermag. Der fundamentale Unterschied kommt daher, dass Ereignisse, bei denen eine Person selbst involviert war, viel intensiver wahrgenommen, verarbeitet und im Gehirn gespeichert werden.[66]

Abbildung 2.17

Infografik zur Leistungsfähigkeit des menschlichen Gehirns.

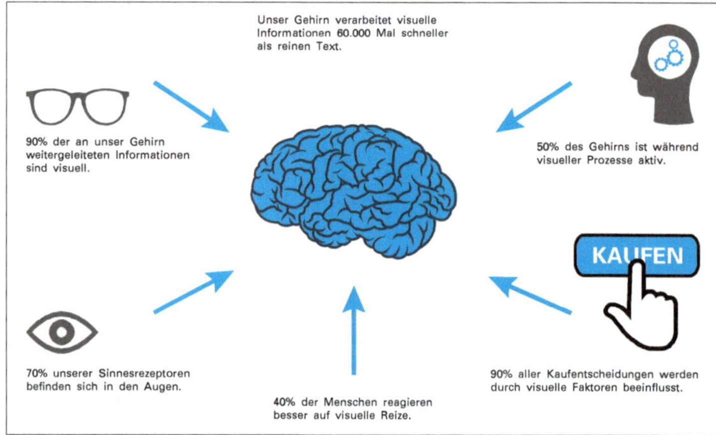

Daneben eignet sich Bewegung im Blickfeld des Betrachters auch dazu, seine Aufmerksamkeit auf bestimmte Elemente bzw. Bereiche zu lenken.[67]

---

65 Vgl. Kleine Wieskamp 2016, S. 27 f.
66 Vgl. ebd., S. 27 f.
67 Vgl. Schwan / Pappenmeier 2017, S. 38 f.

Besondere Aufmerksamkeit erregen dabei am Blickfeldrand wahrgenommene Bewegungen, da diese sich zuvor nicht im Sehfeld befunden haben und somit eine potenzielle Gefahr darstellen könnten. Dieser Reaktionsmechanismus stammt noch aus der Urzeit des Menschen. Sobald das Gehirn also eine Bewegung im peripheren Gesichtsfeld registriert, folgen die Augen dieser blitzartig.[68]

Dieses Verhalten machen sich zum Beispiel Betriebssysteme zunutze. Trifft eine neue Mail ein, erscheint am Bildschirm, meistens unten rechts, eine kleine, temporäre Mitteilung. Diese minimale Bewegung reicht dennoch aus, um die volle Aufmerksamkeit des Nutzers auf diese Stelle zu lenken, obwohl die Konzentration zuvor auf einer anderen Tätigkeit lag.[69]

Die gleiche aufmerksamkeitssteigernde Wirkung von Bewegung kann jedoch auch als sehr störend empfunden werden. Daher sollten derartige Element sparsam, gezielt und sinnstiftend eingesetzt werden, sowie nicht weit entfernt in Randbereichen, sondern stets im nahen Umfeld des zugehörigen Inhalts platziert werden. Ansonsten kann leicht die Gefahr bestehen, dass der Nutzer durch die wahrgenommene Bewegung in seinem visuellen Randbereich von den eigentlichen Inhalten abgelenkt wird.[70]

Abschließend ist zu dokumentieren, dass (visual) Storytelling besonders gut an die biologischen Denkstrukturen des Menschen anknüpfen kann und daher sehr effektiv und nachhaltig wirken kann.

Der Münchner Hirnforscher Ernst Pöppel schreibt hierzu:

„[N]ur, wenn wir das bildhafte oder episodische Gedächtnis erreichen, können wir Menschen zu einer Verhaltensänderung bewegen".[71]

---

68 Vgl. Schmidt 1999, S. 43.
69 Vgl. Kohlhammer / Proff / Wiener 2013, S. 92.
70 Vgl. Cavanagh 1992, S. 1563 ff.
71 Kleine Wieskamp 2016, S. 28.

Auch gibt es Hinweise darauf, dass Geschichten das Potenzial haben, Stabilität zu vermitteln, zur persönlichen Selbstbestätigung beizutragen und die Selbstvergewisserung zu unterstützen.[72]

Abschließend ist festzuhalten, dass Informationen in Form von Geschichten das Potenzial innehaben, den Rezipienten effektiver zu erreichen und besser verarbeitet zu werden, als Informationen, die nicht in Form von Geschichten vorliegen.

Dabei scheint es empfehlenswert zu sein, vorab zu prüfen, inwieweit sich diese Erzählweise für den jeweiligen Zweck auch wirklich eignet.

Hierbei besteht beispielsweise ein deutlicher Unterschied darin, ob es sich beim Inhalt ausschließlich um technische Fakten handelt, wie bei einem Produktdatenblatt, oder um Informationen zu den Vorzügen von Modeartikeln oder Urlaubsreisen, die vom Nutzer eher emotional und weniger rational bewertet werden. Eine entsprechende Aufbereitung, welche das Rezeptionsverhalten unterstützt, erscheint hierbei von Vorteil zu sein.

Im folgenden Kapitel werden unterschiedliche Beispiele vorgestellt, die diese Unterschiede anschaulich beleuchten sollen. Hierbei werden verschiedene Umsetzungsvarianten des Digital Storytellings aufgezeigt.

---

72 Vgl. news aktuell GmbH 2017, S. 10.

Literaturverzeichnis

Alexander, Bryan (2011): The New Digital Storytelling. Creating Narratives with New Media. Santa Barbara: Praeger

Aubert, Michel L. / Brumm, Adam / Ramli Mahyuddin / Sutikna Thomas / Saptomo, Emanuel Wahyu / Hakim, Budianto / Morwood, Michael J. / Bergh, Gert D. van den / Kinsley, Les / Dosseto, Anthony (2014): Pleistocene cave art from Sulawesi, Indonesia. In: nature. International journal of science. Vol 514, S.223-227. Online im Internet unter: https://www.nature.com/articles/nature13422 (23.12.2017)

Böhringer, Joachim / Bühler, Peter / Schlaich, Patrick / Sinner, Dominik (2014): Kompendium der Mediengestaltung II. Medientechnik 6., überarb. u. erw. Aufl. Heidelberg: Springer Vieweg

Böker, Beate (2016): Scrollytelling – was ist das? Online im Internet unter: https://www.faltmann-pr.de/scrollytelling-was-ist-das/ (20.11.2017)

Cavanagh, Patrick. (1992). Attention-based motion perception. Science, 257. S. 1563-1565.

Engelfried, Justus / Zahn, Sebastian (2012): Wirkungsvolle Präsentationen von und in Projekten. Wiesbaden: Springer Fachmedien

Ertel, Andrea / Laborenz, Kai (2017): Responsive Webdesign. Konzepte, Techniken, Praxisbeispiele. 3., aktualisierte und erweiterte Auflage. Bonn: Rheinwerk Verlag GmbH

Fulton, Steve / Fulton, Jeff (2013): HTML5 Canvas. 2. Auflage. Sebastopol: O'Reilly

Füssel, Stephan (2012): Gutenberg: Der Buchdruck und die Folgen. Online im Internet unter: http://universal_lexikon.deacademic.com/246599/Gutenberg%3A_Der_Buchdruck_und_die_Folgen (26.12.2017)

Heimann, Monika / Schütz, Michael (2017): Wie Design wirkt. Psychologische Prinzipien erfolgreicher Gestaltung. 1., korrigierter Nachdruck. Bonn: Rheinwerk Verlag GmbH

Herbst, Dieter Georg / Musiolik, Thomas Heinrich (2016): Digital Storytelling. Spannende Geschichten für interne Kommunikation, Werbung und PR. Konstanz/München: UVK Verlagsgesellschaft mbH

Kleine Wieskamp, Pia (Hrsg.) (2016): Storytelling: digital - multimedial – social. Formen und Praxis für PR, Marketing, TV, Game und Social Media. München: Hanser

Kohlhammer, Jörn / Proff, Dirk U. / Wiener, Andreas (2013): Visual Business Analytics. Effektiver Zugang zu Daten und Informationen. Heidelberg: dpunkt Verlag

Meinel, Christoph / Sack, Harald (2004): WWW. Kommunikation, Internetworking, Web-Technologien. Berlin/Heidelberg: Springer-Verlag

Miller, Carolyn Handler (2008): Digital Storytelling: a creator's guide to interactive entertainment. 2. Auflage. Burlington: Focal Press

news aktuell GmbH (2017): Storytelling: Wie Unternehmen heute erfolgreich Geschichten erzählen. Online im Internet unter: https://www.presseportal.de/pm/6344/3550335 (23.12.2017)

Piaget, Jean (1987): Theorien und Methoden der modernen Erziehung. Ungekürzte Ausgabe, 41.-42. Tsd. Frankfurt am Main: Fischer Taschenbuch Verlag GmbH

Ruoss, Sven (o. J.): Über mich. Online im Internet unter: https://svenruoss.ch/about/ (24.12.2017)

Sammer, Petra / Heppel, Ulrike (2015): Visual Storytelling. Visuelles Erzählen in PR und Marketing. Heidelberg: O'Reilly

Schmidt, Christian (1999): Entwicklung und Erprobung eines stereoskopischen Videoaufnahmesystems unter Verwendung von Mini-DV Camcordern.
Köln: Fachhochschule, Diplomarbeit

Schwan, Stephan / Pappenmeier, Frank (2017): Learning from Animations: From 2D to 3D. In: Lowe, Richard / Ploetzner, Rolf (2017): Learning from Dynamic Visualization. Innovations in Research and Application. Cham (Schweiz): Springer Nature.

Vaih-Baur, Christina (2018): Storytelling als Textmuster auf dem Weg zur Etablierung. Was ist Storytelling? In: Femers-Koch, Susanne / Molthagen-Schnöring Stefanie (Hrsg.): Textspiele in der Wirtschaftskommunikation. Texte und Sprache zwischen Normierung und Abweichung. Wiesbaden: Springer Fachmedien Wiesbaden GmbH, S.185-187

Wyman, Alice / Ilias, Chris / novica / Verdi, Michael / AnonymousUser / scoobidiver / Sengupta, Swarnava / ideato / adampeebleswrites / Joni / Artist / vesper (o.J.): Use plugins to play audio, video, games and more. Online im Internet unter: https://support.mozilla.org/en-US/kb/use-plugins-play-audio-video-games (24.12.2017)

Abbildungsverzeichnis

2.1: Höhlenmalerei
(https://www.nature.com/articles/nature13422/
figures/2,
abgerufen am 22.11.2017)

2.2: Keilschrift
(© depositphotoes / swisshippo,
abgerufen am 08.04.2019)

2.3: Hieroglyphen
(© depositphotoes / swisshippo,
abgerufen am 08.04.2019)

2.4: Bibelmalerei
(© depositphotoes / V_Nikitenko
abgerufen am 08.04.2019)

2.5: Johannes Gensfleisch zum Gutenberg
(© depositphotoes / georgios,
abgerufen am 08.04.2019)

2.6: Buchdruck
(© depositphotoes / Morphart,
abgerufen am 08.04.2019)

2.7: Erste Fotografie der Welt
(https://upload.wikimedia.org/wikipedia/commons
/5/5c/View_from_the_Window_at_Le_Gras%2C_
Joseph_Nic%C3%A-9phore_Ni%C3%A9pce.jpg,
abgerufen am 22.11.2017)

2.8: Filmvorführung
(© depositphotoes / everett225,
abgerufen am 11.04.2019)

2.9: Fernsehen
(© depositphotoes / everett225, bearbeitet von
Säwert u. Riempp,
abgerufen am 08.04.2019)

2.10: 1. Apple Macintosh Computer
(© depositphotoes / aa-w,
abgerufen am 11.04.2019)

2.11: Responsive Webdesign
(© depositphotoes / MPF_photography,
abgerufen am 08.04.2019)

2.12: HTML5 & CSS3
(https://commons.wikimedia.org/wiki/File:CSS3_
and_HTML5_logos_and_wordmarks.svg,
abgerufen am 08.04.2019)

2.13: Implementierung
(YouTube setzt auf dem HTML5 <video>-Tag,
Screenshot erstellt am 22.11.2017. Images on
this page may be used for publication with
credit: „Source: Google.)

2.14: Video on Demand
(© depositphotoes / simpson33,
abgerufen am 11.04.2019)

2.15: Assoziationsraum
(Eigene Darstellung in Anlehnung an
Heimann / Schütz 2017, S. 27)

2.16: Lean back / Lean forward Medien
(Eigene Darstellung in Anlehnung an
https://svenruoss.files.wordpress.com/2015/03/
bildschirmfoto-2015-03-01-um-17-56-11.png,
abgerufen am 25.11.2017)

2.17: Leistungsfähigkeit des Gehirns
(Eigene Darstellung in Anlehnung an
http://www.piakleinewieskamp.de/wordpress/
wp-content/uploads/VisuellesGehirninZahlen.jpg,
abgerufen am 25.11.2017)

3

Medienformen

© Springer Fachmedien Wiesbaden GmbH, ein Teil von Springer Nature 2019
M. Säwert und R. Riempp, *Digital Storytelling im Web*,
https://doi.org/10.1007/978-3-658-23055-5_3

Wie zuvor ausführlich dargestellt, hat sich die Art und Weise, wie der Mensch Geschichten erzählt, im Laufe der Historie ständig weiterentwickelt. Beginnend mit mündlichen Überlieferungen von Generation zu Generation, den ersten Höhlenmalereien, über antike Wandmalereien, bis hin zu modernen Formen wie dem Buchdruck, Audio und Video, ist ein ständiger Wandel zu erkennen. Heute ist besonders ein Medium populär: das Web.

Wie auch bei den älteren Formen, bietet das Web umfangreiches Potenzial, um Geschichten zu erzählen. Die Einzigartigkeit besteht hierbei in den technischen Möglichkeiten, die es erlauben, verschiedene Medientypen gekonnt zu einem multimedialen Erlebnis zu kombinieren.

Im Folgenden werden einzelne Bausteine und Möglichkeiten untersucht, welche im Web für Digital Storytelling eingesetzt werden können.

3.1 Storytelling mit Text

Eine der einfachsten und ältesten Möglichkeiten, Informationen im Web weiterzugeben, ist Text. Genau für diese Aufgabe wurde 1989 das World Wide Web mit dem Webstandard HTML von Tim Berners-Lee ursprünglich erfunden und entwickelt. Grundgedanke war, Informationen weltweit zwischen verschiedenen Wissenschaftlern und Forschungseinrichtungen sowie Universitäten auszutauschen. Diese Inhalte wurden in Form reiner Textseiten in HTML aufgebaut und über Hyperlinks verknüpft.[1]

Durch stetige Weiterentwicklung haben sich die Möglichkeiten im Funktionsumfang einer Webpräsenz vervielfacht. Neben komplexen, responsiven Layouts werden nun auch Bilder, Audio und Videos unterstützt. Zu beobachten ist, dass ungeachtet des technischen Fortschritts im Web, Text immer noch eine weit verbreitete Form der Informationsdarbietung darstellt. Dies könnte darin begründet sein, dass der Aufwand, einen textlichen Content, wie zum Beispiel Blog-Posts, Artikel oder E-Books zu erstellen, in der Regel deutlich geringer ist, als die

---

1 Vgl. Pomaska 2012, S. 1.

Produktion eines Videos oder einer Animation. Darüber hinaus lässt sich Text relativ einfach mit anderen Medientypen kombinieren.

Nicht zu unterschätzen ist die Macht geschriebener Worte. Geübte Texter können mit diesem Werkzeug die großartigsten Phantasien und Bilder im Kopf des Lesers entstehen lassen.[2] Wie bereits aufgeführt, können selbst Emotionen, wie Freude oder Angst, durch Worte hervorgerufen werden.

Auch in moderner, digitaler Kommunikation ist Text unerlässlich. Täglich werden über verschiedene Nachrichtendienste, wie z. B. WhatsApp, über 55.000.000.000 (55 Milliarden) Textnachrichten verschickt.[3]

Im Hinblick auf die Informationsdarstellung im Web ist jedoch zu beobachten, dass ausschließlich textbasierte Websites nicht mehr so stark verbreitet sind. Dies könnte unter anderem daran liegen, dass die Nutzer einer Website nur noch 20 - 28 % der Worte auf einer Seite lesen, wie Jakob Nielsen von der Nielsen Norman Group in einer großangelegten Studie mit knapp 60.000 Datensätzen herausfand.[4]

Vielmehr hat sich das Verhalten der Rezipienten dahingehend verändert, dass die Nutzer von digitalen Texten diese überwiegend nur (oberflächlich) scannen. Dies konnte mit Hilfe von Eyetracking-Untersuchungen herausgefunden werden. Demnach tendiert der User dahin, die Webseite in einem F-förmigen Muster zu erfassen, um danach mit den neuen Erkenntnissen auf den restlichen Inhalt der Seite zu schließen. Hierbei liest er die ersten Zeilen intensiv in einer horizontalen Bewegung. Anschließend lässt er den Blick mit einer vertikalen Bewegung auf der Webseite etwas nach unten gleiten und erfasst dort mit einer zweiten horizontalen Augenbewegung den Inhalt. Abschließend scannt er in einer weiteren vertikalen Augenbewegung den Rest der Webseite.[5]

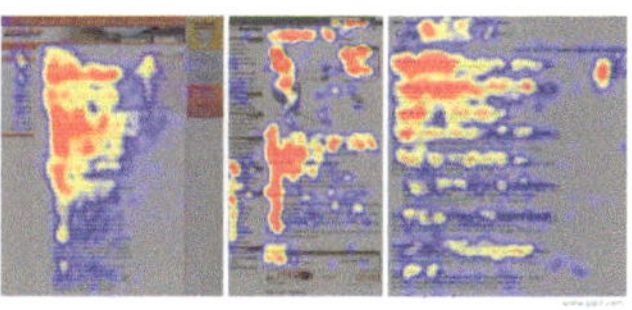

Abbildung 3.1

Heatmaps. Zu sehen sind die Ergebnisse der Eyetracking-Studie von drei verschiedenen Webseiten. Die Bereiche, welche intensiv betrachtet wurden sind in der Grafik rot dargestellt, wohin gegen wenig betrachtete Bereiche blau gefärbt sind. Unbeachtete Bereiche haben die Farbe grau.

F-Shaped Pattern For Reading Web Content (original study)" by Jakob Nielsen on April 17, 2006 https://www.nngroup.com/articles/f-shaped-pattern-reading-web-content-discovered

---

2 Vgl. Sammer / Heppel 2015, S. 123.
3 WhatsApp Inc. 2017.
4 Vgl. Nielsen 2008.
5 Vgl. Nielsen 2006.

Hierbei ist interessant, dass der obere linke Bereich wesentlich intensiver betrachtet wird, als die restlichen, weiter unten oder weiter rechts stehenden Inhalte.

Schlussfolgernd ist geschriebener Text auch in der Kommunikation im Web immer noch sehr präsent. Dennoch wird er von den Nutzern zwischenzeitlich anders konsumiert, als eigentlich gedacht, da diese im Web offenbar zunehmend nicht mehr bereit sind, viel Text zu lesen. Dies spielt insbesondere für das Digital Storytelling eine bedeutende Rolle. Daher scheint es sinnvoll, den Nutzern einen Anreiz zu geben, längere Texte dennoch zu lesen. Dies kann auf unterschiedlichste Art und Weise realisiert werden. Eine gute Story animiert beispielsweise den Lesedrang des Rezipienten. Weist diese Geschichte persönliche, witzige, komische oder provokative Elemente auf, wird beim Leser die Neugierde geweckt. Dabei spielt es keine Rolle, ob es hierbei um ein Produkt, ein Unternehmen, ein Team, eine Vision oder persönliche Erfahrungen geht. Wichtig ist dabei, dass der zu vermittelnde Inhalt in eine anregende Geschichte gepackt, und der Nutzer nicht nur mit für ihn langweilig wirkenden Fakten konfrontiert wird. Vielmehr will dieser unterhalten werden.[6]

In Anlehnung an die beschriebene, geänderte Lesegewohnheit im Web erscheint eine klare Gliederung des Textes positive Effekte bezüglich der Informationsverarbeitung beim Konsumenten zu haben. Sinnhafte, kurze Textabschnitte mit aussagekräftigen Überschriften könnten demnach dem geänderten Leseverhalten bei digitalen Inhalten entgegen kommen und so zu einem angenehmeren Leseerlebnis führen.

Beispiel leselupe.de[7]

Eine der ältesten und sicherlich einfachsten Formen von Digital Storytelling kann eine Website mit schriftlichen Geschichten sein. Die nachfolgenden Ausführungen beruhen auf der Analyse der Website *leselupe.de*.

---

6 Vgl. Hinse 2011.
7 URL: https://www.leselupe.de/lw/titel-Der-Pianist-132049.htm (01.11.2017).

Abbildung 3.2

Storytelling mit Text. Die Website *leselupe.de* setzt primär dieses Medium ein.

Hierbei steht das geschriebene Wort im Vordergrund, der Nutzer wird nicht von grafischen Elementen abgelenkt. Der Aufbau der Website und die Strukturierung der Texte erinnern hierbei an das Layout gedruckter Bücher. Absätze sind das einzige Layoutelement, welches zur Strukturierung des Textes eingesetzt wird. Diese sinnvollen Abschnitte unterstützen bekanntermaßen den Leser, wie bei einer Printpublikation, beim Erfassen der Geschichte.

Allerdings ist diese Variante, Geschichten digital zu erzählen, eher ein Relikt aus den frühen Tagen des Internets. Bedingt durch das zuvor beschriebene veränderte Verhalten der Rezipienten, sind aus heutiger Sicht derartige Textwüsten demnach eher als kontraproduktiv zu bewerten. Dadurch schließt sich diese Form für modernes und zeitgemäßes Digital Storytelling eher aus.

Jedoch muss bei dieser beispielhaften Website berücksichtigt werden, dass deren Nutzer die große Textmenge womöglich dennoch konsumieren, da diese mutmaßlich ausdrücklich eine Geschichte textuell erleben, respektive lesen möchten. Daher ist auch anzunehmen, dass der reine Text, trotz seiner wenig aufwändigen typografischen Gestaltung, dennoch gelesen statt gescannt wird.

Beispiel lammleckerlos.de[8]

Die nachfolgenden Ausführungen beruhen auf Analysen der Website *lammleckerlos.de*. Bei dieser Website wird, abgesehen von dem großen Headerbild, die Geschichte ebenfalls ausschließlich mit Text erzählt. Im Vergleich zur *leselupe.de*-Website ist *lammleckerlos.de* in einem moderneren Layout gestaltet. Es kann gemutmaßt werden, dass die von der EU geförderte und finanzierte Kampagne für Lammfleisch zum Beispiel bei Tierschützern auch auf Ablehnung und Widerstand stoßen könnte. Umso wichtiger erscheint es daher, aufzuzeigen, dass eine ethisch vertretbare und biologisch korrekte Artenhaltung ausgeübt wird.

---

[8] URL: http://www.lammleckerlos.de (01.11.2017).

Auf der Unterseite *Farmer* kann sich der Nutzer über exemplarische Schafwirte informieren und erhält so transparente Einblicke in das Arbeitsumfeld. Mit der Geschichte sollen einerseits Bedenken bezüglich der Massentierhaltung abgebaut und andererseits aufgezeigt werden, dass Tierhaltung auch artgerecht und human ablaufen kann. Wie dies in der Praxis umgesetzt wird, kann in vier verschiedenen Farmer-Portraits nachgelesen werden.[9]

Abbildung 3.3

Storytelling mit Text. Die Website *lammleckerlos.de* setzt ebenfalls primär auf dieses Medium. Dennoch ist der Text auf Grund der kürzeren Abschnitte und der Strukturierung angenehmer zu konsumieren.

9 URL: http://www.lammleckerlos.de/Brian-Nicholson (01.11.2017).

Über den Text werden bewusst nicht nur reine Fakten vermittelt. Vielmehr wird versucht, eine Beziehungsebene zu erschaffen, indem das jeweilige Arbeitsumfeld und die handelnde Person dem Leser näher gebracht wird. Die Story beginnt mit dem familiären Umfeld des Farmers, informiert über den Hof, die Schäferei bis hin zu Initiativen und Programmen, an welchen der Landwirt teilnimmt. Abgeschlossen wird die Geschichte mit einer Auflistung verschiedener Auszeichnungen und Erfolge.

Der Schreibstil ist dabei als Casual und persönlich zu beschreiben, da der Text in der Ich-Form verfasst ist und dadurch der Eindruck erweckt werden soll, als würde der Farmer sich und seine Tätigkeit dem Leser selbst vorstellen. Dies wirkt emotional und nicht distanziert. Mit Hilfe von kurzen Abschnitten und Zwischenüberschriften ist der Text, im Vergleich zur *leselupe.de*, sehr gut strukturiert, gegliedert und folglich angenehmer zu lesen.

Wie in diesem Abschnitt beschrieben, ist geschriebener Text ein mächtiges Element des Storytellings. Lange Texte haben allerdings im Web generell das Problem, dass viele Nutzer sie vermeiden. Untersuchungen haben gezeigt, dass Nutzer dazu tendieren, lange Texte nur anzulesen oder zu überfliegen, anstatt sie vollständig zu lesen.[10]

Somit laufen die in ihnen sich befindlichen Informationen Gefahr, nicht oder nur teilweise wahrgenommen zu werden und dadurch für den gesamten Informationsgehalt verloren gehen.

Storytelling mit Text funktioniert auf dem Papier zwar sehr gut, wie man bei Romanen und Vergleichbarem beobachten kann, im Web jedoch nicht. Folglich scheint es empfehlenswert, entsprechenden Content den aktuell vorherrschenden Nutzergewohnheiten anzupassen.

Gegenwärtig sind im Web daher überwiegend Kombinationen aus Text und Bild zu finden, wobei Texte und Absätze typischerweise viel kürzer sind, als auf Papier.

---

10 Vgl. Nielsen 2006.

3.2 Storytelling mit Bildern und Text

Im folgenden Abschnitt soll folglich auf das Potential der Kombination von Bildern und Text für das Storytelling näher eingegangen werden. Zur Klarheit sei hier noch gesagt, dass der Absatz sich dabei lediglich auf stehende Bilder und auf geschriebenen Text bezieht. Bewegte Bilder und gesprochener Text sind hier nicht gemeint und werden später thematisiert.

Seit jeher stellen Bilder ein substanzielles Kommunikationsmittel der Menschen dar – angefangen mit den Höhlenmalereien vor tausenden von Jahren, bis hin zu den Billionen Fotos, die bei Facebook, Instagram oder flickr in den vergangenen Jahren hochgeladen wurden. Mit Bildern lässt sich auch im Web effektiv kommunizieren.[11]

Der Erfolg der Bilder ist dabei in ihrer Informationsverarbeitung durch den Menschen begründet. Heimann und Schütz stellen dar, dass das menschliche Gehirn sich bei seiner Informationsverarbeitung zu rund 90 Prozent auf visuelle Informationen bezieht und dabei zudem in der Lage, Bilder 60.000 mal schneller zu verarbeiten, als Text.[12]

In einer von Microsoft finanzierten Studie wurde herausgefunden, dass die Aufmerksamkeitsspanne von Menschen durch die Smartphone-Nutzung von zwölf auf acht Sekunden gesunken ist. Damit liegt der menschliche Wert unter dem eines Goldfisches mit neun Sekunden.[13]

Natürlich muss dieser Vergleich hinterfragt werden, denn bis dato werden in den Bildungseinrichtungen immer noch Abschlüsse erworben und hierfür ist bekanntlich eine längere Aufmerksamkeits- und Konzentrationsspanne notwendig.

Mit Blick auf das Smartphone dürfte jedoch zu berücksichtigen sein, dass mit der verkürzten Aufmerksamkeitsspanne eine erhöhte Informationsverarbeitung einhergeht. Der Mensch kann somit wohl schneller identifizieren und selektieren, womit er sich befassen möchte, oder nicht.

---

11 Vgl. Hahn 2017, S. 531.
12 Vgl. Heimann / Schütz 2017, S. 53.
13 Vgl. Watson 2015.

Darüber hinaus vermag ein Bild auf einen Blick eine ganze Geschichte zu erzählen. Diese wahrzunehmen und zu verarbeiten, ist weniger mühsam, als einen Inhalt aus einem Text herauszulesen. Es ist nicht nötig, Wort für Wort und Satz für Satz zu lesen, bevor diese einzelnen Fragmente sich zu einem Gesamten fügen.[14]

Ebenso verfügen Bilder über eine hohe intuitive Glaubwürdigkeit, da diese

> *„als besonders objektiv und manipulationsunverdächtig [...] wahrgenommen werden".[15]*

Dies, obwohl heute durch die verschiedenen Möglichkeiten der digitalen Bildbearbeitung bei vielen Bildern nicht die tatsächliche Realität oder sogar eine gefälschte Realität abgebildet wird,

> *„[...] haben Menschen ein recht unverwüstliches Vertrauen in die Richtigkeit dessen, was sie sehen [...]".[16]*

Zum anderen lösen Bilder Emotionen beim Betrachter aus. Mit jedem Motiv verbindet dieser assoziativ seine eigene individuelle Erfahrung, Haltung oder Idealvorstellung. Dementsprechend besteht zwischen der Realität und einem Bild eine starke Beziehung. Durch entsprechende Darstellungen kann so von Medienschaffenden eine gewünschte Emotionalität beim Betrachter getriggert werden. Bedingt durch die Anschaulichkeit eignen sich Bilder oft besser als Texte, wenn es darum geht, dem Betrachter Gefühle zu vermitteln und diese gezielt hervorzurufen.[17]

Abschließend sei hier noch das alt bekannte Sprichwort „Ein Bild sagt mehr als tausend Worte" genannt, welches die hohe Anschaulichkeit und Verständlichkeit von Bildern sehr gut beschreibt.[18]

---

14 Vgl. Heimann / Schütz 2017, S. 54.
15 Hahn 2017, S. 533.
16 Heimann / Schütz 2017, S. 54.
17 Vgl. Hahn 2017, S. 531 ff.
18 Vgl. ebd., 531 ff.

Sammer und Heppel führen allerdings an, dass in bestimmten Fällen auch ein Bild missverstanden oder fehlinterpretiert werden kann, sodass die bekannte Redewendung dann nicht mehr zutrifft. Ein sinnstiftendes Schlagwort oder eine kurze Textzeile kann die Bedeutung eines Bildes ganz unterschiedlich erscheinen lassen.[19] Demnach sind Bilder Darsteller und keine vollständig eigenständigen Erzähler, da der Kontext oftmals mehrdeutig sein kann.

> *„Bilder – ob Grafiken, Fotos oder auch Bewegtbild –*
> *bebildern und illustrieren. Sie können einen Moment*
> *festhalten und uns etwas vor Augen führen.*
> *Aber ohne Kontext bleiben sie stumpf".*[20]

Demnach unterstützen Bilder eine Geschichte eher nur, erzählen diese aber nicht. Daraus kann geschlossen werden, dass Digital Storytelling, welches ausschließlich auf Bildern beruht, auf Grund des fehlenden Kontextes wohl nicht hinreichend funktionieren wird. Hierzu ein Beispiel:

Abbildung 3.4
Bild ohne Kontext.

© Brot für die Welt. Evangelisches Werk für Diakonie und Entwicklung e.V.

Oben zu sehen ist ein Brotlaib, der von einer Hand mit abgeschnittenem Arm gehalten wird. Die Finger sind mit Mehl bestäubt. Der Hintergrund könnte ein Holztisch sein.

---

19 Vgl. Sammer / Heppel 2015, S. 83 ff.
20 Ebd., S. 83.

Geht es hierbei um das Angebot eines Bäckers, oder ist dies der Beginn einer Anleitung für Brotbacken? Vielleicht hat es durch den hellen Lichtschein hinter dem Brot und der Hand aber auch mit etwas Spirituellem zu tun?

Wie zu bemerken ist, versucht das Gehirn automatisch, sich selbst eine Geschichte zu überlegen, da der Betrachter keine weiteren Anhaltspunkte hat, außer dem abgebildeten Motiv. Im nächsten Schritt des Beispiels wird der fehlende Text wieder hinzugefügt.

Abbildung 3.5

Bild mit Kontext. Hinzugefügt wurden lediglich der Aufkleber und der Text auf dem schwarzen Balken am unteren Bildrand.

© Brot für die Welt. Evangelisches Werk für Diakonie und Entwicklung e.V.

Nun ist auf dem Brotlaib ein Aufkleber mit der Aufschrift „Brot für die Welt" zu erkennen. Im unteren Bereich ist eine schwarze Linie mit dem Text „Jedes Stück zählt!", sowie die Angabe eines Spendenkontos zu lesen. Hierdurch erhält das Bild einen zusätzlichen Kontext und eine eigene Geschichte entsteht. Sofort könnten also beim Betrachter Assoziationen zu bekannten Bildern rund um das Thema *Armut*, *Hunger* und *Elend* aufkommen, die durch das erste Bild allein, ohne Kontext, so vermutlich nicht entstehen hätten können.

Das Brot, welches zuvor vielleicht mit einem Brotbackrezept assoziiert wurde, erhält durch den zusätzlichen Kontext nunmehr eine völlig neue Bedeutung. Die Wirkung ist plötzlich eine ganz andere.

Besonders vor dem Hintergrund, dass es laut Jahresbericht 2016 von Brot für die Welt *„[f]ast eine Milliarde Hungernde auf der Welt [...]"* [21] gibt, bekommt dieses Foto eines unspektakulären und für europäische Verhältnisse alltäglichen Brotlaibes durch textliche Zusatzinformationen ein ganz anderes Gewicht.

> *„Bilder ohne Worte bleiben [...] also nur Abbilder.*
> *Erst Worte machen sie zu Geschichten."* [22]

Wie ebenfalls erkennbar ist, können diese Worte unterschiedlich mit den Bildern kombiniert werden. Zum einen können jene, wie bei diesem Beispiel zu sehen ist, direkt im Bild stehen. Zum anderen können sie aber auch im nahen Umfeld des Bildes platziert werden, wobei der direkte Bezug aber immer noch erhalten bleibt.

Was Bilder hierbei also bedeutsam macht, ist ihre Fähigkeit, im Menschen Geschichten hervorzurufen.[23]

> *„Sie sind ein Auslöser - der auf drei Ebenen funktioniert:*
>
> 1. *Bilder triggern Erinnerungen und Skripte [...],*
> 2. *Bilder triggern Neugier [...],*
> 3. *Bilder triggern Phantasie [...]".* [24]

Für Digital Storytelling im Web gibt es überwiegend vier verschiedene Arten, wie Bilder eingesetzt werden können: [25]

- ▶ Header-Bilder
- ▶ Hintergrundbilder
- ▶ Bilder im Inhaltsbereich
- ▶ Infografiken

---

21 Evangelisches Werk für Diakonie und Entwicklung e.V. 2017, S. 16.
22 Sammer / Heppel 2015, S. 86.
23 Vgl. ebd., S. 86.
24 Ebd., S. 86 f.
25 Vgl. Hahn 2017, S. 531.

3.2.1 Header-Bilder

Eine Möglichkeit, Bilder für Digital Storytelling einzusetzen, sind Header-Bilder. Diese können eine hohe Emotionalisierung erzeugen und werden daher im modernen Webdesign prominent eingesetzt.[26]

Waren Header-Bilder früher häufig nur breite Bilder, füllen sie heute den ganzen Bildschirm vollformatig aus und gehen dabei oft über die eigentliche Website-Breite hinaus.[27]

Häufig sind diese Bilder nur schmückendes Element, teils sind sie aber auch Bestandteil des Inhalts.[28]

Header-Bildern kommt dennoch oft eine große und wichtige Bedeutung zu. Diese befinden sich im Kopfbereich und damit in einem wichtigen Teil der Website, da dieser Bereich vom User nach dem Aufruf zuerst gesehen wird. Hier muss der Nutzer sowohl optisch als auch inhaltlich abgeholt werden, so dass er ausreichend animiert ist, die restliche Webseite zu erkunden.[29]

Eine gekonnte Verknüpfung von Bild und Text ist dabei elementar. Im Vergleich zu Bildern im Inhaltsbereich, die neben einem Text dargestellt werden, muss bei Header-Bildern der Text folglich in das Bild integriert werden.

Mit großen Bildern wird dabei eine noch intensivere Emotionalisierung erreicht. Daher sind sie

„[...] ideal dafür geeignet, Stimmung zu schaffen, Gefühle hervorzurufen, eine Webseite interessant, markant, unverwechselbar zu machen und so für eine hohe Wiedererkennbarkeit zu sorgen".[30]

Für die Gestaltung statischer Header-Bilder sind drei gängige Varianten zu beobachten. Bei Variante eins wird ein Bild eingesetzt, das genau so breit ist, wie der eigentliche Webseiteninhalt. Es schließt somit links und rechts mit dem Inhalt bündig ab.

---

26 Vgl. Hahn 2017, S. 538.
27 Vgl. ebd., S. 692 f.
28 Vgl. ebd., S. 574.
29 Vgl. ebd., S. 574 f.
30 Ebd., S. 541.

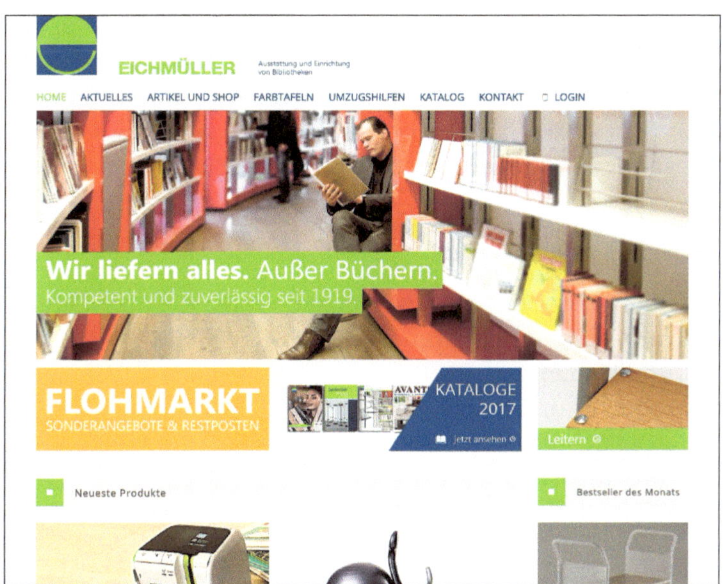

Abbildung 3.6

Variante 1:
Beispiel für ein Header-Bild, das so breit ist wie die eigentliche Website.

Dadurch entstehen, besonders bei größeren Monitoren, in den Seitenbereichen, große ungenutzte Flächen, die zum Beispiel in der Hintergrundfarbe gehalten sind. Diese Gestaltungsart wirkt eher ruhig, da sich die Bilddimensionen an das Raster des Screendesigns halten. Auf Grund der Größe wirkt dies innerhalb des Layouts dennoch spannend und abwechslungsreich.

Abbildung 3.7

Variante 1:
Bei dieser Variante entstehen auf großen Bildschirmen links und rechts neben der Website zum Teil große Leerräume.

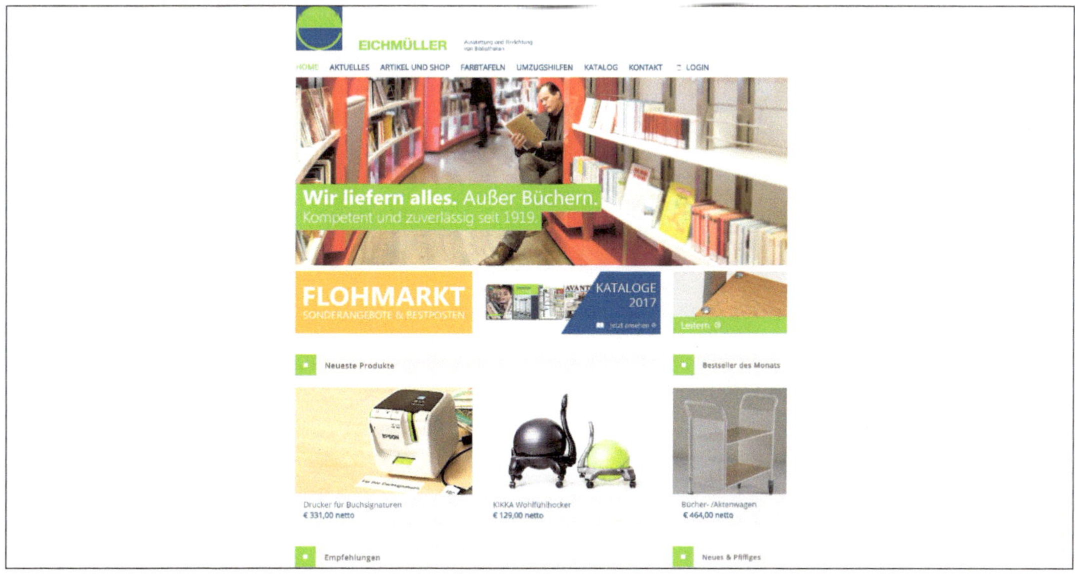

Bei Variante zwei wird ein bildschirmbreites Bild eingesetzt, das jedoch eine geringere Höhe als der Viewport hat. Hierdurch wird die gesamte Bildschirmbreite zur Darstellung verwendet. Dadurch wird, wie bereits beschrieben, der User optisch in das Bild hineingezogen.

Beispiel bietemiete.de [31]

bietemite.de ist eine schlanke Website, über welche Immobilien- und Grundstückbesitzer freie Haus- und Grundflächen zur Pacht an einen externen Werbeträger vergeben können. Die intendierte Bedeutung der großen Werbeflächen wird dem Nutzer beim Besuch der Website sofort aufgezeigt, indem dieser von einem großen Header-Bild in Form einer Illustration mit einer Großfläche (Werbetafel) in urbaner Umgebung begrüßt wird.

Im Vergleich zum vorangegangenen Beispiel wird durch die stets bildschirmfüllende Breite eine imposantere Wirkung des Header-Bildes erreicht, passend zum Thema der Website.

Abbildung 3.8

Variante 2:
Beispiel für ein Headerbild, das über die eigentliche Website-Breite hinaus geht und mit dem linken als auch rechten Bildschirmrand bündig abschließt.

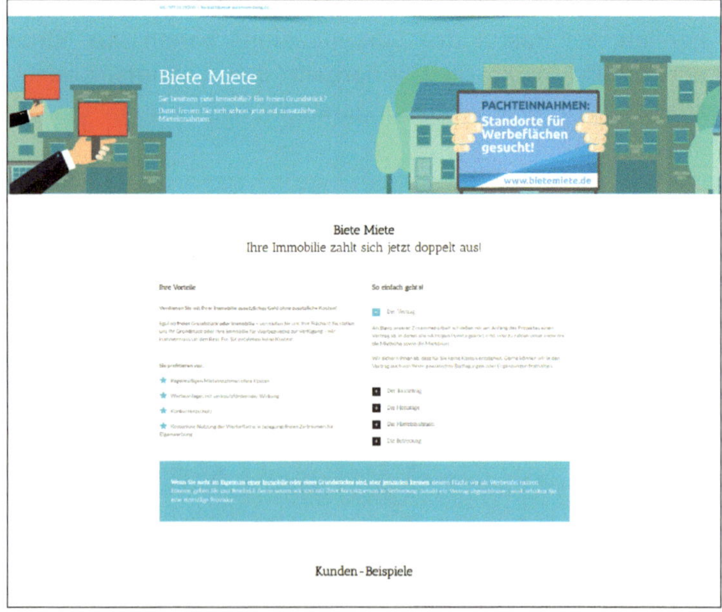

---

31 URL: https://www.bietemiete.de (26.07.2019).

Die dritte Variante besteht darin, ein Header-Bild voll bildschirmfüllend darzustellen. Diese großen Bilder

„[...] werden gerne und häufig eingesetzt".[32]

Dadurch besteht die Möglichkeit, den Nutzer auf der Gefühlsebene anzusprechen und auf diese Weise eine hohe Aufmerksamkeit zu erreichen.

Abbildung 3.9

Variante 3: Beispiel für ein bildschirmfüllendes Header-Bild.

Im Gegensatz zu großen Hintergrundbildern werden Header-Bilder dabei ausschließlich im Header-Bereich einer Website platziert.

Auch eignet sich der Einsatz eines großen Header-Bildes für Websites, welche beispielsweise ein konkretes Produkt präsentieren.[33]

Die hohe Aufmerksamkeit auf das Header-Bild wird in diesem Fall weniger zur Emotionalisierung, sondern mehr zur fokusierten Produktinformation eingesetzt.

Schwieriger gestaltet sich hingegen die Motiv-Wahl, wenn es um abstraktere Leistungen geht. Hier scheinen dem Einsatz hinsichtlich der vollen Wirkung Grenzen gesetzt zu sein.[34]

Emotionalisierende und sachliche Wirkung können in einem Header-Bild auch kombiniert zum Einsatz kommen.

---

32 Hahn 2017, S. 699.
33 Vgl. ebd., S. 699 f.
34 Vgl. ebd., S. 699.

MENU
Casa Cook
HOTELS
BOOKING
HOTEL KOS
SIMPLE BEACH PERFECTION
VIEW >

Beispiel casacook.com[35]

Beim Aufruf der Website wird der Nutzer von einem bildschirmfüllenden Foto einer jungen Frau auf einem Sofa in einem Appartement begrüßt. Der Auftritt ist sehr dezent gestaltet und neben dem Logo, jeweils einem Button für das Menü und der Schnellbuchung, befindet sich nur eine sehr knappe Überschrift. Insgesamt hat das Design fast schon den Charakter eines Werbeplakats mit großem Bild und großer Überschrift. Optisch wird die Wirkung erzeugt, als würde der Betrachter der Webseite sich bereits im Zimmer des Hotels befinden.

Darüber hinaus punktet die Umsetzung mit einer hohen Glaubwürdigkeit und wirkt real erlebbar. Durch die gekonnte Blickführung der Aufnahme drängt sich dem Betrachter die Frage auf, wo die Dame hinschaut. Hierbei folgt dieser imaginär ihrem Blick und stellt sich dabei vor, wie das restliche Zimmer wohl aussehen könnte und in der Gedankenwelt beginnt, die Geschichte abzulaufen.

Um eine hohe Emotionalisierung zu erreichen, scheint es empfehlenswert, wenn die Bilder eine entsprechende Qualität aufweisen, da hierbei deutlich mehr Details erkennbar sind, als bei kleinerer Darstellung.

Dabei ist somit auf ein entsprechend hochaufgelöste Bildqualität zu achten. Hierbei kann allerdings eine zu große Dateigröße wieder zu unerwünscht langen Ladezeiten führen. Dies kann mitunter durch ein intelligentes Pre-Caching gemindert werden.

---

35 URL: http://casacook.com/ (01.11.2017).

Abbildung 3.10
Website mit bildschirmfüllendem Header-Bild.
Wird die Website aufgerufen, ist lediglich das große Bild mit der Frau zu sehen. Erst wenn der Nutzer scrollt, erscheinen die tieferliegenden Inhalte.

3.2.2 Hintergrundbilder

Neben der Funktion als Header-Bild können Bilder auch als Hintergrundbilder verwendet werden. Im Großformat sind diese hierbei besonders wirksam. Sie liegen technisch hinter dem eigentlichen Inhalt der Webseite, meist in Form von Text.

Für Webdesigner ist dabei die Entscheidung zu treffen, ob der Inhalt des Hintergrundbildes als solcher erkennbar bleiben soll, oder ob das Hintergrundbild lediglich schmuckhaft eingesetzt wird.

Im Zusammenhang mit Digital Storytelling im Web ist die rein schmuckhafte Verwendung eher nicht sinnig. Es empfiehlt sich stattdessen, dem Bild einen eigenen Bedeutungsanteil zuzuweisen.

Die Balance zwischen Bedeutungsanteil des Textes und des Bildes im Hintergrund ist dabei freibleibend und muss in jedem einzelnen Fall neu bedacht werden.

Zu starke Hintergrundbilder können dabei zu einem visuellen Konflikt mit den Informationen des Vordergrunds führen und Split-Attention-Effekte hervorrufen.[36]

Großformatige Hintergrundbilder sind dabei gut dazu geeignet, um Emotionen, Gefühle, Erinnerungen und Vorstellungen beim Nutzer zu erzeugen.[37]

Der Bedeutungsanteil des Bildes steht somit dem Storytelling zur Verfügung, parallel zum Textanteil.

Abbildung 3.11 und

Abbildung 3.12

Wie bildschirmfüllende Hintergrundbilder beispielsweise in das Layout einer Website integriert werden können, zeigen *purnatur.com* (rechts) und *pascualprestige.com* (© *LaNegrita Estudio Creativo*) (unten).

In den vorliegenden Beispielen bleibt das Hintergrundbild scharf und ist in seinem Inhalt erkennbar.
Ihm kommt somit ein eigener Bedeutungsanteil zu.

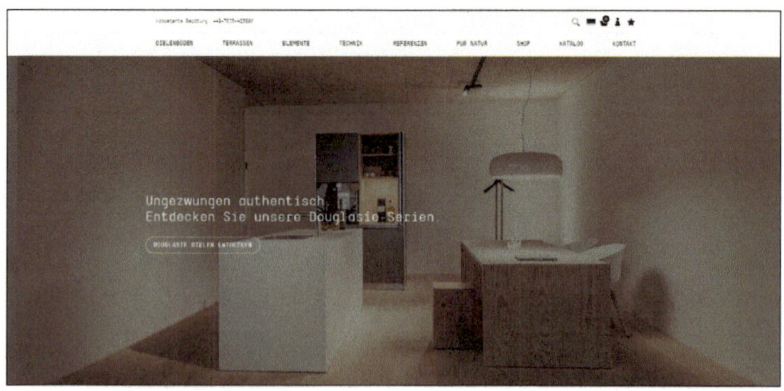

---

36 Vgl. Ayres / Sweller 2014, S. 206–226.
37 Vgl. Hahn 2017, S. 540 f.

3.2.3 Bilder im Inhaltsbereich

Bilder im Inhaltsbereich verdeutlichen oft visuell den textlichen Sinn, bieten dabei jedoch teils wenig eigenen Informationsgehalt. Dieser ist oft vorwiegend in den Texten zu finden.[38]

Beispiel: Mercedes Benz G-Klasse[39]

„Die 300.000ste G-Klasse auf Europatour". Unter dieser Überschrift zeigt Mercedes-Benz auf seiner Website wie facettenreich das G-Klasse Modell ist.

In Form eines Logbuchs wird das Wichtigste jeder Etappe in einem knappen Text zusammengefasst und mit einem professionellen Foto ergänzt. Die Bilder stehen dabei in starkem Bezug zum Text, und zeigen das Auto in verschiedenen Situationen.

Zuerst ist das Fahrzeug in der Produktionshalle mit den stolzen Autobauern zu sehen. Daraus kann die Botschaft abgeleitet werden, dass dieses Fahrzeug mit viel Sorgfalt gebaut wurde, was folglich für Vertrauen sorgen soll. In den nachfolgenden Abschnitten wird das Fahrzeug zuerst auf unwegsamen, steinigem Boden, einmal auf schlammigem Untergrund sowie auf einer asphaltierten Straße dargestellt.

Mercedes-Benz veranschaulicht auf diese Art und Weise, dass das Fahrzeug für alle Herausforderungen konstruiert ist. Der Nutzer fühlt sich durch die stimmige Bebilderung intensiv mit der Geschichte verbunden, da die Fotos jeweils einen Moment der jeweils beschriebenen Etappe zeigen.

Abschließend ist festzustellen, dass ausschließlich die Fotos diese Geschichte nicht erzählen können. Stattdessen würden diese wie bekannte Produktfotografien wirken. Erst durch den Text hervorgerufenen Kontext erwachen die Bilder zum Leben.

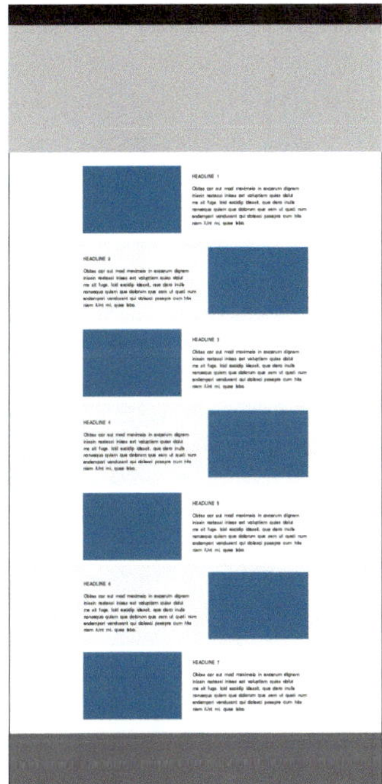

Abbildung 3.13

Ein Beispiel, wie Bilder im Inhaltsbereich einer Website für Digital Storytelling eingesetzt werden können. Diese unterstreichen dabei visuell den Inhalt des zugehörigen Textabschnittes.

URL zum Beispiel
https://www.mercedes-benz.com/de/mercedes-benz/lifestyle/adventure/die-300-000ste-g-klasse-auf-europatour/

---

38 Vgl. Hahn 2017, S. 539.

39 URL: https://www.mercedes-benz.com/de/mercedes-benz/lifestyle/ adven ture/die-300-000ste-g-klasse-auf-europatour/ (31.07.2019).

Ebenso können Bilder als reines Orientierungselemente eingefügt werden, sodass sie als Teaser-Elemente zum benachbarten Text fungieren.[40]

Auch hierbei wird mit einer Kombination aus Bild- und Text gearbeitet. Die Funktion der Bilder ist dabei allerdings eine andere. Sie stellen einen inhaltlichen Bezug zum Text dar und lassen Assoziationen zu den jeweiligen Abschnitten zu.

Dabei lockern die Abbildungen das Layout optisch auf und dienen daneben zusätzlich auch als beabsichtigte Orientierungselemente.

Wie vorstehend beschrieben, scannt der Nutzer eine Website typischerweise immer zuerst, um einen Überblick zu bekommen, bevor er diese im Detail betrachtet.

Hierbei sind Bilder ein probates Mittel, um diesen Scan-Vorgang gezielt zu unterstützen oder zu beeinflussen, da diese die Aufmerksamkeit zuerst auf sich ziehen.

Ein weiterer Effekt ist, dass eine Website dadurch anschaulicher wirkt und das Layout, im Vergleich zu reinen Textseiten, den Nutzer nicht sofort abschreckt.[41]

Auch noch weitere Anwendungsmöglichkeiten für Bilder im Content-Bereich sind denkbar, wie bebilderte Schritt-für-Schritt-Anleitungen (z. B. Koch-/Backrezepte), Produktdarstellungen und dergleichen. In diesen Fällen sind Bilder jedoch oft Teil des eigentlichen Informationsgehalts und dabei meist gleichgestellt zum textlichen Informationsanteil.

---

40 Vgl. Hahn 2017, S. 539.
41 Vgl. ebd., S. 539.

3.2.4   Storytelling mit Infografiken

Auch Infografiken können eine Geschichte gut erzählen. Sie eignen sich besonders, wenn es darum geht, Daten, Zahlen und Fakten optisch ansprechend zu präsentieren.[42]

Im Vergleich zu Grafiken in Printpublikationen können diese in digitalen Medien, auf Grund einer möglichen Interaktivität oder Animation, komplexer und vielschichtiger konzipiert werden. Weiter ist es von Vorteil, dass

„Nutzer niemals die komplette Infografik
auf einmal sehen" [43]

können. Der Blick des Betrachters sollte somit gezielt durch die Grafik geführt werden können.

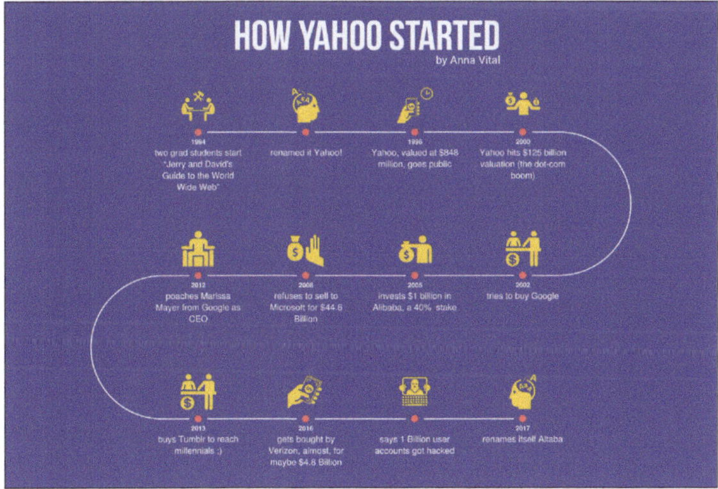

Abbildung 3.14
Der durchdachte Aufbau dieser Infografik führt den Blick des Users gekonnt durch diese.

Bildschirmgrafiken erfreuen sich heute großer Beliebtheit, da sie einfach zu konsumieren sind und gleichzeitig, auf Autorenseite, weniger redaktionellen Aufwand erfordern.[44]

Ebenso lassen sich Bilder wesentlich besser über die verschiedenen sozialen Netzwerke teilen, als Text.[45]

---

42 Vgl. Sammer / Heppel 2015, S. 127.
43 Heber 2016, S. 200.
44 Vgl. ebd., S. 200.
45 Vgl. ebd., S. 211

Abbildung 3.15

Unten: Infografiken können zum Teil sehr lang werden.

© PathFactory

Digital Storytelling mittels Infografik ist in digitalen Medien ein sehr wichtiger Trend geworden.[46] Prinzipiell ließe sich dies aber auch auf Papier realisieren.

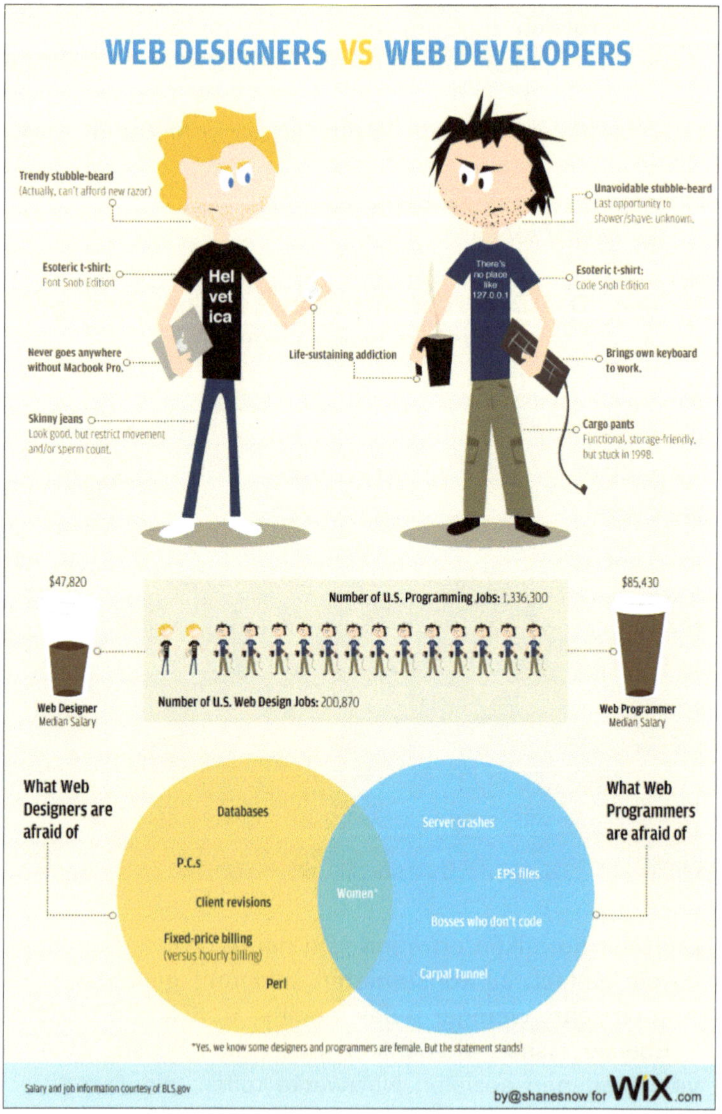

Abbildung 3.16

Oben: Häufig sind vergleichende Infografiken zu entdecken.

46 Vgl. Heber 2016, S. 200.

Storytelling-Infografiken lassen sich in die folgenden drei Kategorien einordnen: [47]

▶ Infografik, produktbezogen

▶ Infografik, problembezogen

▶ Infografik, genrebezogen

3.2.4.1. Produktbezogene Infografik

Das Beiersdorfprodukt NIVEA Stress Protect ist ein spezielles Deodorant, das in stressigen Situationen seine Wirkung nicht verliert und dem Träger weiterhin ein angenehmes Gefühl verleihen soll.[48] Da als Nebenwirkung von Stress verstärktes Schwitzen möglich ist und dieses bei der Arbeit, beim ersten Date oder sogar im Urlaub auftreten kann, kommt als Zielgruppe fast jedermann infrage. Um für ihr Produkt digital zu werben, entwarf NIVEA eine Infografik mit unterschiedlichen Fakten über Stress. Durch den informativen Mehrwert wird beim Benutzer ein Bedürfnis geweckt. Er setzt sich folglich mit dem Thema intensiver auseinander und erhält am Ende einen passenden Lösungsvorschlag – natürlich mit einem Produkt von NIVEA.[49]

Optisch bewegt sich die Gestaltung im Rahmen des Corporate Designs von NIVEA, weshalb primär Blautöne sowie für diese Deolinie typische Orangetöne als Akzentfarbe eingesetzt wurden. Weiter ist auch die NIVEA-Hausschrift verwendet worden.[50]

Abschließend ist festzuhalten, dass produktbezogene Infografiken immer einen konkreten Absender haben. Visuell sind sie entsprechend dem jeweiligen Corporate Design gestaltet, beinhalten das Firmenlogo und sind dadurch eindeutig als PR-Material identifizierbar.[51]

---

47 Vgl. Heber 2016, S. 214
48 Vgl. Beiersdorf AG, o. J.
49 Vgl. ebd.
50 Vgl. ebd.
51 Vgl. Heber 2016, S. 214.

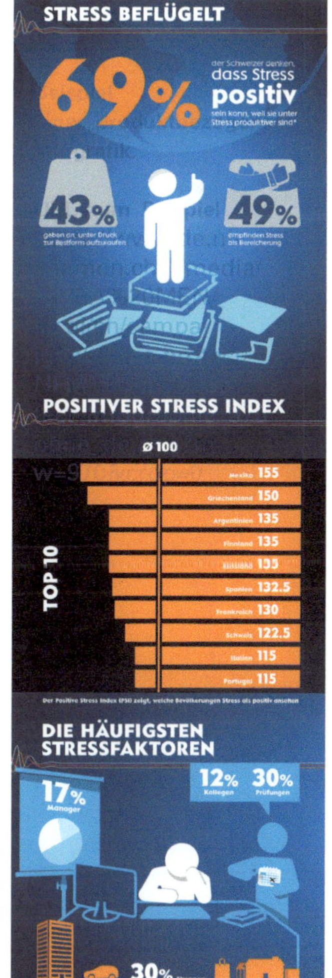

Abbildung 3.17
Beispiel einer produktbezogenen Infografik von NIVEA.

3.2.4.2. Problembezogene Infografik

Im Gegensatz zur produktbezogenen Infografik steht bei der problembezogenen Infografik nicht ein Produkt im Vordergrund, sondern eine Situation, respektive ein Problem, welches der Nutzer haben könnte und das dann zum Beispiel von einem Produkt gelöst werden könnte.

Diese Art der Infografiken wird oft im Content Marketing verwendet. Bei dieser Form von Werbung gibt die Marke zunächst wissenswerte Inhalte an den Nutzer weiter, ohne dass das Auftreten dabei als reine Werbung wahrgenommen wird.[52]

Ein Beispiel hierfür sind Infografiken, die hilfreiche Tipps geben, beispielsweise wie das eigene Instagram-Profil hinsichtlich mehr Followern optimiert werden kann. Der Absender ist hierbei natürlich Instagram selbst.[53]

3.2.4.3. Genre-bezogene Infografik

„Genrebezogene Infografiken werden im Content Marketing gerne benutzt, um die äußeren Umstände zu beschreiben." [54]

Dabei beziehen sie sich aber nicht direkt auf ein Produkt. Der Absender (Werbende) bleibt überwiegend im Hintergrund und tritt nur selten in Erscheinung. Zwar erstellen und verteilen Marken immer wieder Infografiken, im Fokus stehen hierbei jedoch generelle Fakten über das entsprechende Genre.

Beispielsweise könnte ein Lifestyleportal eine Infografik über richtiges Schminken oder die angesagtesten Flirt-Sprüche teilen. Das Ziel ist hierbei weniger der werbliche Charakter, sondern vielmehr ein „im Gespräch bleiben" im Sinne des Employer-Brandings.[55]

---

52 Vgl. Heber 2016, S. 215.
53 Vgl. ebd., S. 215.
54 Ebd., S. 215.
55 Vgl. ebd., S. 215.

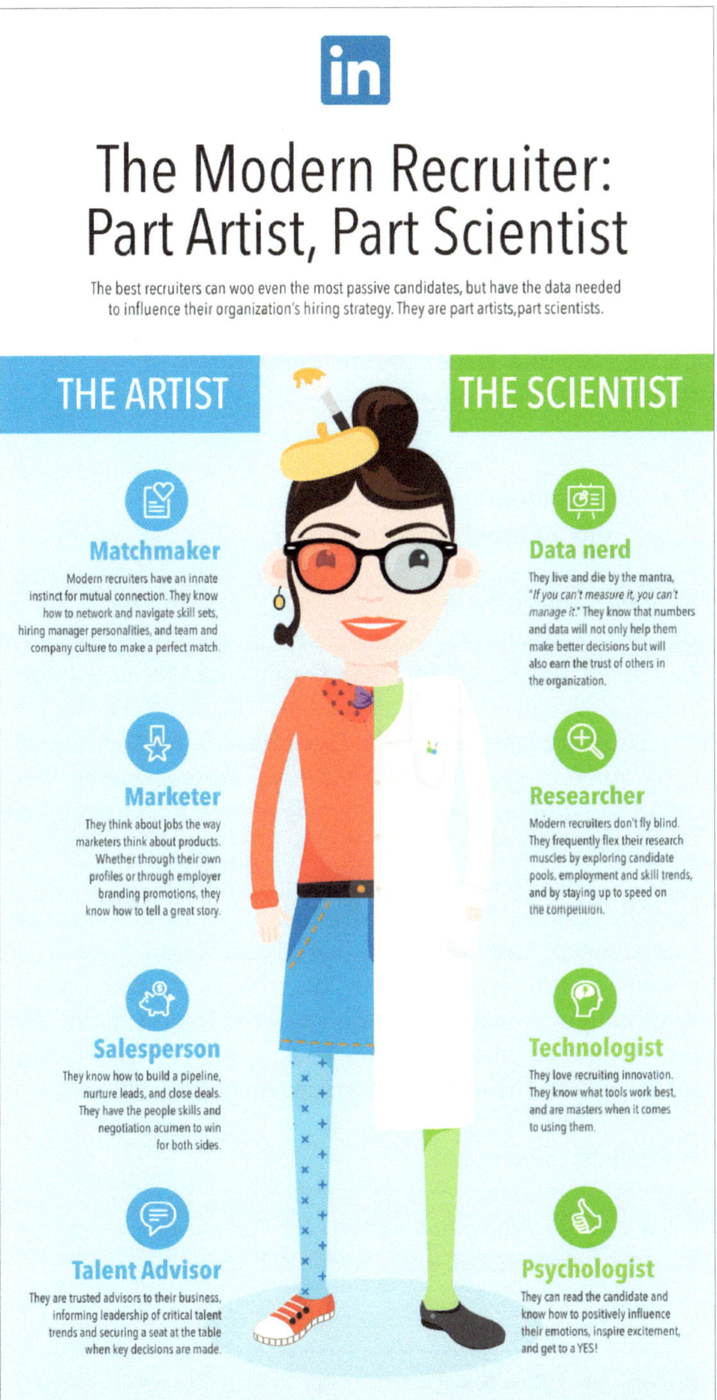

Abbildung 3.18
Beispiel einer genrebezogenen Infografik von LinkedIn.

Basierend auf den Untersuchungen ist abschließend festzuhalten, dass bei einer Infografik immer entschieden werden muss, wie viele Puzzle-Teile des gesamten Kontextes benötigt werden, um eine vollständige Geschichte erzählen zu können.

Wie anhand verschiedener Beispiele im Alltag zu sehen ist, werden Bilder überwiegend in Verbindung mit Text verwendet wenn es darum geht, Geschichten zu erzählen. Deshalb ist es für den Designer eine wichtige Aufgabe, Text und Bilder immer harmonisch und ergänzend in Einklang zu bringen.[56]

3.3 Storytelling mit Animationen und animierter Interaktion

In einem Interview antwortete der renommierte Professor der Psychologie, Dan McAdams, auf die Frage „Was genau ist die Funktion einer Geschichte?"[57] wie folgt:

> *„Geschichten haben viele Funktionen. Eine Geschichte existiert meistens, um den Zuhörer zu unterhalten, um seine Aufmerksamkeit zu erlangen oder seine Emotionen anzuregen."* [58]

Dementsprechend scheint der Faktor Unterhaltung, beziehungsweise Entertainment, einen wichtigen Aspekt darzustellen. Folglich bedeutet dies, dass Nutzer, die gut unterhalten werden, womöglich eher bereit sind, einer Geschichte zuzuhören. Diese These lässt sich auf Erkenntnisse aus der Hirn- und Konsumforschung stützen.

Hierbei ist bekannt,

> *„[...] dass Menschen sich zu 80 Prozent emotional für oder gegen etwas entscheiden."* [59]

Beispiel
Aufbau einer GIF-Animation. Zu sehen sind die vier Schlüsselbilder, welche die Funktionsweise eines Automotors erklären.

URL zum Beispiel
https://animagraffs.com/how-a-car-engine-works

---

56 Vgl. Heber 2016, S. 574 f.
57 C3 Creative Code and Content GmbH 2013.
58 Ebd.
59 Cossart 2017, S. 5.

Mit dem Werkzeug der Animation, beziehungsweise animierter Interaktion, wird versucht, statischen Websites eine lebendige Komponente hinzuzufügen. Besonders bei visuellem Storytelling ist diese sehr effektiv, da der reinen Geschichte eine weitere emotionale Komponente hinzugefügt wird: Bewegung.[60]

Dabei ist darauf zu achten, Animation als Eyecatcher mit Bedacht einzusetzen. Diese sollte daher immer klar und deutlich erkennbar im Mittelpunkt stehen und nicht im Randbereich ablaufen. Hier könnten Animationen als irritierend und störend empfunden werden,[61]

> *„[...] da sie den biologischen Alarmreflex des Anwenders wecken und ihn stets aus dem Fokus seines Interesses lenken. "* [62]

Klassischerweise wird die Animation wie ein Bild oder ein Video in den Inhalt der Seite eingebunden und ergänzt somit den Text. In diesem Anwendungsfall eignet sie sich besonders dazu, komplexere und vielschichtigere Themen und Abläufe optisch vereinfacht darzustellen.[63]

Scroll-activated animation

Eine weiterentwickelte, darüber weit hinausgehende Umsetzungsform von Storytelling mit Animationen ist die *scroll-activated animation.*

Hierbei handelt es sich um getriggerte Animationen, welche durch Scrollen bzw. Wischen vom Nutzer ausgelöst und gesteuert werden. Das beudeutet, dass ohne die bewusste Aktion des Nutzers keine Animation erfolgt.

Folglich wird der Nutzer in eine aktive Rezeptionshaltung (*Lean Forward*) versetzt (vergleiche *Kapitel 2*), anders als bei selbstablaufenden Animationen.

---

60 Vgl. Heber 2016, S. 224.
61 Vgl. Stapelkamp 2010, S. 311.
62 Ebd., S. 311.
63 Vgl. Heber 2016, S. 227.

Dabei wird die Kontrolle dem Nutzer überlassen. Dieser kann sich somit eigenständig und in individueller Geschwindigkeit durch die Geschichte scrollen.[64]

Die Anzahl an verschiedenen Möglichkeiten ist hierbei nahezu unbegrenzt. Dadurch wird das Scrollen zu einem Erlebnis.[65]

> *„Inhalte werden [...] eingefadet, gezoomt, gedreht, vergrößert [...]."* [66]

Diese sehr vielfältigen Möglichkeiten, meist auf Basis von CSS3-Animationen / Transformationen, lassen sich mit dem ebenfalls häufig anzutreffenden Parallax-Effekt gut kombinieren. Vertieft wird dieses Thema ausführlich in Kapitel 4.

Mit Hilfe dieser Technik ist es möglich, Geschichten ansprechender und interaktiver zu erzählen.

Beispiel

Hier verleihen scroll-activated animations der illustrierten Szenerie mehr Tiefe und sorgen folglich dafür, dass der Nutzer das Gefühl hat, selbst als Zuschauer den Kampf zu verfolgen.

URL zum Beispiel

http://www.nytimes.com/projects/2013/tomato-can-blues/index.html

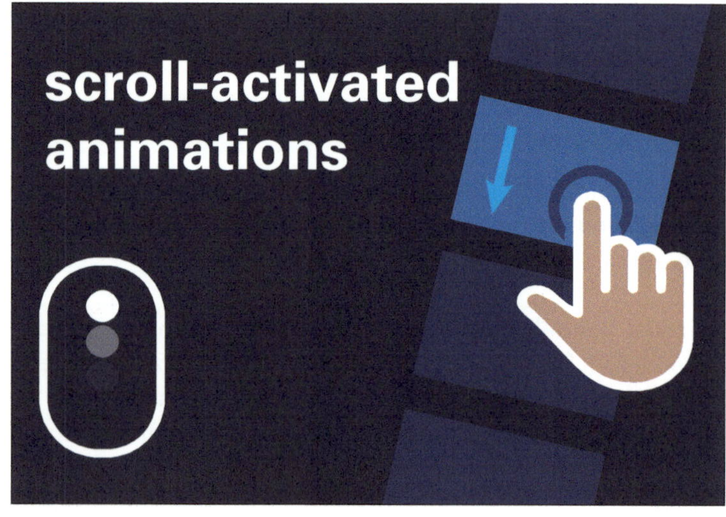

Abbildung 3.19

Prinzip der scroll-activated animation.
Der Nutzer kontrolliert durch scrollen oder wischen mit dem Zeigefinger den Fortgang der Animationen.
Dabei kann er sich vorwärts und rückwärts bewegen.

Eine sehr gelungene Umsetzung dieses Prinzips ist die Website *numero10.ch* einer schweizer Werbeagentur.

---

64 Vgl. Hahn 2017, S. 687 f.
65 Vgl. ebd., S. 687.
66 Ebd., S. 687.

Abbildung 3.20

Die Website *numero10.ch* setzt auf einen eigenen Zeichenstil der Illustrationen. Der Parallax-Effekt verleiht dabei den einzelnen Elementen und Abschnitten eine optische Tiefe.

Wie bereits berichtet, können dank der Weiterentwicklung des Webs HTML-, CSS- und JavaScript-basierte Animationen erstellt und eingebunden werden. Diese starten jeweils erst bei zuvor gesetzten Scrollmarkern. Dadurch sind die Frontend-Developer in der Lage, animierte Elemente erst dann ablaufen zu lassen, wenn diese sich im Sichtbereich des Users befinden. Des Weiteren können nicht nur Elemente animiert erscheinen, vielmehr lassen sich mit Hilfe modernster Webtechnologien komplexe, animierte Grafiken erstellen und einbinden.[67]

Beispiel: bizbrain.org/coffee [68]

Die Website bizbrain.org/coffee geht der Frage nach, woher Kaffee eigentlich stammt. Diese wird in Form einer Geschichte mit Hilfe von vielen einzelnen interaktiven Animationen erzählt und beantwortet.

Beginnend mit der Aussaat der Bohnen, über die weltweit verschiedenen Anbaugebiete, bis hin zur Ernte und abschließenden Röstung, erfährt der Nutzer interaktiv alles Wissenswerte über dieses Thema.

Vom Look & Feel ist die Website ausschließlich illustrativ gestaltet mit weniger als 256 verschiedenen Farben. Dadurch konnten die einzelnen Animationselemente im .gif-Format erstellt und eingebunden werden, ohne Verluste hinsichtlich Farbraum und Details als negative Folge zu erhalten, wie dies bei einer realen Fotografie der Fall wäre (vgl: *https://blog.ladder.io/animated-gifs*).

Aus dem Quelltext ist ersichtlich, dass beispielsweise die Regenwolke in diesem Bildformat animiert wurde. Weiter ist zu erkennen, dass die Wolke auf der Website nicht an der gleichen Stelle regnet, sondern per JavaScript von links nach rechts bewegt wird. Diese Funktionsweise ließe sich inzwischen sogar ausschließlich mit CSS3 umsetzen, was längere Ladezeiten durch das Laden externer Skripte überflüssig machen würde. Diese Möglichkeit wird in Kapitel 4 ausführlich behandelt.

Beispiel
Bei diesem Beispiel besteht jede Sektion aus einzelnen Animationen, die erst dann ablaufen, wenn sich diese im Sichtbereich des Nutzers befinden.

URL zum Beispiel
http://www.bizbrain.org/coffee/

---

67 Vgl. Hahn 2017, S. 703.
68 URL: http://bizbrain.org/coffee/ (06.11.2017).

Darüber hinaus ist zu beobachten, dass die einzelnen Animationen zeitgesteuert und koordiniert ablaufen. Hierdurch wird der Blick des Users gezielt von einer Information zur nächsten gelenkt. Auf Grund der visuellen Darstellung sind viele Animationen selbsterklärend und es muss nur wenig informationsunterstützender Text eingeblendet werden.

In diesem Beispiel werden also die Animationen zum einen für die Erzählung der Geschichte eingesetzt. Zum anderen verleihen sie dem Design zusätzlich einen Hauch von Lebendigkeit.

Beispiel: bowhead.tailsandwhales.com[69]

Der Hersteller von hochwertigen Multifunktionsrucksäcken setzt sein Produkt auf der firmeneigenen Website gekonnt in Szene. Mit Hilfe von scroll-activated Animationen werden so die verschiedenen Eigenschaften und Möglichkeiten der beworbenen Ware aufgezeigt.

Scrollt der Nutzer auf der Website, klappt sich z.B. der Rucksack in einer Art von Stop-Motion-Animation auf. Dies regt die Fantasie an hinsichtlich verschiedener Situationen der möglichen Verwendung.

Zum Einsatz kommen hierfür viele Fotografien, die den Rucksack in den verschiedenen Bewegungssituationen zeigen. Im Quelltext ist zu erkennen, dass über ein Skript, das die Scroll-Höhe ermittelt, die entsprechenden Bilder ein- beziehungsweise wieder ausgeblendet werden. Diese Technik ist mit der aus Film- und Videoproduktion bekannten Stop-Motion-Technik zu vergleichen.[70] Darüber hinaus verleiht sie so der Website eine künstliche dreidimensionale Wirkung.

Insgesamt entsteht durch diese Art der digitalen Produktpräsentation der Eindruck bzw. das Gefühl, als würde ein Verkäufer dieses Produkt von allen Seiten zeigen und anpreisen. Darüber hinaus wirkt die Präsentation durch die realen Fotografien und die anschließend animierte 360° Ansicht sehr authentisch und überzeugend.

Beispiel
Einzelbilder einer Stop-Motion-Animation die durch die Scrollgeschwindigkeit des Users individuell gesteuert werden kann.

URL zum Beispiel
bowhead.tailsandwhales.com

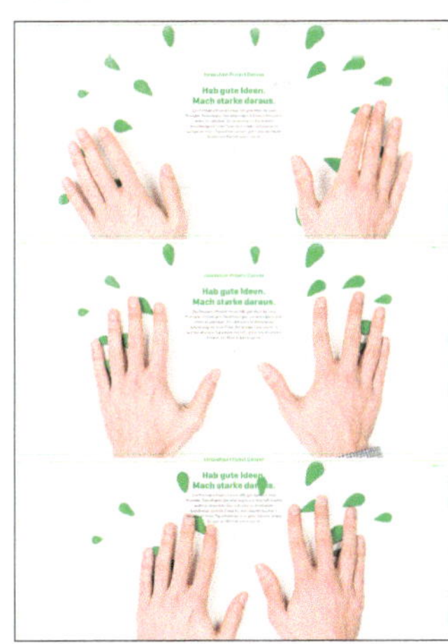

Abbildung 3.21
Beispiel für eine scollbasierte Stop-Motion-Animation, die eine Legeanimation abbildet. *innovationprojectcanvas.com*

---

69 URL: http://bowhead.tailsandwhales.com/ (06.11.2017).
70 Vgl. Riempp 2014, S. 2.

3.4 Storytelling mit Video

Dank immer schnellerer Datenübertragung boomen Online-Videos derzeit als Content-Marketing Medium.[71] Bereits 2014 sahen sich 55% der Internetnutzer jeden Tag Online-Videos an.[72] Laut einer Analyse von Cisco machten 2016 Onlinevideos 73% des gesamten Internettraffics aus. Bis 2021 wird ein Anstieg auf 82% erwartet.[73]

Viele dieser Videos beinhalten Geschichten in irgendeiner Form. Darüber hinaus vereint dieses Medium sowohl Bewegtbild, als auch Audio und stellt damit ein Medium dar, welches sich für ansprechende Erzählungen eignet. Wenn Menschen sich Videos ansehen, führt dies zu Entspannung und dabei geben sie die Kontrolle sowohl im kognitiven Bereich als auch bei den Gefühlen zu kleinen Teilen ab (Lean-Back Verhalten; vgl. Kapitel 2).[74]

„Genau diesen passiv-entspannten Zustand nutzen Kommunikatoren, wenn sie statt auf rationale Fakten auf Geschichten setzen." [75]

Visuelle Storys verstärken diese mentale Haltung, denn in keinem anderen Medium können Gefühle und Technik so ausdrucksstark harmonieren.[76]

Diese Faszination, welche das Format Video ausstrahlt, konnte bereits in einer Studie aus dem Jahr 2011 nachgewiesen werden.[77] Das Ergebnis der Untersuchung belegt hierbei, dass die Besucher einer Website, welche ein Video enthält, doppelt so lange auf dieser verweilen (*„100 % longer average time-on-site per visitor"*).[78]

Durch stetige Weiterentwicklung des Webs können Videos immer problemloser eingebunden und verbreitet werden.

---

71 Vgl. DiSilvestro 2017.
72 Vgl. Jurek 2014.
73 Vgl. Cisco Systems, Inc. 2017.
74 Vgl. Sammer / Heppel 2015, S. 159.
75 Ebd., S. 159.
76 Vgl. ebd., S. 159.
77 Vgl. Sutton 2011.
78 Vgl. ebd.

Geschah dies früher umständlich über ein Plug-in, wie zum Beispiel Flash, werden Videos heute von den modernen Browsern, wie Chrome, Firefox, Edge, Safari und Opera, nativ unterstützt.[79]

Für Digital Storytelling kann dieses Medium in verschiedenen Formen eingesetzt werden. Eine Variante zeigt exemplarisch die schottische Whiskybrennerei Balvenie auf ihrer Website.[80] Auf ihrem Webauftritt informieren diese, welche fünf Handwerker für ihren guten Whisky zuständig sind. Innerhalb dieser fünf Portraits werden teilweise auch Videos angeboten, welche separat und unabhängig voneinander angesehen werden können. Die einzelnen Videos sind dabei wesentlicher Bestandteil des Contents und werden lediglich durch kurze Texte und zum Teil durch ein paar Bilder ergänzt. Das Video wird hierbei als interaktives Element eingebaut. Mit Hilfe der Videos erzählt Balvenie die persönliche Geschichte der Brennerei und baut beim Nutzer eine emotionale Sphäre rund um deren Produkte auf.

Wie auch beim vorstehenden Beispiel, erzählt das kalifornische Weinbaugebiet Paso Robles auf deren Website mit Hilfe von Videos kleine Geschichten, diesmal um das Thema Wein.[81] Die Erzählung setzt sich mit dem Wesen der dort typischen Rebsorten auseinander. Primär geht es hier also nicht um ein spezielles Produkt, sondern um die Marke an sich.

Neben dem Einsatz als primäres Inhaltselement, können Videos auch zur emotionalen Unterstützung eingesetzt werden. Dabei erzählen diese keine eigenständige Geschichte, sondern sind ein Teil davon. In diesem Anwendungsfall wird Video auch oft als Hintergrund eingebunden. Das Ziel ist hierbei das Gleiche wie bei einem Hintergrundbild: eine visuelle Welt erschaffen, um Emotionen zu wecken und hervorzuheben.

Abbildung 3.22
Browser-Support des HTML5 *<video>*-Tag.

Beispiel
Die schottische Whiskybrennerei Balvenie betreibt Digital Storytelling mittels Video.

URL zum Beispiel
https://www.thebalvenie.com/crafting-the-balvenie/our-five-rare-crafts/view/malting-floor

Beispiel
Das kalifornische Weinbaugebiet Paso Robles verwendet für ihre Blog-Einträge zum Teil ebenfalls Videos, welche auf Youtube hochgeladen und anschließend in den eigenen Blog eingebunden wurden.

URL zum Beispiel
https://pasowine.com/vino-variety

---

79 URL: https://caniuse.com/#feat=video (01.08.2019).

80 URL: https://www.thebalvenie.com/crafting-the-balvenie/our-five-rare-crafts/view/malting-floor (01.08.2019).

81 URL: https://pasowine.com/vino-variety/ (01.08.2019).

Das Bewegtbild hat dabei den Vorteil, im Vergleich zu einem Foto, nicht nur einen Ausschnitt, eine einzelne Situation oder nur eine Ansicht darstellen zu können.

Vielmehr können mehrere Situationen und Ansichten wiedergegeben werden, die beim Betrachter ein umfassenderes Wahrnehmungserlebnis auslösen.

Des Weiteren wird durch die Bewegung die Webseite automatisch quasi mit zusätzlichem Leben gefüllt und soll dadurch weniger statisch wirken.

Wie auf der Website *ge.com/digitalvolcano* ersichtlich, ist in dem Hintergrundvideo eine Bewegung in Form einer Kamerafahrt erkennbar. Diese ist jedoch sehr langsam und ruhig, sodass das Hintergrundvideo nicht von den anderen informativen Inhaltselementen, wie zum Beispiel den Überschriften und kurzen Textpassagen, ablenkt.

Abbildung 3.23

Das farbintensive Hintergrundvideo im Head-Bereich der Website stimmt den Nutzer in die Geschichte über Vulkane ein.

https://www.ge.com/digitalvolcano

Abbildung 3.24
Auch im Inhaltsbereich setzt die Website auf Videos als Hintergrund.

Diese Form ist jedoch erst mit dem Breitbandausbau richtig möglich geworden. Nichts würde in diesem Fall das Nutzererlebnis nachhaltiger negativ beeinträchtigen, als ein Hintergrundvideo, welches nicht sofort angezeigt und abgespielt wird, sondern erst einmal eine gewisse Zeit geladen werden müsste. Dass der Nutzer dabei womöglich einen schwarzen Hintergrund sieht, oder sogar noch ein animiertes Loading-Icon angezeigt bekommt, ist nicht hinnehmbar.[82]

In unserer immer mehr vernetzten Welt sind Videos jedoch nicht nur auf Websites präsent, sondern werden zunehmend auch auf bekannten Videoplattformen wie Youtube und Vimeo online gepostet. Hierdurch sind sie von der eigentlichen Website losgelöst und können dadurch eine größere Verbreitung erfahren.[83] Sie werden lediglich in die Website über ein entsprechendes Snippet der Videoplattform eingebettet. Diese Plattformen bieten damit das Potential einer viralen Verbreitung.

Dabei werden Videos in den verschiedenen sozialen Medien oft in kürzester Zeit von einer sehr großen Zahl an Nutzern geklickt, kommentiert und geteilt. Besonders häufig werden hierbei Geschichten erzählt, die sehr emotional und persönlich sind. Darüber hinaus ist ein klarer Trend hin zu Alltagsgeschichten erkennbar. Diese Geschichtsform macht sich die persönliche Identifikation des Betrachters durch dessen gleiche oder ähnliche Erfahrungen, als Schlüsselfaktor, zu Nutze.[84]

---

82 Vgl. Hahn 2017, S. 694.
83 Vgl. Kleine Wieskamp 2016, S. 40 f.
84 Vgl. ebd., S. 211 f.

Abbildung 3.25

Verschiedene Standbilder
aus dem EDEKA-Werbespot
„#heimkommen".

*https://www.youtube.com/watch?-
v = V6-0kYhqoRo*

Bei diesen Storys steht selten ein Produkt im Vordergrund. Vielmehr dienen diese Geschichten der Marken-
bildung. Sie werden daher auch nicht als reine Werbe-
Videos produziert oder wahrgenommen.[85]

Beispiel: EDEKA [86]

Einen viralen Erfolg erzielte EDEKA Ende 2015 mit einem
sehr emotionalen Spot. Gezeigt wird ein einsamer alter
Mann, der sehnlichst auf den Weihnachtsbesuch seiner
Familie wartet. Jedoch sagen diese auf Grund vermeint-
lich wichtigerer Termine und Gründe ab. Daraufhin lässt
der alte Mann im folgenden Jahr Allen eine Karte mit
der Nachricht über seinen Tod zukommen. Von dieser
schrecklichen Botschaft getroffen, reisen alle Familien-
mitglieder an Weihnachten zu dessen Haus. Dort erleben
sie jedoch eine Überraschung, denn ihr Opa ist nicht
tot, sondern hat für alle ein Festmahl zubereitet. Der alte
Mann möchte wissen, wie er denn sonst die gesamte
Familie zusammenbringen hätte sollen. Daraufhin wird
freudig gefeiert.

Dieser Spot wurde allein auf Youtube über 61 Millionen
mal geklickt und mehr als 16.000 mal kommentiert.[87]
   Das Video erzählt eine sehr persönliche, überspitzte
Alltagsgeschichte, die eine Reihe grundlegender, mensch-
licher Themen aufnimmt. Dabei geht es neben Leben
und Tod auch um die Werte Liebe und Familie. Dies ist
ein besonders emotionales und packendes Thema und
vermutlich maßgeblich für den Erfolg mitverantwortlich.

Allerdings muss kritisch hinterfragt werden, was diese
Geschichte mit dem Lebensmittelhändler EDEKA zu tun
hat. Natürlich kauft der alte Mann alle Zutaten für das große
Fest bei diesem Händler, jedoch macht dieser Aspekt nur
einen sehr geringen Teil der Story aus. Auf jeden Fall profitiert EDEKA von der enormen Reichweite und ist auch
für eine kurze Zeit ein weit verbreitetes Gesprächsthema.

---

85 Vgl. +Pluswerk Puls GmbH o. J.
86 URL: https://www.youtube.com/watch?v=V6-0kYhqoRo (23.07.2019).
87 Vgl. ebd.

Ob sich der Kunde beim nächsten Einkauf daran erinnert, ist auf Grund einer fehlenden konkreten Aussage oder eines Versprechens, warum man bei EDEKA einkaufen sollte, allerdings fraglich.[88]

3.5 Storytelling mit Audio

Auditives Storytelling ist eine sehr alte Form, um Geschichten zu erzählen. Neben der mündlichen Überlieferung von Generation zu Generation wurden schon vor 3.400 Jahren Lieder geschrieben und gesungen. Dies belegen archäologische Funde aus Ugarit in Syrien.[89] Diese Formen existieren bis heute und Musik mit Botschaften ist immer noch aktuell. Daneben können Geschichten auch ganz klassisch als Hörbuch und Hörspiel erzählt werden.

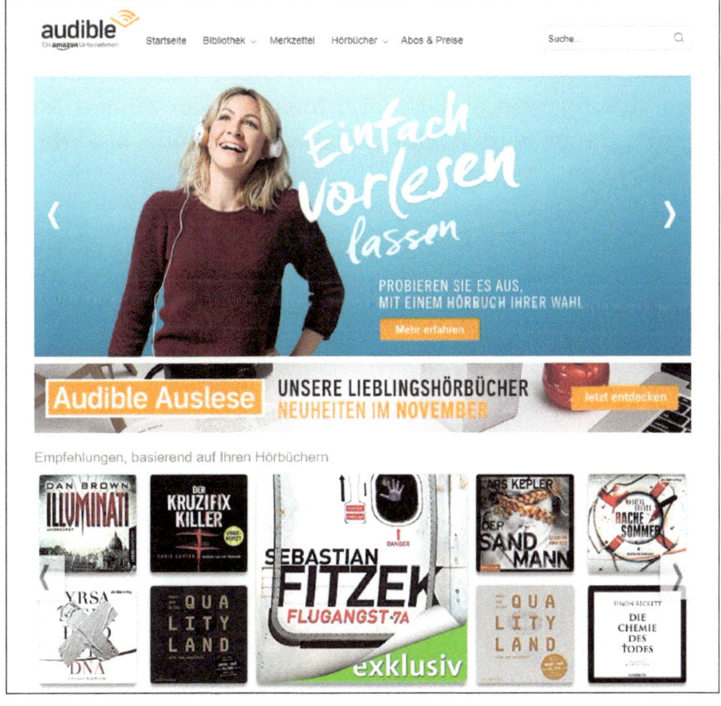

Abbildung 3.26

Startseite von audible.de. Plattform zur Verbreitung von Hörbüchern und Hörspielen.

https://audible.de

---

88 Vgl. Heimann / Schütz 2017, S. 119 ff.
89 Vgl. Jones 2014.

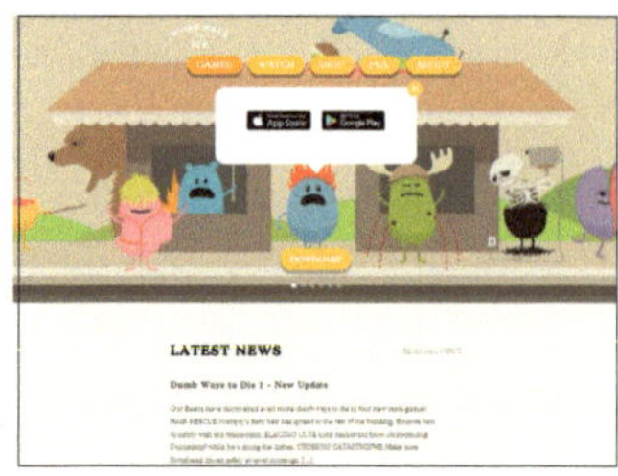

Abbildung 3.27
Auf der „Dumb Ways to Die"-Website kann der Song heruntergeladen werden.

www.dumbwaystodie.com

Ein gelungenes Beispiel für kreatives Storytelling mit Audio realisierte 2015 Metro Trains aus Australien. Der Zugbetreiber machte mit der Kampagne „Dumb ways to die"[90] auf die Gefahren im Bahnbetrieb aufmerksam. In eine eingängige Melodie wurden als Gesang die skurrilsten tödlichen Gefahren rund um Bahnstrecken verpackt. Hieraus wurde ebenfalls ein viraler Erfolg.[91]

Daraus ist zu folgern, dass es den Medienschaffenden gelungen ist, ein ernstes Thema mit entsprechenden Hinweisen in eine Geschichte zu packen, welche den Menschen offensichtlich zugänglicher ist, als eine große Vielzahl an Warnhinweisschildern.

Auf Websites hingegen empfiehlt es sich jedoch meist, Audio immer nur als Zusatzelement einzusetzen, auf welches im Zweifelsfall auch verzichtet werden kann. Dies liegt daran, dass nicht immer zuverlässig davon ausgegangen werden kann, dass der Nutzer die Audioanteile tatsächlich wahrnimmt.[92] In einer Umfrage wurde herausgefunden, dass ein Großteil der Nutzer gelegentlich bis sehr häufig während des Surfens parallel eigene Musik hört.[93] Dabei wird Audio auf einer Webseite als störend empfunden.

Somit sind dem Digital Storytelling auf Basis von Audio im Web enge Grenzen gesetzt. Als Alternative hierzu bietet sich *Visual Storytelling* an, bei dem die sprachlichen Anteile alternativ in Form von Lesetext angeboten werden.[94]

Neben dem Einsatz als gesprochenes Wort, kann Audio auch in Form von Musik und Geräuschen zum Einsatz kommen. Die Verwendung weicht dabei stark von sprachlichem Audio ab. Ist Letzteres meist Teil des eigentlichen Informationsgehalts, so werden Musik und Geräusche im Gegensatz hierzu meist zur Emotionalisierung eingesetzt.

---

90 Metro Trains Melbourne o. J.

91 Vgl. Metro Trains Melbourne 2016.

92 Vgl. Thesmann 2016, S. 352 f.

93 URL: https://de.statista.com/statistik/daten/studie/173561/umfrage/radio-musik-hoeren-waehrend-der-internetnutzung/ (12.11.2017).

94 Vgl. Sammer / Heppel 2015, S. 81 ff.

Diese Art der Verwendung von nicht-sprachlichem Audio lässt sich mit seinem Einsatz in Kinofilmen vergleichen.[95] Dadurch lassen sich bestimmte Emotionen beim Nutzer wecken, beziehungsweise eine gewünschte Stimmung erzeugen.[96]

Beispiel: PEUGEOT HYbrid4[97]

Die Storytelling-Website setzt Audio in Form von Hintergrund-Sounds ein. Dabei enthält das Medium keine wichtigen kontextbezogene Inhalte, sondern trägt einzig und allein zur Stimmung und Emotionalisierung bei.

Abhängig von der Scroll-Tiefe erklingt so thematisch passend zum neuen Bild jeweils der passende Sound.

Zu bemerken ist auch die angebotene Möglichkeit, dass der Nutzer die Wahl hat, den Sound optional über einen Button an- und auszuschalten.

Beispiel
Über die Buttons am oberen rechten Rand kann der User die Sounds an- beziehungsweise abschalten.

URL zum Beispiel
http://graphicnovel-hybrid4.peugeot.com/start.html

Das vorangegangene Beispiel zeigt gut den geeigneten Umgang mit Audio im Netz. Audio sollte dabei abschaltbar sein, wie zuvor bereits erläutert.

Im Gegensatz zum gesprochenen Wort als Informationsträger kann dabei aber auf Musik und Geräusche und deren emotionalisierende Wirkung notfalls nämlich auch verzichtet werden, ohne den Informationsgehalt wirklich zu beschneiden.

Für Digital Storytelling eignet sich Audio also entweder zur Emotionalisierung, auf die notfalls auch verzichtet werden kann. Oder es wird als Informationsträger in Form des gesprochenen Wortes eingesetzt.

Hierbei ist jedoch zu beachten, dass die entsprechende Informationsanteile alternativ als geschriebener Text vorgehalten werden für den Fall, dass der Nutzer Audio deaktiviert hat.[98]

---

95 Vgl. Bullerjahn 2007, S. 89.
96 Vgl. Thesmann 2016, S. 354 ff.
97 URL: http://graphicnovel-hybrid4.peugeot.com/start.html (01.08.2019).
98 Vgl. Riempp 2009, S. 108 ff.

3.6 Storytelling mit Social Media

In den letzten Jahren hat sich eine weitere Form der Mediennutzung entwickelt und ist inzwischen weltweit etabliert. Bereits heute wird die Nutzergruppe, welche die sozialen Medien am intensivsten nutzt, als *Generation Z* bezeichnet.[99] Daher ist es auch nicht verwunderlich, dass entsprechende Medienangebote dem neuen Nutzerverhalten der heute 14- bis 19-Jährigen angepasst sind. Hauptpunkte sind dabei die völlige digitale Vernetzung, visuelle Kommunikation sowie der Faktor der begrenzten Zeit.[100]

Keine Generation ist so vernetzt wie die Generation Z. Neben realen Freundschaften zählen auch digitale Kontakte in den sozialen Medien und Communities zum persönlichen Freundeskreis. In der digitalen Welt schließt man sich Gruppen an, welche die gleichen Neigungen oder ähnliche Interessen haben. Die Generation Z zeichnet sich besonders durch den ständigen Austausch sowie einer großen Feedback-Kultur mit allen Kontakten aus.[101]

Weiter hat sich auch das Konsumverhalten geändert. Minütlich wird z. B. Videomaterial von 400 Stunden Dauer auf die Video-Plattform Youtube hochgeladen. Dies entspricht am Tag einer Laufzeit von mehr als 65 Jahren.[102] Auf Instagram wurden bereits 2015 täglich 80 Millionen Fotos geteilt.[103]

Auf Grund dieses gigantischen Informationsflusses ist es daher auch nicht verwunderlich, wenn bei dieser Zielgruppe die Gefahr besteht, dass selbst aufwändig konzipierte und gestaltete Storytelling-Websites nur wenig Beachtung finden.

Um als Medienschaffender eine Geschichte dennoch zielgruppengerecht erzählen zu können, sollte man sich intensiv mit dem neuen Nutzungsverhalten innerhalb der sozialen Medien beschäftigt werden.

---

99   Vgl. Sammer / Heppel 2015, S. 20 f.
100 Vgl. ebd., S. 20.
101 Vgl. ebd., S. 20-26.
102 Vgl. Brouwer 2015.
103 Vgl. Instagram Inc. 2015.

So erscheint es sinnig, Textinformationen à la Twitter[104] (maximal 140 Zeichen; seit November 2017 280 Zeichen)[105] auf ein Minimum zu reduzieren und den Fokus auf die visuelle Kommunikation über Fotos, Infografiken und Videos zu legen. Da Bilder, wie bereits beschrieben, wesentlich schneller vom Gehirn verarbeitet werden, erfreut sich die Form des visuellen Storytellings bei der informationsüberfluteten Generation Z größter Beliebtheit. Immer schneller und kürzer muss daher die Information aufnehmbar sein.[106]

Die größte Neuerung, die dieses Medium mit sich bringt, ist die soziale Interaktion. Die Nutzer können im Dialog auf die Geschichten reagieren, indem sie diese mit ihren Freunden teilen oder kommentieren. Social Media ermöglicht den Austausch von Ideen, Inhalten und Feedback. Des Weiteren wird der Nutzer animiert, seine eigenen Geschichten zu schreiben, diese zu posten und mit der Community zu teilen. Damit stellt dieses Medium eine der interaktivsten Formen für Digital Storytelling dar.[107]

Abbildung 3.28
Über Social Media verbreitetes Video.
Auf Basis von Digital Storytelling wird hier Marketing für Lammfleisch aus ökologischer Produktiuon betrieben.

https://www.facebook.com/ watch/?v = 19545529548694- 49

---

104 Vgl. Sammer / Heppel 2015, S. 23 f.
105 Vgl. Rixecker 2017.
106 Vgl. Sammer / Heppel 2015, S. 23 f.
107 Vgl. ebd., S. 20-26.

3.7 Multimediales Storytelling

Wie vorstehend beschrieben, lassen sich Geschichten auf Websites mit den unterschiedlichsten Medien erzählen. Dies liegt unter anderem an der stetigen Entwicklung des Webs und den daraus resultierenden neuen Möglichkeiten. Moderne Websites setzen daher nicht ausschließlich auf ein Medium, wie Text, Bild, Animation, Video oder Audio, sondern kombinieren diese Medienelemente sinnhaft und gekonnt zu einem ganzheitlichen Ergebnis.[108]

Wie eingangs untersucht, stellen ausschließlich textbasierte Websites mittlerweile eher eine Ausnahme dar und selbst bei sehr textlastigem Inhalt werten Bilder das Erscheinungsbild auf. Andere Websites nutzen bereits moderne Elemente, wie Animation, Video und Audio. Diese sind dank der vereinfachten und nativen Implementierung durch HTML5, also ohne zusätzliches Plug-in im Browser, sowie deutlich höheren Bandbreiten im Netz, heutzutage problemlos einsetzbar.

Werden mehrere verschiedene Medien in einer Website miteinander kombiniert, lässt sich diese eindeutig als Multimedia-Website definieren.[109]

> „Wenn Text, Grafik, Infografik, Foto und Film zusammenkommen, entstehen Erzählwelten, die inhaltlich, technisch und ästhetisch den Ansprüchen des modernen Rezipienten gerecht werden." [110]

Mit einer multimedialen Umsetzung kommt Digital Storytelling zur vollen Entfaltung. Nicht nur der Inhalt präsentiert sich dem Nutzer abwechslungsreich, sondern auch das Gesamterlebnis, die User Experience, führt zu neuen und beeindruckenden Rezeptionserfahrungen.[111]

Beispiel
Äußerst aufwändig erstellte Digital Stroytelling Website, die amerikanische Waffenbesitzer animiert, ihre privaten Schusswaffen verantwortungsbewusst und sicher aufzubewahren.

URL zum Beispiel
https://www.endfamilyfire.org

Beispiel
Ansprechend und stimmig zum Film *Cargo* gestaltete Website, welche besonders das Meer als primären Schauplatz des Films visuell aufgreift mit den mitteln des Digital Storytellings.

URL zum Beispiel
https://cargothefilm2017.com

---

108 Vgl. Sammer / Heppel 2015, S. 162 f.
109 Vgl. ebd., S. 163 ff.
110 Ebd., S. 163.
111 Vgl. ebd., S. 163.

Beispiel: Snow Fall[112]

Im Februar 2012 verunglückten 16 Ski- und Snowboard-Fahrer im Tunnel Creek auf dem Weg zum Gipfel des Cowboy Mountain in den USA. Dort wurden sie, abseits der offiziellen Pisten, von einer Lawine verschüttet.[113]

Am 20. Dezember 2012 veröffentlichte die New York Times diese Geschichte online und eine mediale Lawine wurde losgelöst, an deren Ende unter anderem John Branch für seine herausragende journalistische Arbeit mit dem Pulizerpreis ausgezeichnet wurde.

Der Erfolg basierte jedoch nicht nur auf den qualitativen Recherchearbeiten, sondern auch auf der Art und Weise der medialen Präsentation. Branch und seinem Team ist es gelungen, die visuellen Elemente der Story so mit dem Text zu kombinieren und zu verflechten, wie dies zur damaligen Zeit im Journalismus noch nicht bekannt war. Erstmals wurden diese Elemente nicht als dekorative Schmuckelemente neben dem Text eingesetzt, vielmehr bebildern diese ebenbürtig den Text.

Zwar experimentierten auch andere Onlineredakteure vor Snow Fall mit den neuen technischen Möglichkeiten und einer harmonievollen Symbiose von Text und Bild, jedoch gelang dies Niemandem zuvor in vergleichbarer Qualität.[114]

Wegweisend sind die einzelnen Medienelemente bei Branchs Multimediareportage akzentuiert und sinnstiftend eingesetzt. Nicht nur werden die Opfer dem Nutzer mit persönlichen Bildern in Bildergalerien näher gebracht, auch Videoclips der dort typischen Landschaft und Gegend, sowie rekonstruierte Radaranimationen des Wetters erzählen die Geschichte neben dem Text informativ weiter. Sogar das Scrollen wird in Snow Fall dank dem Parallax-Effekt zum Erlebnis und gleicht vor dem alpinen Hintergrund einer Bergabfahrt.[115]

---

112 URL: http://www.nytimes.com/projects/2012/snow-fall (01.08.2019).
113 Vgl. ebd.
114 Vgl. Sammer / Heppel 2015, S. 3 f.
115 Vgl. Herbst / Musiolik 2016, S. 71 f.

„Bildhafte, bewegungsnahe Texte untermauern und stärken [das] multisensorische Erlebnis - Snow Fall lässt [den User] die Magie der Geschichte miterleben." [116]

Bis zur Veröffentlichung von Snow Fall hatte sich der traditionelle Journalismus hauptsächlich auf die Kraft der Worte verlassen und auf die dadurch resultierende Übermittlung von Inhalten durch Text gesetzt. 2012 zeigte die New York Times, eines der renommiertesten Traditionshäuser, wie der Journalismus und die Onlinekommunikation in der Zukunft aussehen kann.[117]

Beispiel: 100 Jahre Tour de France [118]

Zum 100. Jubiläum der Tour de France entwickelte das Fachblatt *Die Zeit* 2013 eine multimediale Reportage über diesen Radsport.[119] Der prinzipielle Aufbau gleicht hierbei dem von Snow Fall. Aus technischer Sicht ist das Multimediaprojekt der Zeit allerdings schon weiter entwickelt, da das Layout bereits vollständig im Responsive Design gestaltet und umgesetzt wurde.

Gleich zu Beginn wird der Nutzer von einem großformatigen Header-Bild begrüßt, welches eine Berganfahrt mit dem Fahrerfeld Richtung Hotel Castillan und vielen Zuschauern am Wegesrand zeigt. Sofort wird der Nutzer in die Szenerie hineingezogen und ein Teil des Ereignisses. Der Text wird von vielen verschiedenen Medienelementen umrahmt. Neben Bild-Slidern, welche die historische Entwicklung zeigen, werden auch Videoelemente, sowie interaktive Infografiken eingebunden. Diese Elemente dienen zum einen Teil als schmückende Objekte, zum anderen Teil erzählen sie die Geschichte eigenständig fort.

Wie bei Snow Fall kann der Nutzer hier ebenfalls die Geschichte interaktiv und explorativ erkunden, sowie weitere Informationen entdecken. Er verbleibt so stets in der Lean-Forward Haltung (vgl. Kapitel 2).

---

116 Herbst / Musiolik 2016, S. 72.

117 Vgl. Sammer / Heppel 2015, S. 6.

118 URL: https://www.zeit.de/sport/tour-de-france.html#chapter-01 (01.08.2019).

119 Vgl. ebd.

Alle interaktiven Medienelemente funktionieren erst mit der bewussten Interaktion durch den Nutzer. So hat dieser zu jeder Zeit die Entscheidungsgewalt darüber, was er sich genauer ansehen möchte und was nicht. Ebenso wirkt die Website dadurch ruhiger, da die Videos und interaktiven Infografiken keine Autoplay-Funktion besitzen.

3.8   Grafic Novel

Eine weitere Steigerung hinsichtlich der Interaktivität lässt sich in Grafic Novel finden. Hierbei gingen die Entwickler gegenüber den bisher untersuchten Beispielen einen Schritt weiter, um das Miterleben des Lesers noch stärker zu fördern. In den mit Animationen angereicherten Websites im Scrollytelling-Format werden dem Nutzer Geschichten in der Art und Weise eines Comics oder einer Grafic Novel erzählt.[120]

Der Nutzer scrollt sich dabei durch einen aufwändig gestalteten OnePager. Während dessen wird die Story mit scrollbasierten Animationen visualisiert und erzählt.

Hierbei werden unter anderem Bilder mit Hilfe von CSS-Animationen und dem Parallax-Effekt ein-, aus- und ineinander geblendet, wie auch im Quelltext zu sehen ist. Dadurch entsteht eine szenische und perspektivische Wirkung, wie sie aus Video und Film bekannt ist.

Weiterhin trägt Audio zur Stimmung bei, indem es im Hintergrund Atmosphäre schafft, oder aber in Form von Sprache die Geschichte inhaltlich fortsetzt.

Abbildung 3.29

Die Grafic Novel *Werwolf* hat einen illustrativen Look. Über die Timeline am unteren Bildschirmrand kann der User seinen aktuellen Fortschritt im jeweiligen Kapitel sehen.

http://www.spiegel.de/static/ happ/panorama/2014/werwolf/ v1/pub/index_werwolf.html

---

120 Vgl. Sammer / Heppel 2015, S. 171 f.

Im Vergleich zu einem herkömmlichen Animationsfilm, der eine Grafic Novel, beziehungsweise einen Comic in Bewegtbild übersetzt, liegt bei diesem Storytelling-Format die volle Kontrolle über die Rezeptionsgeschwindigkeit beim Nutzer. Dieser bestimmt durch die Scroll-Geschwindigkeit, wie schnell die Geschichte erzählt werden soll. Auch kann er durch inverses Scrollen in der Geschichte zurück gehen.

Auf Grund der höheren Interaktivität, sowie der scroll-basierten Animationen, wird die Story optisch mit Bewegung und Leben angereichert. Folglich ist hierbei von einem intensiveren Nutzererlebnis auszugehen und die Geschichte wird multisensorisch miterlebbar.

Für die Umsetzung der Geschichte *„Mein Vater der Werwolf"* im Scrollytelling-Format wurden die Medienschaffenden des Spiegels 2015 für den Grimme Online Award nominiert. [121]

Bei all den neuen technologischen Tools und Möglichkeiten darf jedoch nicht vergessen werden, dass das entscheidende Erfolgsgeheimnis immer noch Aufgabe der jeweiligen Autoren, Konzepter und Designer ist. Diese wählen schlussendlich all diejenigen Medien aus, welche die Geschichte sinnig bereichern und für ein besonderes Nutzererlebnis sorgen. [122]

---

121 Vgl. Spiegel Online GmbH 2014.
122 Vgl. Sammer / Heppel 2015, S. 164.

3.9 Multimediale Storytelling-Websites im Vergleich zu herkömmlichen Websites

Wie an den zuvor genannten Beispielen deutlich zu erkennen ist, besitzen multimediale Storytelling-Websites einen deutlich anderen Ansatz und Aufbau, als herkömmliche Websites, speziell dann, wenn sie nach dem Scrollytelling-Prinzip aufgebaut sind (vgl. Kapitel 2).

Während herkömmliche Websites primär Daten und Fakten, sowie zum Teil 1:1-Kopien von Berichten aus dem Offline-Journalismus publizieren, erschaffen Storytelling-Websites oft eine multimediale Welt, innerhalb derer emotionale Geschichten erzählt werden können.

Abbildung 3.30

links: steiner-hoerakustik.de
Herkömmliche Website in modernem Aufbau, welcher ein großes Header-Bild einsetzt. Die einzelnen Leistungen sind anschließend übersichtlich aufgeführt. Dadurch wirkt die Website aufgeräumt und nicht überfüllt.

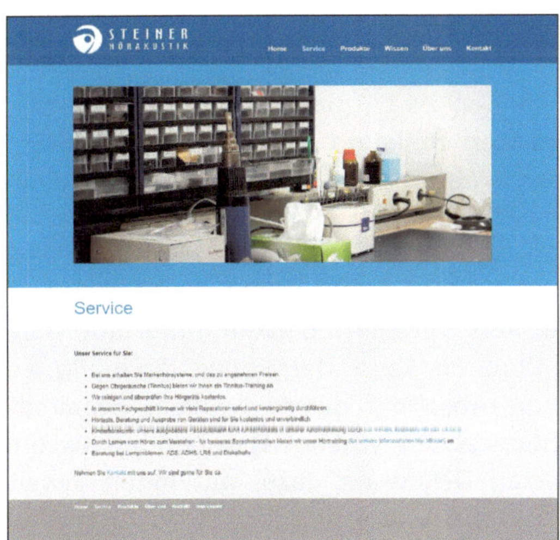

Die Unterschiede beginnen dabei bereits beim Layout. Speziell klassische Desktop-Website-Layouts sind meist in einem mehrspaltigen Raster konzipiert.[123] Dies bietet aus technischer Sicht zwar Vorteile, bringt jedoch verschiedene Probleme mit sich. Zum einen wirkt dieser Aufbau aufgrund seiner großen Verbreitung konventionell und vielleicht auch langweilig. Zum anderen eignet sich ein mehrspaltiges Raster nicht für mobile Endgeräte, speziell Smartphone.

Abbildung 3.31

rechts: whisky.de
Klassischer Website-Aufbau. In der linken Spalte befindet sich die Navigation, in der rechten Zusatzspalte sind allgemeine Informationen und Links verstaut. Dazwischen befindet sich der Inhalt.

---

123 Vgl. Hahn 2017, S. 345 f.

Zur besseren Kompatibilität, auch mit Smartphones, werden daher heute häufig Grid-Systeme eingesetzt, wie zum Beispiel Bootstrap. Zu beobachten ist, dass dadurch Websites häufig sehr ähnlich aussehen, da sie häufig auf ähnlichen Vorlagen basieren.

Digital-Storytelling-Websites besitzen hingegen kein stark erkennbares Multilayer-Raster. Natürlich basiert auch deren Aufbau auf einem entsprechenden Grid, jedoch bleibt dies dem Nutzer weitestgehend verborgen.

Ein wesentlicher Unterschied ist auch die Anordnung und Verteilung der Inhalte auf der Fläche. Herkömmliche Websites sind zum Teil optisch mit verschiedenen Inhaltselementen überfrachtet, wobei jedes einzelne Element nach Aufmerksamkeit verlangt. Dies lässt die Gestaltung unruhig wirken.

Texte im Inhalt können zwar qualitativ sehr gut verfasst sein, jedoch schrecken zu lange Ausführungen den Nutzer eher vom Lesen ab, wie verschiedene Untersuchungen gezeigt haben.[124]

Storytelling-Websites hingegen selektieren den Inhalt in kurze Abschnitte und verteilen diesen luftig auf mehrere Sektionen. Dadurch kann der Fokus eindeutig auf jeweils einen (Sinn-)Abschnitt gelegt werden, wobei die Abschnitte nie überfrachtet wirken. Darüber hinaus animieren diese kurzen Sektionen dazu, auf ihnen jeweils zu verweilen, die Website abschnittsweise zu erforschen und überfordern den Nutzer nicht mit einer Textwüste.

Dennoch nutzen herkömmliche Websites durchaus auch Elemente, die besonders beim Digital Storytelling gut funktionieren, wie beispielsweise große Header-Bilder.

Daneben ist auch eine völlig andere User Experience zu erkennen. Das Nutzererlebnis ist bei Storytelling-Websites aufgrund der abwechselnden Medienelemente typischerweise faszinierender und kurzweiliger.

---

124 Vgl. Mayer 2017, S. 337 f.

Abschließend lassen sich Unterschiede in den folgenden Kategorien erkennen: [125]

▶ Navigation

▶ Interaktivität

▶ Anzahl unterschiedlicher, eingesetzter Medien

▶ Design & Layout

▶ Inhaltsumfang

3.10 Gründe für Digital Storytelling – Ein Fazit

In den letzten Jahren hat sich das Web von einem eher statischen visuellen Medium zunehmend hin zu einem dynamischen, multimedialen Ort gewandelt.

Waren früher aufgrund der geringen Bandbreite noch primär textlastige Websites mit eher kleinen Abbildungen im Trend, erlaubt die Weiterentwicklung der Technik heute hingegen den Einsatz von weit mehr emotionalen und ausdrucksstarken visuellen Elementen, wie großflächigen Bildern, Videos und Animationen, sowie eine stark erweiterte Interaktivität. Damit ist das Web von heute auch zu einem nahezu idealen Ort für Digital Storytelling geworden.

Dabei muss beim Digital Storytelling im Web jedoch beachtet werden, dass auch beim Einsatz sämtlicher verfügbarer Medienformen immer noch eine logische und gleichzeitig emotionale Erzählung mit einem eindeutigen Handlungsstrang als Endprodukt entsteht.

Die verfügbare Multimedialität und gesteigerte Interaktivität im Rahmen des Digital Storytellings sorgen typischerweise beim Nutzer nicht nur für Abwechslung, sondern beziehen diesen direkt und aktiv in die Handlung mit ein.

---

125 Vgl. Herbst / Musiolik 2016, S. 43-73.

Darüber hinaus sind Geschichten heutzutage nicht mehr ortsgebunden, sondern können von überall auf der Welt und zu jedem Zeitpunkt konsumiert werden.

Für Digital Storytelling wird dafür auch der Aufbau der Websites dem neuen Konsumverhalten der Internetnutzer speziell angepasst und die Inhalte entsprechend konzipiert, sowie aufbereitet. Die nutzerzentrierte Konzeption und Gestaltung führt dabei typischerweise auch zu einer verbesserten User Experience und verringert folglich die Bounce-Rate.

Des Weiteren ist anzumerken, dass sich auch Produkte oder Botschaften mit Hilfe einer Geschichte meist deutlich besser verkaufen oder vermarkten lassen.

Dies liegt nicht zuletzt im Aufbau und der Funktionsweise des menschlichen Gehirns begründet. Daher ist das Thema auch besonders für die Unternehmenskommunikation, sowohl im B2C- als auch im B2B-Bereich interessant, was aber in diesem Buch nicht weiter thematisiert werden soll. Hierzu liegen bereits entsprechende Publikationen vor.

Ferner ermöglicht Digital Storytelling, auch komplexe Themengebilde und Sachverhalte vereinfacht aufzubereiten und nachvollziehbarer darzustellen.

Im folgenden Kapitel wird im Detail darauf eingegangen, wie Animationen für Web erstellt werden und wie sie sich günstig im Web verbreiten lassen. Sind sie doch heute ein ganz wesentlicher Bestandteil des Digital Storytellings im Web geworden.

Literaturverzeichnis

Ayres, Paul, / Sweller, John (2014). The split-attention principle in multimedia learning. In Richard E. Mayer (Hrsg.): The Cambridge handbook of multimedia learning (2. Auflage, S. 206-226). New York: Cambridge University Press.

Beiersdorf AG (o. J.): Design Manual. Online im Internet unter: http://designmanual.beiersdorf.de/ (24.12.2017)

Beiersdorf Australia Ltd. (o. J.): Nivea stress protect deodorant range. Online im Internet unter: https://www.nivea.com.au/products/deodorant/stress-protect (24.12.2017)

Brouwer, Bree (2015): YouTube Now Gets Over 400 Hours Of Content Uploaded Every Minute. Online im Internet unter: http://www.tubefilter.com/2015/07/26/youtube-400-hours-content-every-minute/ (24.12.2017)

C3 Creative Code and Content GmbH (2013): Dan McAdams: Geschichtenerzähler sind erfolgreicher. Online im Internet unter: https://www.c3.co/blog/psychologe-dan-mcadams-geschichtenerzahler-sind-erfolgreicher/ (24.12.2017)

Cisco Systems, Inc. (2017): Cisco Visual Networking Index: Forecast and Methodology, 2016–2021. Online im Internet unter: https://www.cisco.com/c/en/us/solutions/collateral/service-provider/visual-networking-index-vni/complete-white-paper-c11-481360.html#_Toc484813971 (24.12.2017)

Cossart, Edgar von (2017): Storytelling. Geschichten für das Marketing und die PR-Arbeit entwickeln. München: Verlag Franz Vahlen

DiSilvestro, Amanda (2017): Google videos vs. YouTube: Which is the best video search engine? Online im Internet unter: https://searchenginewatch.com/2017/10/31/google-videos-vs-youtube-which-is-the-best-video-search-engine/ (24.12.2017)

Evangelisches Werk für Diakonie und Entwicklung e.V. (2017): Jahresbericht 2016. Online im Internet unter: https://www.brot-fuer-die-welt.de/fileadmin/mediapool/40_Ueber-uns/Jahresbericht_2016.pdf (23.12.2017)

Hahn, Martin (2017): Webdesign. Das Handbuch zur Webgestaltung. 2., aktualisierte Auflage. Bonn: Rheinwerk Verlag GmbH

Heber, Raimar (2016): Infografik. Gute Geschichten erzählen mit komplexen Daten. Bonn. Rheinwerk Verlag GmbH

Heimann, Monika / Schütz, Michael (2017): Wie Design wirkt. Psychologische Prinzipien erfolgreicher Gestaltung. 1., korrigierter Nachdruck. Bonn: Rheinwerk Verlag GmbH

Herbst, Dieter Georg / Musiolik, Thomas Heinrich (2016): Digital Storytelling. Spannende Geschichten für interne Kommunikation, Werbung und PR. Konstanz/München: UVK Verlagsgesellschaft mbH

Hinse, Marc (2011): Niemand scrollt auf Webseiten. Online im Internet unter: http://www.mademyday.de/niemand-scrollt-auf-webseiten.html (01.11.2017)

Instagram Inc. (2015): Celebrating a Community of 400 Million. Online im Internet unter: http://blog.instagram.com/post/129662501137/150922-400million (24.12.2017)

Jones, Josh (2014): Listen to the Oldest Song in the World: A Sumerian Hymn Written 3,400 Years Ago. Online im Internet unter: http://www.openculture.com/2014/07/the-oldest-song-in-the-world.html (24.12.2017)

Jurek, Patrizia (2014): Why Video Should be a Part of Your 2015 Marketing Strategy. Online im Internet unter: https://www.groupon.co.uk/merchant/blog/why-video-should-be-a-part-of-your-2014-marketing-strategy (24.12.2017)

Kleine Wieskamp, Pia (Hrsg.) (2016): Storytelling: digital - multimedial – social. Formen und Praxis für PR, Marketing, TV, Game und Social Media. München: Hanser

Metro Trains Melbourne (2016): 200 Million Downloads. Online im Internet unter: http://www.dumbwaystodie.com/200-million-downloads/ (24.12.2017)

Metro Trains Melbourne (o. J.): Dumb Ways to Die. Online im Internet unter: http://www.dumbwaystodie.com/ (24.12.2017)

Mayer, Richard E. (2017). The Cambridge handbook of multimedia learning (2nd ed.). New York: Cambridge University Press.

Nielsen, Jakob (2006): F-Shaped Pattern For Reading Web Content (original study). Online im Internet unter: https://www.nngroup.com/articles/f-shaped-pattern-reading-web-content-discovered/ (24.12.2017)

Nielsen, Jakob (2008): How Little Do Users Read? Online im Internet unter: https://www.nngroup.com/articles/how-little-do-users-read/ (24.12.2017)

+Pluswerk Puls GmbH (o. J.): Video-Marketing im Internet. Online im Internet unter: https://www.inmedias.de/filmproduktion/video-marketing/ (24.12.2017)

Pomaska, Günter (2012): Webseiten-Programmierung. Sprachen, Werkzeuge, Entwicklung. Wiesbaden: Springer Vieweg

Riempp, Roland (2009): Audio im Kontext des E-Learnings. In: Werner, Hand-Ulrich / Lankau Ralf (Hrsg.): Medien.Kreativität.Interdisziplinarität. Werkstattberichte aus dem MedienNeuBau(Haus). Siegen: Universität Siegen.

Riempp, Roland (2014): Multimedialität und Interaktivität. Folientext zur Vorlesung Animation. Sommersemester 2016. Offenburg: Hochschule Offenburg (Fakultät Medien- und Informationswesen), unveröffentlicht

Rixecker, Kim (2017): Twitter führt 280 Zeichen als neues Limit ein. Online im Internet unter: https://t3n.de/news/twitter-280-zeichen-limit-873743/ (24.12.2017)

Sammer, Petra / Heppel, Ulrike (2015): Visual Storytelling. Visuelles Erzählen in PR und Marketing. Heidelberg: O'Reilly

Spiegel Online GmbH (2014): Mein Vater, ein Werwolf. Online im Internet unter: http://www.spiegel.de/static/happ/panorama/2014/werwolf/v1/pub/index_werwolf.html (24.12.2017)

Stapelkamp, Torsten (2010): Interaction- und Interfacedesign. Web-, Game-, Produkt- und Servicedesign. Usability und Interface als Corporate Identity.
Berlin/Heidelberg: Springer-Verlag

Sutton, Adam T. (2011): Content Marketing: Videos attract 300% more traffic and nurture leads. Online im Internet unter: https://www.marketingsherpa.com/article/how-to/videos-attract-300-more-traffic (24.12.2017)

Thesmann, Stephan (2016): Interface Design. Usability, User Experience und Accessibility im Web gestalten. 2. Auflage.
Wiesbaden: Springer Vieweg

Watson, Leon (2015): Humans have shorter attention span than goldfish, thanks to smartphones. Online im Internet unter: http://www.telegraph.co.uk/science/2016/03/12/humans-have-shorter-attention-span-than-goldfish-thanks-to-smart/ (24.12.2017)

WhatsApp Inc. (2017): Wir verbinden jeden Tag eine Milliarde Benutzer. Online im Internet unter: https://blog.whatsapp.com/10000631/Wir-verbinden-jeden-Tag-eine-Milliarde-Benutzer (24.12.2017)

Abbildungsverzeichnis

3.1: Heatmaps
(https://media.nngroup.com/media/editor/alert-
box/f_reading_pattern_eyetracking.jpg.,
abgerufen am 27.10.2017)

3.2: Storytelling mit Text - veraltet
(https://www.leselupe.de/lw/titel-Der-Pia-
nist-132049.htm,
Screenshot erstellt am 27.10.2017)

3.3: Storytelling mit Text - moderner
(http://www.lammleckerlos.de/Brian-Nicholson,
Screenshot erstellt am 27.10.2017)

3.4: Bild ohne Kontext
(http://pfalz.brot-fuer-die-welt.de/uploads/tx_tem-
plavoila/plakat_brotlaib.jpg,
abgerufen und bearbeitet am 01.11.2017.
© Brot für die Welt. Evangelisches Werk für
Diakonie und Entwicklung e.V.)

3.5: Bild mit Kontext
(http://pfalz.brot-fuer-die-welt.de/uploads/tx_tem-
plavoila/plakat_brotlaib.jpg,
abgerufen am 01.11.2017.
© Brot für die Welt. Evangelisches Werk für
Diakonie und Entwicklung e.V.)

3.6: Website-breites Header-Bild
(http://eichmueller.com/,
Screenshot erstellt am 01.11.2017)

3.7: Leerer Raum
(http://eichmueller.com/,
Screenshot erstellt am 01.11.2017)

3.8: Schmales Header-Bild
(https:/bietemiete.de,
Screenshot erstellt am 30.07.2019)

3.9: Bildschirmfüllendes Header-Bild
(http://www.knoblauch.eu/de/,
Screenshot erstellt am 01.11.2017)

3.10: Bildschirmfüllendes Header-Bild
(http://casacook.com/,
Screenshot erstellt am 01.11.2017)

3.11 Bildschirmfüllendes Hintergrundbild
(https://purnatur.com,
Screenshot erstellt am 02.08.2019)

3.12 Bildschirmfüllendes Hintergrundbild
(https://pascualprestige.com/de/tomaten/#angelle,
Screenshot erstellt am 02.08.2019.
© LaNegrita Estudio Creativo)

3.13 Prinzipgrafik Bild-Text-Kombination

3.14: Infografik Blickführung
(https://blog.adioma.com/wp-content/
uploads/2017/02/how-yahoo-started-infographic.
png,
Screenshot erstellt am 01.11.2017)

3.15: Lange Infografik
(https://www.iliyanastareva.com/hubfs/effective_
storytelling_information_overload_infographic.
jpg?t=1508148376529,
Screenshot erstellt am 01.11.2017.
© PathFactory)

3.16: Vergleichende Infografik
(https://thumbnails-visually.netdna-ssl.
com/web-designers-vs-web-develo-
pers_50290a6458cbf_w1500.png,
Screenshot erstellt am 04.11.2017)

3.17: Produktbezogene Infografik
(https://www.de.niveamen.ch/highlights/
stress-protect,
abgerufen am 30.08.2019)

3.18: Genrebezogene Infografik
(https://content.linkedin.com/content/dam/busi-
ness/talent-solutions/global/en_us/blog/2014/05/
The-Modern-Recruiter-Part-Artist-Part-Scien-
tist_r3.jpg,
Screenshot erstellt am 04.11.2017)

3.19 Prinzip der scroll-activated animation

3.20: Parallax-Scrolling
(https://www.numero10.ch/de/parallax.html,
Screenshot erstellt am 26.07.2019)

3.21: Legeanimation
(http://innovationprojectcanvas.com/,
Screenshot erstellt am 23.10.2017)

3.22: Support <video>
(https://caniuse.com/#feat=video,
Screenshot erstellt am 27.12.2017)

3.23: Hintergrundvideo Startseite
(https://www.ge.com/digitalvolcano/,
Screenshot erstellt am 23.10.2017)

3.24: Hintergrundvideo Content
(https://www.ge.com/digitalvolcano/,
Screenshot erstellt am 23.10.2017)

3.25: EDEKA Weihnachtsclip - #heimkommen
(https://www.youtube.com/watch?v=V6-0kYh-
qoRo,
Screenshots erstellt am 23.10.2017)

3.26: Audible
(https://www.audible.de/?serial=,
Screenshot erstellt am 08.11.2017.
Audible and the Audible logo are trademarks
of Audible, Inc. or its affiliates.)

3.27: DUMB WAYS to DIE
(http://www.dumbwaystodie.com/,
Screenshot erstellt am 23.10.2017)

3.28: Screenshot Lamm
(https://www.facebook.com/lammeinfachlecker-
los/,
Screenshot erstellt am 09.11.2017)

3.29: Grafik-Novel – Werwolf
(http://www.spiegel.de/static/happ/pano-
rama/2014/werwolf/v1/pub/index_werwolf.html,
abgerufen am 09.11.2017)

3.30: Screenshot – steiner-hoerakustik.de
(https://steiner-hoerakustik.de/service.htm,
abgerufen am 15.11.2017)

3.31: Screenshot – whisky.de
(https://www.whisky.de/whisky/wissen/herstel-
lung00/rundherum/fasstypen.html,
abgerufen am 01.08.2019)

4

Animationen im Web

© Springer Fachmedien Wiesbaden GmbH, ein Teil von Springer Nature 2019
M. Säwert und R. Riempp, *Digital Storytelling im Web*,
https://doi.org/10.1007/978-3-658-23055-5_4

Dieses Kapitel untersucht und analysiert, wie Digital Storytelling aus technischer Sicht im Web umgesetzt wird. Dabei beschränkt sich die hier vorliegende Arbeit auf die Medienform Animation. Martin Hahn beschreibt in seinem Buch über Webdesign die Animation als das Salz in der Suppe.[1]

Wie in den vorangegangenen Kapiteln ausführlich untersucht und beschrieben, scheint ein wohldosierter Einsatz von Animation eine Website aufzuwerten.

Hierbei werden speziell die Animationsmöglichkeiten mit CSS3, SVG und Canvas untersucht. Weitere Formen werden im Rahmen dieses Buches nicht berücksichtigt. Des Weiteren liegt der Fokus auf 2D-Animationen, 3D-Animationen werden daher nicht betrachtet.

Aus Gründen der Übersichtlichkeit wird bei den nachfolgenden Code-Beispielen auf die verschiedenen Browser-Präfixe verzichtet. In diesem Buch geht es primär um die Vermittlung der jeweiligen Prinzipien und Funktionsweisen. Bei der Entwicklung für reale Webprojekte sollten jedoch die jeweiligen Browser-Präfixe berücksichtigt werden.[2]

4.1 Definition Animation

Nicht selten wird Animation als „bewegte Bilder"[3] beschrieben. Sehr allgemein ausgedrückt, wird der Begriff Animation für Darstellungselemente verwendet, deren Eigenschaften oder Merkmale sich über die Zeit verändern.[4]

Die weiteren Ausführungen dieser Arbeit beruhen auf der bereits eingegrenzten Begriffsdefinition von Helmut M. Niegemann, Steffi Domagk, Silvia Hessel, Alexandra

---

1 Vgl. Hahn 2017, S. 703.
2 Vgl. Storey 2012, S. 2 ff.
3 Niegemann u. a. 2008, S. 240.
4 Vgl. Rouet / Lowe / Schnotz 2008, S. 62 f.

Hein, Matthias Hupfer und Annett Zobel, welche an die Definition von Schnotz und Lowe angelehnt ist. Diese definiert

> *„Animationen als bildhafte Darstellungen, deren Struktur und Eigenschaften sich über die Zeit verändern und die die Wahrnehmung einer kontinuierlichen Veränderung erzeugen. Diese Definition schließt Animationen ein, die Objekte oder Prozesse darstellen."* [5]

4.2 Arten von Animationen

Die zuvor erläuterte Begriffsdefinition besagt, dass Veränderungen, in verschiedener Art und Weise, über die Zeit abgebildet werden. Schnotz und Lowe unterscheiden folgende drei Arten von Animationen: [6]

- ▶ Transformation – beschreibt die Formänderung grafischer Merkmale eines Objektes hinsichtlich Größe, Form, Farbe oder Textur.

- ▶ Translation – beschreibt die Veränderung der Position eines Objektes. Diese Bewegung steht entweder in Bezug auf den Rand der Animation oder relativ zu anderen Elementen innerhalb der Animation.

- ▶ Transition – beschreibt den Übergang zwischen zwei definierten Zuständen eines HTML-Elements. Dies wird durch eine Userinteraktion ausgelöst.

Die oben genannten Begriffe sind interessanterweise in den entsprechenden CSS3-Befehlen für die CSS3-Animationen wieder zu finden.

---

5 Lowe / Schnotz 2008, zit. n. Niegemann u. a. 2008, S. 241.
6 Vgl. Rouet / Lowe / Schnotz 2008, S. 63.

4.3 Funktion einer Animation

Für den professionellen Einsatz von Animation im Medienprojekt sollte zunächst geklärt werden, was die erwünschte Funktion einer Animation ist. Darüber hinaus muss sich mit den Stärken sowie den Grenzen beschäftigt werden. Die Hauptfunktion neben der Motivation und Emotionalisierung ist die Visualisierung dynamischer Vorgänge (Prozesse). Darüber hinaus lässt sich durch die bewegten Bilder die Aufmerksamkeit des Betrachters gezielt lenken, sodass eine weitere Funktion als Aufmerksamkeitslenkung bezeichnet werden kann.[7]

Ebenso kann Animation dazu eingesetzt werden, bewegte Vorgänge darzustellen, welche mit einer Videokamera nicht aufzeichenbar sind. Dies kann zum Beispiel der Fall sein, wenn das aufzunehmende Objekt zu groß oder zu klein ist, oder der zu zeigende Inhalt sich in einem nicht erreichbaren, inneren Bereich eines Objektes befindet.[8]

Demnach scheint die Animation gut dafür geeignet zu sein, sequentielle Vorgänge visuell abzubilden. Ein exemplarisches Beispiel könnte die Funktionsweise eines Motors sein. Über die Zeit laufen hier verschiedene Mechanismen, Zustände und Ereignisse ab. Diese könnten in einer Animation nachgebildet werden. Verstärkend hinzu kommt der Effekt, dass sich die Abläufe in der Geschwindigkeit individuell steuern lassen (schneller/langsamer/vor/zurück).

Wie bereits in Kapitel 2 ausführlich dargestellt, reagiert der Mensch sehr stark auf Bewegung. Diese Komponente ist Bestandteil einer Animation, weshalb sich diese folglich gut zur Aufmerksamkeitssteuerung einsetzten lässt.

Zu beachten ist hierbei jedoch, dass der User auf Bewegung im Web weniger intensiv reagiert, als in der Realwelt. Dies liegt vermutlich daran, dass sich das Gehirn bei diesem Medium bereits an die oftmals unruhige Bannerwerbung gewöhnt hat.[9]

---

7 Vgl. Niegemann u. a. 2008, S. 254 ff.
8 Vgl. Riempp 2014, S. 2.
9 Vgl. ebd., S. 2.

Verschiedene Funktionen von Animation im multimedialen Kontext (z.B. Web) im Überblick:

- **Gestaltung von Übergängen**
    - → abgeleitet von der „weichen Blende" des Films
    - → Psychologie der weichen Blende

- **Aufmerksamkeitslenkung**
    - → Eye-Catcher

- **Einsatz als Ornament**
    - → Deko, Schmuck
    - → Aufwertung der Ästhetik und der Anmutung

- **Darstellung (Visualisierung) dynamischer Vorgänge**
    - → bewegte Abläufe zeigen, die nicht mit einer Kamera aufgenommen werden können

- **Abstraktion dynamischer Vorgänge**
    - → diese könnten zwar auch mit einer Kamera aufgenommen werden, aber durch die Abstraktion werden sie auf das Wesentliche reduziert und so prägnanter, besser wahrnehmbar, besser behaltbar

- **Narrativer Ansatz**: Geschichten erzählen... Handlung vermitteln, roten Faden erzeugen, fesseln, etc. → Digital Storytelling

4.4 Herausforderungen moderner Web-Animationen

Die Autorin von für Themen rund um Webdesign/-entwicklung und Usability, Julia Blake, formulierte in einem Artikel die Herausforderungen moderner Web-Animationen. Während der Anfänge des professionellen Webdesigns wurden Animationen eher als lustiges oder schmückendes Element betrachtet.[10]

Websites mit unzähligen, blinkenden GIF-Animationen waren hierbei sicherlich eine der extremsten Ausschweifungen und Formen. Betrachtet man heutige Websites, so lässt sich daraus schlussfolgern, dass sich die Sicht diesbezüglich grundlegend geändert hat.

---

10 Vgl. Blake 2015.

Momentan werden Animationen beispielsweise eher dazu eingesetzt, die Navigation und die Usability einer Website zu verbessern.[11]

Dementsprechend gelten bei der Erstellung von modernen Animationen besondere Herausforderungen. Einer der wesentlichen Punkte ist hierbei die Plattformunabhängigkeit. Das bedeutet, dass die Animationen in allen gängigen Browsern, und ohne zusätzliche Plug-ins funktionieren sollten. Des Weiteren muss die Bedienung intuitiv gestaltet sein, um einen positiven Effekt hinsichtlich der Usability zu erreichen.[12]

Ebenso wichtig ist eine flüssige Darstellung, beziehungsweise ein flüssiger Ablauf der Animation. Ruckler oder lange Pufferzeiten sollten demnach vermieden werden.[13] Eine weitere Herausforderung besteht darin, schnelle Ladezeiten zu realisieren. Anhand der nachstehenden Abbildung ist zu erkennen, dass die Ladezeit nicht länger als drei Sekunden betragen sollte. Längere Ladezeiten erhöhen demnach die Absprungrate. Neben schnellen Ladezeiten ist darauf zu achten, dass die Darstellung und das Rendering ressourcenschonend abläuft. Gerade bei mobilen Endgeräten würden hier ansonsten der Prozessor und der Akku unnötig stark belastet werden.[14]

Abbildung 4.1

Die Ladezeit beeinflusst die Bouncerate.

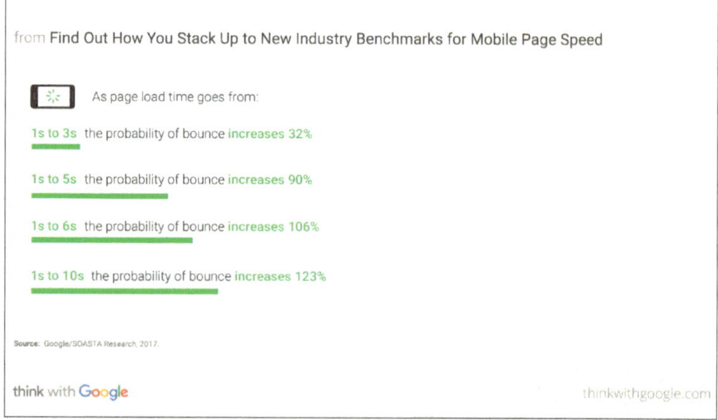

---

11 Vgl. ebd.
12 Vgl. Bruni 2015.
13 Vgl. Hahn 2017, S. 727.
14 Vgl. Lewis / Irish 2013.

Entsprechend den Anforderungen moderner Websites spielt der responsive Aufbau eine ebenso wichtige Rolle, gewährleistet dieser doch, dass sich der Inhalt in das jeweilige Website-Layout harmonisch einfügt.

Darüber hinaus ist dadurch auch sichergestellt, dass die Animation auf den verschiedenen Endgeräten funktioniert und korrekt dargestellt wird. Hier ist auf eine hohe Pixelauflösung bei Bitmap-Elementen zu achten. Diese sollten auch bei hochauflösenden Displays eine gestochen scharfe Darstellung liefern.[15]

4.5 Animationen mit CSS3

Mit Hilfe von CSS3-Animationen können animierte Übergänge von einem CSS-Style zum nächsten realisiert werden. Die Animation besteht dabei aus zwei Komponenten: Einem Style, der die Animation beschreibt, sowie einem Set von Keyframes, welches Start, Ende und Schlüsselbilder der Animation definiert.

Die zu animierenden bildlichen Elemente können dabei auf zwei verschiedene Arten geschaffen werden:

1. **Durch entsprechende CSS-Anweisungen**
   Hierbei werden die grafischen Objekte zur Laufzeit durch CSS-Anweisungen neu generiert.
   Vorliegende Dateien werden in diesem Fall nicht benötigt.

2. **Vorab in einer Grafiksoftware als Datei erstellen**
   Bei dieser Variante werden zuvor in einer Grafiksoftware erstellte Objekte animiert, die bereits als Dateien vorliegen müssen.
   Hierbei können sowohl Pixelgrafiken, als auch Vektorgrafiken zur Anwendung kommen.

---

15 Vgl. Blake 2015.

Eine CSS-Animation kann aus den drei folgenden CSS3-Eigenschaften bestehen:[16]

- *transform*

- *transition*

- *keyframes*

Im Folgenden werden diese Regeln näher betrachtet. Hierzu werden keine vorproduzierten Grafikdateien benötigt, da die Grafikobjekte direkt durch CSS-Code generiert werden.

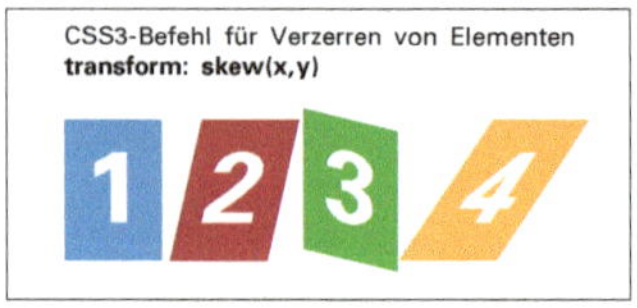

4.5.1 CSS3-Transform

Mit der CSS3-Eigenschaft *transform* und ihren verschiedenen Möglichkeiten, können beliebige Elemente umgewandelt werden. Unter den Begriff Umwandlung fallen folgende Transformationen:[17]

- neigen

- rotieren von Elementen (drehen)

- Drehpunkt bestimmen

- skalieren (verkleinern/vergrößern)

- verschieben

Dabei bedeutet „beliebige Elemente, dass" man *transform* auf Bilder, Bereiche und andere Elemente anwenden kann. Die entsprechenden CSS3-Anweisungen lauten wie folgt:[18]

- *transform: skew (Xdeg, Ydeg);*

- *transform: rotate (30deg);*

- *transform-origin: 100% 100%;*

- *transform: scale (x, y);*

- *transform: translate (x, y);*

Abbildung 4.2

CSS3-Befehl transform: skew.

Abbildung 4.3

CSS3-Befehl transform: rotate.

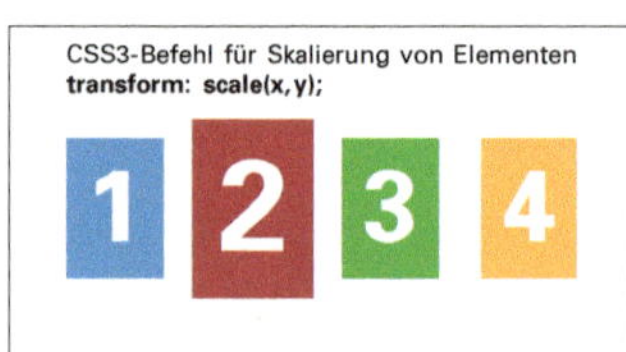

Abbildung 4.4

CSS3-Befehl transform-origin.

Abbildung 4.5

CSS3-Befehl transform: scale.

---

16 Storey 2012, S. 9.
17 Hahn 2017, S. 709.
18 Storey 2012, S. 9.

Ein vollständiges Codebeispiel könnte so aussehen:

▼ **HTML**

```html
<!DOCTYPE html>
<html>
  <head>
    <title>CSS3 transform: rotate</title>
    <meta charset="UTF-8">
    <link href="style.css" rel="stylesheet">
  </head>
  <body>
    <div id="box">1</div>
  </body>
</html>
```

Abbildung 4.6
Ergebnis der Rotation im Browser.

▼ **CSS**

```css
#box {
/* standard styling */
    background-color: blue;
    color: white;
    left: 50px;
    width: 20px;
    height: 50px;
    padding: 20px 10px 0px 20px;

/* transform syntax */
    transform: rotate(15deg);
}
```

Entsprechend dem gezeigten Beispiel funktionieren auch die anderen *transform*-Eigenschaften. Berücksichtigt werden muss nur, welche Werte die jeweiligen Anweisungen annehmen können.

Allerdings ist das Ergebnis bis zu diesem Punkt noch statisch, das heißt, die Transformation wird direkt und ohne Bewegung dargestellt. Daher geht es im Nachfolgenden darum, dies zu animieren.

Für entsprechend mehr Bewegung und Interaktivität auf einer Website können Transformationen zum Beispiel durch einen *hover*-Effekt ausgelöst werden. Dabei muss das bereits bekannte Code-Beispiel geringfügig um die Pseudoklasse hover erweitert werden.

▼ **HTML**

```html
<!DOCTYPE html>
<html>
 <head>
    <title>CSS3 transform: rotate</title>
    <meta charset="UTF-8">
    <link href="style.css" rel="stylesheet">
 </head>
 <body>
    <div id="box">1</div>
 </body>
</html>
```

▼ **CSS**

```css
#box {
/* Standard styling */
    background-color: blue;
    color: white;
    left: 50px;
    width: 20px;
    height: 50px;
    padding: 20px 10px 0px 20px;
}
/* hover-animation: transform syntax */
#box:hover {
    transform: rotate(15deg);
}
```

Als Ergebnis wird im Browser Folgendes angezeigt:

Abbildung 4.7
Linkes Bild: Ausgangsdarstellung. Rechtes Bild: bewegt der User den Maus-Cursor über das Element, so wird die Hover-Animation aktiviert und das Objekt entsprechend der CSS-Hover-Anweisungen gedreht.

Einen Sonderfall stellt *transform: translate ()* dar. Mit diesem Befehl können ein oder mehrere HTML-Elemente verschoben werden. Diese Anweisung ist jedoch allein und ohne Animation nicht sinnvoll, denn ansonsten drängt sich die Frage auf, warum erst Etwas platziert und dann verschoben werden soll, wenn man doch gleich zu Beginn das Objekt korrekt platzieren könnte.

Erst in der Kombination mit einer CSS3-Animationsanweisung ergibt der Befehl einen Sinn. Denn dieser führt dazu, dass sich ein Element von der ersten platzierten Position zur gewünschten zweiten Position bewegt.

4.5.2 CSS3-Transition

Das Wort *transition* stammt aus dem Englischen und bedeutet übersetzt so viel wie „Übergang"[19]. Genau diese Übergänge können mit dem Befehl *transition* in CSS gestaltet werden.

Bislang wurde die Animation über *hover* ausgelöst und abgespielt. Dabei erfolgt der Ablauf unmittelbar und sehr abrupt. Die Charakteristik ist dabei mit der eines An-/Ausschalters vergleichbar. Mit *transition* kann die Art des Übergangs nun hinsichtlich der Dauer, Art der Bewegung, Anzahl der beteiligten Elemente sowie der Verzögerung gestaltet werden.

Im nachfolgenden Beispiel ist der *hover*-Effekt um die *transition*-Eigenschaft erweitert worden.

---

19 Willmann / Türck / Messinger 2002, S. 622.

▼ **CSS**

```css
#box {
/* Standard styling */
    background-color: blue;
    color: white;
    left: 50px;
    width: 20px;
    height: 50px;
    padding: 20px 10px 0px 20px;
    transition: all 3s 1s ease;
}
/* hover-animation: transition syntax */
#box:hover {
    transition: all 3s 1s ease;
    transform: rotate(15deg);
}
```

Die Erweiterung führt nun dazu, dass sich die Animationszeit auf insgesamt drei Sekunden verlängert. Ausgelöst wird diese dabei immer noch durch den User, wenn dieser den Maus-Cursor über das Element bewegt.

Die dargestellte Schreibweise für die *transition*-Eigenschaft ist in der Kurzschreibweise wie folgt notiert.

▼ **Kurzschreibweise**

```css
transition: all 3s 1s ease;
```

Wie im Nachfolgenden zu sehen ist, stehen die gesetzten Befehle für vier unterschiedliche Anweisungen.

▼ **Die Eigenschaften von „transition" in der Langschreibweise**

```css
transition-property: all;
transition-duration: 3s;
transition-delay: 1s;
transition-timing-function: ease;
```

Über den Befehl *transition-property* kann gesteuert werden, auf was sich der Übergang auswirken soll.

Der Attributwert *all* bezieht sich dabei auf die in diesem CSS-Bereich aufgeführten Elemente. In diesem Beispiel sind dies sowohl die Vorder- als auch die Hintergrundfarbe, die Positionierung, die Größe, sowie die Innenabstände. Zusätzlich bei der Definition des *hover*-Zustandes wird die *transform*-Anweisung mit eingeschlossen. Die *all*-Angabe kann auch eingeschränkt werden.

Mit *transition-duration* wird die Dauer der Animation angegeben. Diese beträgt im gezeigten Beispiel drei Sekunden.

Weiter kann mit *transition-delay* der Auslösezeitpunkt definiert werden. Dieser liegt im Beispiel bei einer Sekunde. Das heißt, hovert der Nutzer über das Element, wird die Animation nicht unmittelbar ausgelöst, sondern startet erst eine Sekunde verzögert.

Über *transition-timing-function* kann der Ablauf der Animation beeinflusst werden. Von einem linearen Verlauf bis hin zu einer realistischen Bézier-Kurve kann der Animationsablauf individuell angepasst werden.
  Die ausführliche Darstellungsform der CSS-Anweisungen führt allerdings nicht nur zu einer größeren Dateigröße und somit im schlimmsten Fall auch zu längeren Ladezeiten der Website, sondern es steigt auch das Risiko für Tippfehler.[20]

Auffallend ist, dass im Code die *transition*-Anweisung zweimal identisch aufgeführt wird, nämlich, einmal für den *hover*-Zustand und ein weiteres Mal für den Ausgangszustand. Dies liegt daran, dass das Element zwei Zustände annehmen kann. Wird der Mauscursor über das Objekt bewegt, läuft die definierte *hover*-Animation ab. Verlässt der Mauscursor das Element jedoch wieder, würde dieses befehlsgerecht schlagartig in die ursprüngliche Position zurück springen. Daher muss in der Beschreibung des Ausgangszustandes diese Anweisung mit aufgenommen werden, um ebenfalls eine individuell definierte rückläufige Animation zu erhalten.

---

20 Vgl. Müller 2013, S. 261 ff.

4.5.3 CSS3-Keyframe-Animation

Bis jetzt wurden Animationen mit Bewegung ausschließlich durch die aktive Interaktion des Nutzers ausgelöst. Ebenso konnten die Elemente nur zwei definierte Zustände annehmen. Für komplexere Projekte können diese Funktionen unter Umständen nicht ausreichen. Auch bietet diese Art keine Möglichkeit, eine Animation eigenständig und ohne die Aktivierung durch den User zu starten, beziehungsweise ablaufen zu lassen.

Abhilfe schafft die komplexere Keyframe-Animation. Mit dieser können umfangreichere Animationsabläufe über sogenannte Schlüsselbilder (keyframes) erzeugt werden. Darüber hinaus können Keyframe-Animationen, im Gegensatz zu Transition-Animationen, auch selbstständig ablaufen.

Die Keyframe-Animationen ähneln den CSS3-Transitions, sind jedoch mit einer Liste von verschiedenen Zuständen ausgestattet. Dabei lässt sich die Animation über entsprechende Eigenschaften, wie zum Beispiel *delay*, *iteration-count* und *direction* steuern.[21]

Explizit dazu ist die @*keyframes*-Regel mit CSS3 neu eingeführt worden. Diese sind Variablen und mit Variablen einer Programmiersprache vergleichbar. Dabei können einer @*keyframes*-Regel mehrere Elemente mit unterschiedlichen Eigenschaften zugewiesen werden.

4.5.4 Aufbau einer CSS3-Keyframe-Animation

Jede Keyframe-Animation ist aus zwei Bestandteilen aufgebaut:[22]

- ▶ der Definition der Animation in der @keyframes-Regel und

- ▶ dem Aufruf der keyframe-Regel im CSS-Selektor des HTML-Elements

---

21 Vgl. Storey 2012, S. 75.
22 Vgl. ebd., S. 75 ff.

Das nachfolgende CSS-Codesnippet veranschaulicht diesen Aufbau.

▼ **Aufbau einer CSS-Keyframe-Animation mit nur zwei Keyframes**

```css
@keyframes bewegung {
    from {
        /* gewünschte Eigenschaften
           am Beginn der Animation  */
    }
    to {
        /* gewünschte Eigenschaften
           am Beginn der Animation  */
    }
}


.element{
    /* Name der Animation */
    animation-name: bewegung;

    /* Dauer der Animation */
    animation-duration: 7s;

    /* Anzahl der Wiederholungen */
    animation-iteration-count: infinite;
}
```

Jeder @*keyframes*-Animation muss ein eindeutiger Name zugeordnet werden. Dies erfolgt über den Befehl *animation-name*. Diesem wird als Attribut ein beliebiger Name zugeordnet. Weiter wird über *animation-duration* festgelegt, wie lange die Animation ablaufen soll. In dem dargestellten Beispiel dauert die Animation sieben Sekunden. Mit *animation-iteration-count* kann die Anzahl der Wiederholungen definiert werden, wenn die Animation zu Ende ist. Im Beispiel wird die Animation unendlich oft wiederholt. Anstelle von *infinite* kann auch eine Dezimalzahl eingetragen werden um eine bestimmte Anzahl an Wiederholungen zu bestimmen.

Weiter werden die @*keyframes*-Regeln definiert. Dazu wird jeder @*keyframes*-Eigenschaft der zuvor festgelegte Name der Animation zugewiesen.

Dadurch ist sichergestellt, dass die Animation sich ausschließlich auf das gewünschte Objekt mit deren individuellen Eigenschaften bezieht. In der *@keyframes*-Regel wird nun für mindestens zwei Schlüsselbilder die gewünschte Animation beschrieben. Die Schlüsselbilder stellen in diesem Fall das Ausgangsbild am Anfang der Animation und das Endbild am Ende der Animation dar. Der Browser berechnet anschließend über die definierte Zeit die entsprechende Animation von einem zum anderen Bild.

Nachfolgend der systematische Aufbau einer einfachen Animation mit zwei Keyframes:

▼ **Aufbau einer CSS-Keyframe-Animation mit nur zwei Keyframes**

```css
@keyframes bewegung {
    from {left: 0; top: 0;}
    to {left: 500px; top: 500px;}
}
```

Allerdings ist dieser Aufbau unter Verwendung der Eigenschaft *left* unter dem Gesichtspunkt der Performance nicht zu empfehlen. Google-Entwickler fanden heraus, dass bei diesem Aufbau die Animation nicht zwingend flüssig abläuft. Getestet wurde die gleiche Animation auf zwei identischen Smartphones. Beide Animationen unterschieden sich lediglich im Codeaufbau. Die eine verwendete die CSS-Eigenschaft *left*, die andere den neuen CSS3-Befehl *transform: translate()*. Deutlich zu erkennen ist, dass die Animation auf dem linken Gerät deutliche Ruckler (Framedrops) zeigte, wohingegen die Animation auf dem rechten Smartphone flüssig dargestellt wurde.

Abbildung 4.8
CSS3-transform Performancetest. Die Aufnahmen wurden mit 240 fps erstellt.

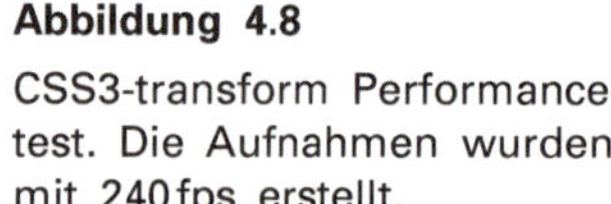

Daher scheint es, als könne durch die neu eingeführte CSS3-Eigenschaft *transform: translate()* die Animation vom Browser besser gerendert und dadurch die Performance optimiert werden. Diese Vermutung lässt sich ebenfalls auf einen Beitrag zum Thema „GPU Accelerated Compositing in Chrome" (GPU beschleunigtes Compositing in Chrome) stützen. Laut der Chrome Entwicklerdokumentation Chromium ist das Rendering der CSS3-Eigenschaft *translate()* im Chrome-Browser Hardware beschleunigt.[23]

▼ **Performance-optimierte CSS-Keyframe-Animation mit zwei Keyframes**

```
@keyframes bewegung {
    from { transform: translate(0,0); }
    to { transform: translate(500px,500px); }
}
```

Die *@keyframes*-Regel kann auch mehrere Keyframes enthalten. Dementsprechend ist der „*from - to*"-Aufbau funktional nicht mehr ausreichend. In Erweiterung werden dazu Prozentangaben verwendet. Beim ersten Keyframe werden 0 % und beim letzten Keyframe 100 % gesetzt. Die Anzahl und die jeweiligen Prozentangaben der dazwischen befindlichen Keyframes können beliebig festgelegt werden und müssen auch nicht, wie im nachfolgenden Beispiel dargestellt, linear verlaufen.

▼ **Aufbau einer CSS-Keyframe-Animation mit mehreren Keyframes**

```
@keyframes bewegung {
  0%   { transform: translateX(0px); }
  20%  { transform: translateX(100px); }
  40%  { transform: translateX(200px); }
  60%  { transform: translateX(600px); }
  80%  { transform: translateX(800px); }
  100% { transform: translateX(1000px); }
}
```

23 Vgl. Wiltzius / Kokkevis / Chrome Graphics team 2014.

In diesem Beispiel erfolgt eine Bewegung entlang der x-Achse von links nach rechts. Zu Beginn fällt die Beschleunigung auf Grund der kleineren Abstände geringer aus, als gegen Ende der Animation.

4.5.5 Beispiel: Moving-<div>-Element

Dieses einfache Beispiel verdeutlicht die Funktionsweise der *@keyframes*-Animation sehr anschaulich. Dabei bewegt sich ein Quadrat jeweils im Uhrzeigersinn zur nächst gelegenen Ecke. Zusätzlich zur Verschiebung ändert sich während dessen die Farbe. Abschließend erreicht das Quadrat wieder seine Ausgangsposition und die Animation startet von vorne.

▼ **HTML-Code**

```html
<!DOCTYPE html>
<html>
<head>
    <title>Moving-DIV-Element</title>
    <link rel="stylesheet" href="style.css">
</head>
<body>
    <div></div>
</body>
</html>
```

▼ **CSS-Code**

```css
div {
    width: 100px;
    height: 100px;
    background-color: red;
    position: relative;
    animation-name: bewegung;
    animation-duration: 3s;
    animation-iteration-count: infinite;
}
```

Abbildung 4.9

Prinzipieller Ablauf des Beispiels *Moving-<div>-Element*.
Zu sehen ist die Bewegung der einzelnen Quadrate sowie die Farbänderungen.

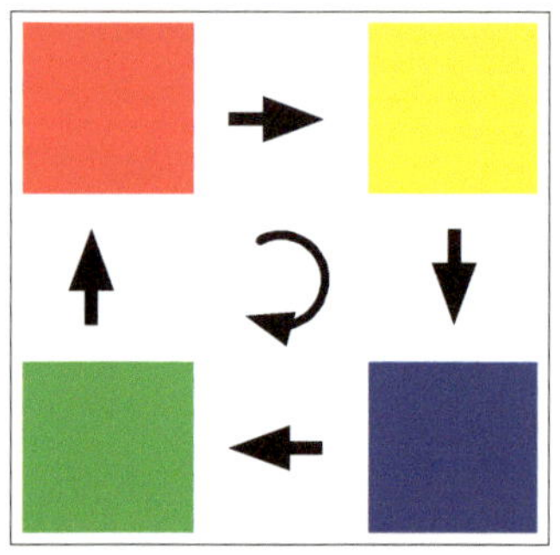

Abbildung 4.10

Moving <div>-Element – Zwischentransformationen.

```
/* Standard syntax */
@keyframes bewegung {
    0%    { background-color:red; left:0px;
top:0px; }
    25% { background-color:yellow; left:200px;
top:0px; }
    50% { background-color:blue; left:200px;
top:200px; }
    75%  { background-color:green; left:0px;
top:200px; }
    100% { background-color:red; left:0px;
top:0px; }
}
```

4.5.6 Keyframe-Animationen kombinieren

Die CSS3-Eigenschaft *animation-name* kann auch mehrere Werte enthalten. Dies ermöglicht es, mehrere Animationen miteinander zu kombinieren und auf ein Element anzuwenden. Hierfür werden die einzelnen Animationen Komma-separiert hintereinander aufgeführt.

Damit kann zum Beispiel eine Mikrointeraktion animiert werden. Hierbei sei angenommen, dass ein Nutzer auf einen Senden-Button klickt. Das darin befindliche Icon hüpft daraufhin zweimal und signalisiert dem Nutzer, dass seine Eingabe erkannt wurde und verarbeitet wird. Anschließend schiebt sich das Icon nach rechts und ändert dabei seine Farbe von Rot nach Grün. Ein entsprechender CSS-Code könnte wie nachstehend dargestellt aussehen:

▼ **CSS-Code**

```
@keyframes linksrechts {
    0% { transform: translateX(0);
        background-color: green;}
    100% { transform: translateX(800px);
        background-color: green;}
}
```

```css
@keyframes runterhoch {
      0% { transform: translateY(0); }
     25% { transform: translateY(100px); }
     50% { transform: translateY(0); }
     75% { transform: translateY(100px); }
    100% { transform: translateY(0); }
}

div {
    width: 100px;
    height: 100px;
    background-color: red;
    position: relative;
    animation-name: linksrechts, runterhoch;
    animation-duration: 3s, 2s;
    animation-delay: 2s, 0s;
    animation-timing-function: ease-in, ease-out;
}
```

Nachstehend ist der Verlauf in einem Zeitdiagramm dargestellt. Zu sehen ist ein Objekt das sich zunächst in vertikaler Richtung zweimal nach unten und anschließend wieder nach oben bewegt. Erst danach erfolgt die horizontale Bewegung von links nach rechts.

Über die *delay*-Angabe ist sichergestellt, dass sich das Quadrat beim Start der zweiten Animation in der Ursprungsposition befindet und von dort aus startet. Ansonsten würde nach dem Bouncen ein unschöner Sprung nach rechts erfolgen, da in diesem Fall die zweite Animation parallel zur ersten ablaufen würde.

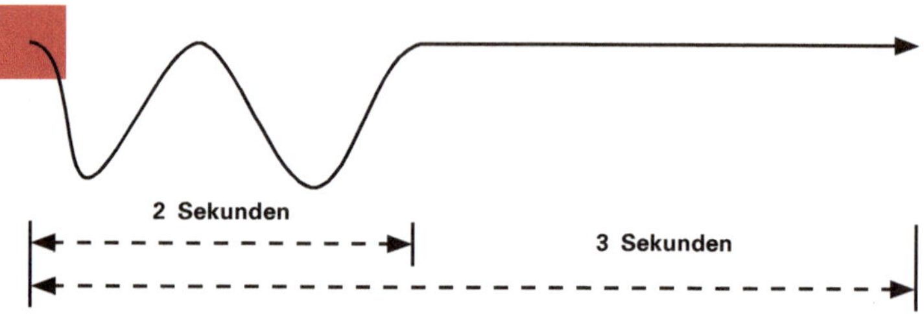

Abbildung 4.11
Zeitdiagramm einer kombinierten CSS3-Animation.

4.5.7 Responsive Keyframe-Animation

Mit Hilfe von Media Queries können Animationen für unterschiedliche Viewports optimiert werden. Dabei verändern diese ausschließlich die Größe und Position der HTML-Elemente. Die @*keyframes*-Regeln werden dabei nicht angetastet.

▼ **CSS-Code**

```css
@keyframes bewegung {
      0% { transform: translate(0); }
     40% { transform: translate(150%); }
     76% { transform: translate(150%); }
    100% { transform: translate(400%); }
}
@media (min-width: 400px) {
    #div { width: 400px; height: 150px; }
    .class  { margin-top: 15px; }
}
```

4.5.8 Parallax-Effekt

Wie bereits in Kapitel 2 dargelegt, stellt Scrollytelling eine Form von Digital Storytelling dar. Die Erzählung der Geschichte erfolgt hierbei durch aktives scrollen. Aus technischer Sicht basiert der Website-Aufbau auf einem sogenannten One-Pager. Dieser wird manchmal auch als Single-Pager bezeichnet und besteht lediglich aus einer einzigen Seite. Weitere Unterseiten existieren bei dieser Art von Website nicht.[24]

Der grundlegende Gedanke hinter diesem Aufbau ist, dem Nutzer alle Informationen übersichtlich und kompakt auf einer einzelnen Seite zur Verfügung zu stellen. Das hat den Vorteil, dass der Nutzer sich dadurch nicht mehr durch zum Teil unübersichtliche Website-Navigationen navigieren muss.[25]

---

24 Vgl. Hahn 2017, S. 686.
25 Vgl. ebd., S. 686 f.

Wie anhand der in Kapitel 3 gezeigten Website-Beispiele zum Digital Storytelling zu erkennen, wird das klassische OnePager Konzept heute of modifiziert und durch weitere Funktionen ergänzt.

Ein dabei häufig verwendeter Effekt ist der sogenannte Parallax-Effekt. Bereits 2014 war dieser einer der großen Webdesign-Trends.[26]

Dabei bewegen sich beim Scrollen mindestens zwei oder mehr Elemente unterschiedlich schnell. Es entsteht der Eindruck von Dreidimensionalität und Tiefe und lässt den Scrollvorgang dadurch dynamisch erscheinen. Dieser Effekt kann sowohl horizontal als auch vertikal aufgebaut sein.

Ein Grund, warum sich der Parallax-Effekt so großer Beliebtheit erfreut, kann mitunter die animierte Abbildung der Realität in einem digitalen und virtuellen Raum sein. Denn der gekonnte Einsatz dieses Effektes macht genau dies.

Abbildung 4.12
Der Parallax-Effekt besteht aus mehreren Ebenen, die sich unterschiedlich schnell bewegen.

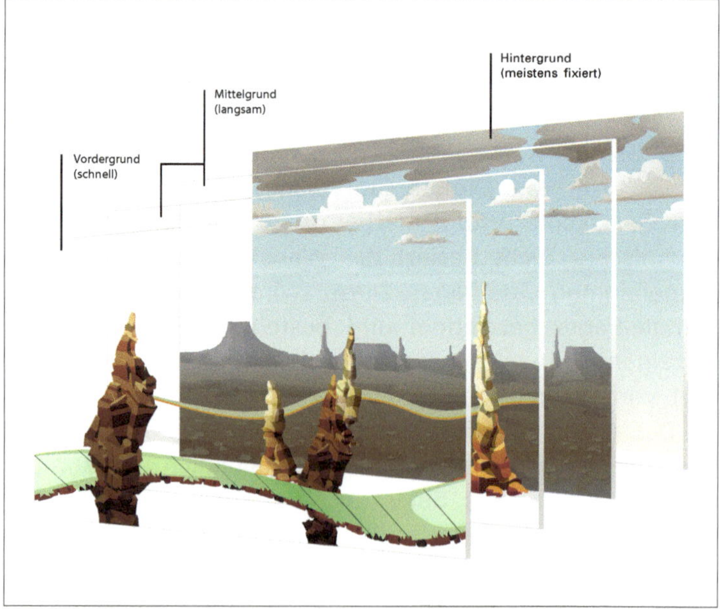

---

26 Vgl. Zaglov 2014.

Die Anmutung kann dabei mit einer Autofahrt auf einer langen Straße, wie zum Beispiel auf einer Autobahn, bei seitlichem Blick aus dem Fenster beschrieben werden.

Dabei ist zu beobachten, dass sich Objekte, die sich nah am Betrachter befinden, wie zum Beispiel Leitpfosten oder Bäume, schneller bewegen. Weiter entfernte Objekte, wie zum Beispiel Dörfer oder Berge, bewegen sich hingegen optisch relativ langsam. Diese Wirkung wird auch als Bewegungsparallaxe bezeichnet.[27]

Mit Hilfe des Parallax-Effekts kann diese natürliche Sehgewohnheit aus der physischen Welt im Webdesign nachahmend animiert werden.

Im Bezug auf die zuvor gezeigten Digital-Storytelling-Websites ist zu beobachten, dass dieser Effekt zum Teil als eine Art Übergang zwischen mehreren Abschnitten oder verschiedenen Kapiteln verwendet wurde.

Eine weitere Einsatzmöglichkeit findet dieser Effekt im Onlinemarketing.

Dabei werden großflächige Anzeigen inmitten des Contents eingebunden, deren Position fixiert bleibt. Scrollt sich der Nutzer durch den Inhalt, taucht irgendwann diese Anzeige auf und verschwindet bei weiterem Scrollen wieder. Damit wird erreicht, dass der User die Anzeige nicht übersehen kann.

Jedoch konnte im Selbstversuch diese Werbeform mit einem aktivierten Adblocker deaktiviert werden.

Aktuell scheint es aus Performance-Gründen empfehlenswert, den Parallax-Effekt nur mit HTML5 sowie CSS3 zu entwickeln. Dabei sollte auf den Einsatz zusätzlicher Skripte möglichst verzichtet werden.[28]

Wie eine Umsetzung ausschließlich mit HTML5 und CSS3 erfolgen kann, zeigt das Beispiel auf der nachfolgenden Seite:

Abbildung 4.13

Der Parallax-Scrolling-Effekt wird auch als unübersehbare Werbeform (Parallax Scroll Ad) auf Websites eingesetzt. Nachstehend ist das Prinzip schematisch aufgezeigt.

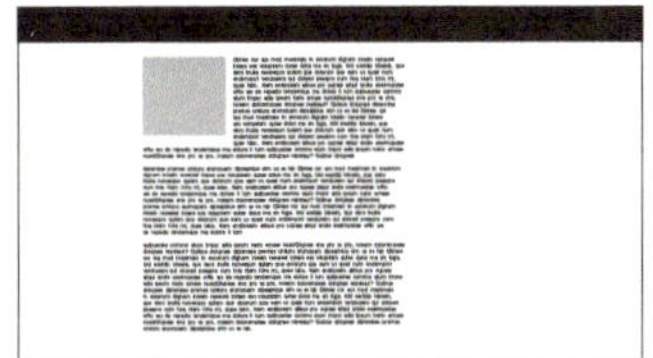

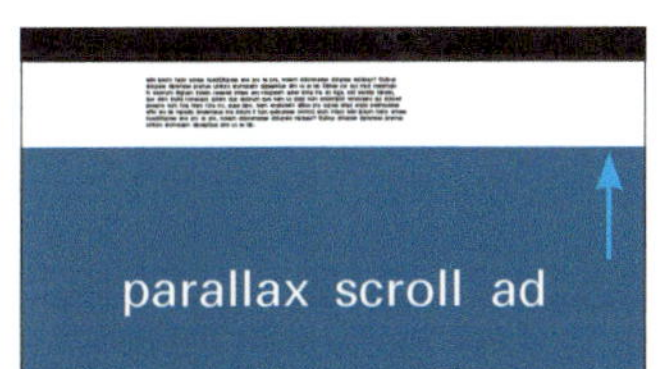

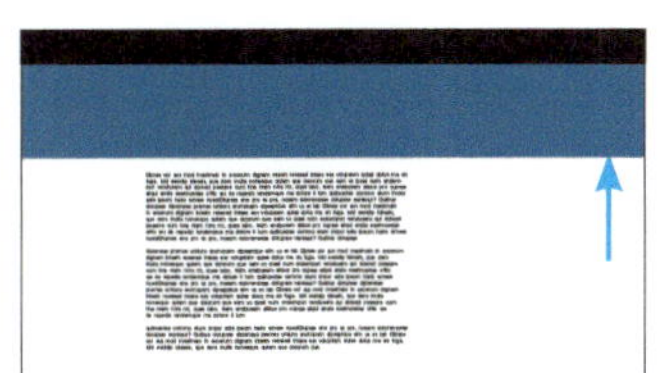

---

27 Vgl. Tandler 2017.
28 Vgl. Clark 2015.

▼ **HTML-Code**

```html
<!DOCTYPE html>
<html>
<head>
    <meta charset="UTF-8">
    <title>CSS3 Parallax-Effekt</title>
    <link rel="stylesheet" href="css/style.css">
</head>
<body>
    <div id="box1">
        <h1>HEADLINE 1</h1>
    </div>
    <div id="box2">
        <h1>HEADLINE 2</h1>
    </div>
    <div id="box3">
        <h1>HEADLINE 3</h1>
    </div>
</body>
</html>
```

▼ **CSS-Code**

```css
body {
    margin: 0;
    padding: 0;
    color: white;
}
#box1{
    height: 100vh;
    width: 100%;
    background-image: url("img1.jpg");
    background-size: cover;
    display: table;
    background-attachment: fixed;
}
#box2{
    height: 100vh;
    width: 100%;
    background-image: url("img2.jpg");
```

```css
    background-size: cover;
    display: table;
    background-attachment: fixed;
}
#box3{
    height: 100vh;
    width: 100%;
    background-image: url("img3.jpg");
    background-size: cover;
    display: table;
    background-attachment: fixed;
}
#box3{
    font-family: arial black;
    font-size: 50px;
    margin: 0px;
    text-align: center;
    display: table-cell;
    vertical-align: middle;
}
```

Der Großteil der wirkungsvollen Darstellung beruht hauptsächlich auf der CSS-Eigenschaft *background-attachment*. Diese definiert, je nach angegebenem Attribut, ob ein Hintergrundbild mit dem Rest der Seite mitscrollt oder fixiert ist.

Dieses Beispiel ist eine sehr einfache Variante des Parallax-Effekts. Für eine vollständige und umfassende Bewegungsparallaxe muss der Code umfangreich erweitert werden. Dadurch können dann nicht nur zwei, sondern mehrere Ebenen animiert werden. Das Prinzip basiert jedoch auf dem hier dargestellten Basisgerüst, welches nach den jeweiligen, individuellen Anforderungen entsprechend modifiziert werden kann.

Zu beachten gilt, dass der Parallax-Effekt nicht auf allen mobilen Endgeräten flüssig funktionieren kann. Daher empfiehlt es sich für diese Viewports, die entsprechenden Code-Anweisungen optional über die Media-Queries ganz auszuschalten.[29]

---

29 Vgl. w3schools o.J.

4.6 Das Scalable-Vector-Graphics-Format (SVG)

Das Scalable-Vector-Graphics-Format, kurz SVG, wurde bereits im September 2001 veröffentlicht und ist ein Grafikformat, das speziell für den Einsatz von Vektorgrafiken im Web entwickelt wurde. SVG-Dateien sind Textdateien, die auf XML basieren. Dabei beschreibt SVG zweidimensionale Vektorgrafiken.[30]

Aufgrund der XML-basierten Markup-Sprache kann auf die einzelnen Objekte über das DOM (Document Object Model) zugegriffen werden. Darüber hinaus lassen sich diese so mittels CSS und JavaScript manipulieren.[31]

Alle modernen Browser unterstützen dieses Format.

Abbildung 4.14

Browser-Support des SVG-Elements.

URL zum Beispiel
https://caniuse.com/#-feat=svg

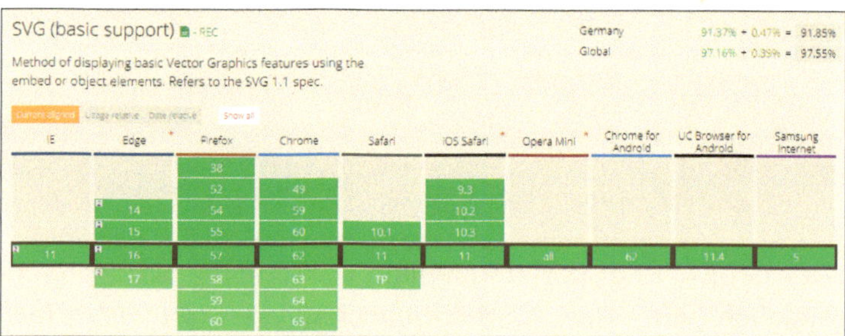

4.6.1 SVG-Grafik versus Bitmap-Grafik

SVG beschreibt eine Vektorgrafik. Diese setzt sich im Gegensatz zu einer Pixelgrafik nicht aus Pixeln, sondern aus mathematisch definierten Objekten zusammen. Entsprechend dieser Definition bestehen Vektor-Objekte beispielsweise aus Strecken, welche durch einen bestimmten Startpunkt, Angaben zur Länge und einem Winkel definiert sind, aus Kreisen, Polygonen, Kurven, etc. Auch komplexe kombinierte Objekte sind möglich. Darüber hinaus können ein Vektor-Objekten zusätzliche Eigenschaften wie Farbe oder Transparenzen zugewiesen werden können.[32]

---

30 Vgl. Meinel / Sack 2004, S. 1011 f.
31 Vgl. Ertel / Laborenz 2017, S. 342.
32 Vgl. Meinel / Sack 2004, S. 1010 f.

Eine Pixelgrafik hingegen besteht aus einem festen und definierten Pixelraster. Wird diese Grafik skaliert, kommt es zu Qualitätsverlusten. Eine Vergrößerung führt dabei zu Unschärfe. Bei einer Verkleinerung gehen aufgrund der geringeren Pixelanzahl Details verloren. Wie zuvor aufgezeigt, wird eine Vektorgrafik nur durch mathematische Kurven und Attribute beschrieben. Daher ist diese auflösungsunabhängig.[33] Das bedeutet, dass eine Vektorgrafik ohne visuellen Qualitätsverluste beliebig skaliert werden kann.

Im Hinblick auf die stark variierenden Displaygrößen und Displayauflösungen gängiger Zielgeräte erscheint es sinnvoll, Grafiken möglichst als SVG-Dateien im Web zu verbreiten. Dies führt nicht nur zu einer kleineren Dateigröße, sondern zeigt die Grafik auf jeder Form von Display in der besten Qualität an. Allerdings ist hierbei zu beachten, dass ausschließlich Grafiken auf diese Weise im verbreitet werden können, nicht aber Fotografien.

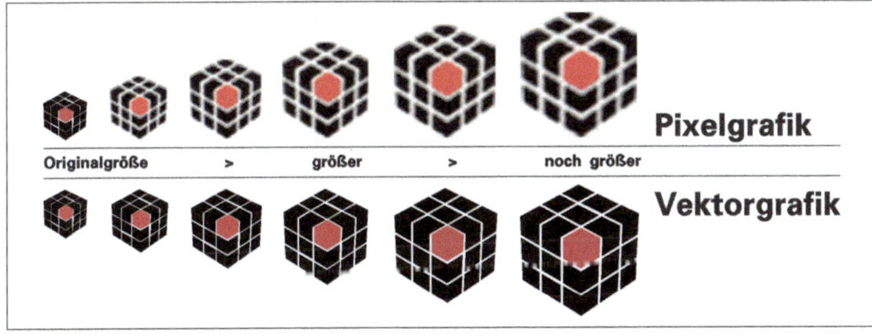

Abbildung 4.15

Vektor- vs. Bitmap-Grafik. Beim Skalieren bleiben Vektorgrafiken stets optimal scharf, Pixelgrafiken jedoch nicht.

4.6.2   Einbindung von SVG-Grafiken

Im Folgenden geht es darum, wie SVG in HTML-Dateien eingebunden werden können und welche Vor- beziehungsweise Nachteile dies mit sich bringt.

Die nachfolgenden Ausführungen beruhen auf der Auseinandersetzung des Webentwicklers Jonas Hellwig.[34]

---

33 Vgl. Böhringer u. a. 2014, S. S.189-192.
34 Vgl. Hellwig 2017.

4.6.2.1. SVG inline einbinden

```
<svg>
  <!-- hier folgt der Code -->
</svg>
```

Vorteile

- Es wird keine externe Datei geladen.
- Animationen und Manipulationen mittels CSS oder JavaScript sind problemlos möglich.
- Verlinkungen innerhalb der SVG sind möglich.

Nachteile

- Der HTML-Code wird aufgebläht und ist unübersichtlicher.
- Fehler im SVG-Code haben gegebenenfalls Auswirkungen auf die Website.

4.6.2.2. Einbindung im <img>-Tag

```
<img src="vektorgrafik.svg">
```

Vorteile

- Unkomplizierte und bekannte Handhabung.
- Breakpoints in der SVG funktionieren.

Nachteile

- Keine Möglichkeit der Manipulation mittels JavaScript oder CSS außerhalb der Datei.
- JavaScript und Links funktionieren nicht mehr.
- Animationen werden nicht in allen Browsern ausgeführt.

4.6.2.3. Einbindung im *<picture>*-Tag

```html
<picture>
    <source srcset="vektorgrafik.svg"
            type="image/svg+xml">

    <img src="vektorgrafik_bitmap.png"
         alt="running rabbits" />

</picture>
```

Vorteil

▶ Bildformat mit integrierter Fallback-Lösung.

Nachteile

▶ siehe „Einbindung im *<img>*-Tag".

4.6.2.4. Einbindung als background-image

```css
.bg-img {
  height: 100px;
  width: 100px;
  background: url(vektorgrafik.svg) no-repeat;
}
```

Vorteil

▶ Bekannte Handhabung.

Nachteile

▶ Keine Möglichkeit der Manipulation mittels JavaScript oder CSS außerhalb der Datei.

▶ JavaScript und Links funktionieren nicht mehr.

4.6.2.5. Einbindung als object

```
<object type="image/svg+xml"
        data="vektorgrafik.svg">
  <!-- fallback -->
  <img src="vektorgrafik_bitmap.png" alt="">
</object>
```

Vorteile

- ▶ Automatischer Fallback möglich.
- ▶ Links funktionieren in der SVG.
- ▶ JavaScript in der SVG funktioniert.

Nachteile

- ▶ Möglicherweise komplizierte Integration im CMS, da der *<object>*-Tag oft nicht unterstützt wird.

4.6.2.6. Einbindung als embed

```
<embed src="vektorgrafik.svg" height="200"
       width="400">
```

4.6.2.7. Einbindung als iframe

```
<iframe height="200" width="400"
        src="vektorgrafik.svg" scrolling="no">
  <!-- fallback -->
  <img src="vektorgrafik.png" width="400"
       height="200" alt />
</iframe>
```

Vorteile

▶ Links in der SVG funktionieren.

▶ JavaScript in der SVG funktioniert.

▶ Domain-übergreifend einsetzbar.

Nachteil

▶ Responsive Design und *<iframe>* sind aufwändig.

Wie zu sehen ist, stehen eine ganze Reihe an verschiedenen Möglichkeiten bereit, SVG in ein Webprojekt einzubinden. Je nach Anforderung sollten, entsprechend den jeweiligen Vor- beziehungsweise Nachteilen, die passende Variante ausgewählt werden.

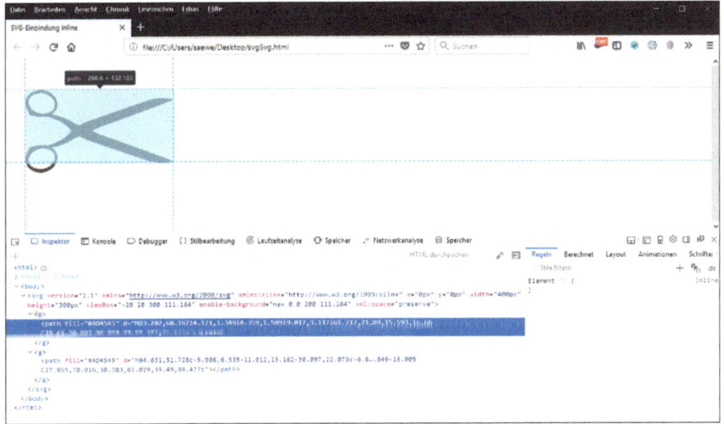

Abbildung 4.16

SVG als inline-Grafik.

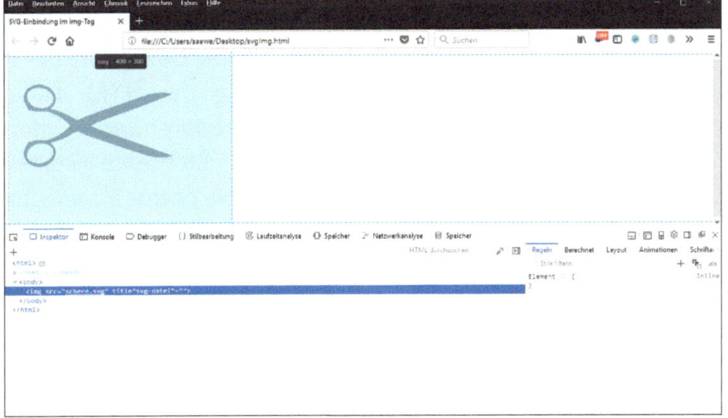

Abbildung 4.17

SVG im *<img>*-Tag.

4.6.3 Aufbau einer SVG

Für die spätere SVG-Animation lohnt es sich, die Datenstruktur einer SVG-Datei näher zu analysieren. Das Schema des Aufbaus entspricht hierbei dem einer XML-Datei und besteht aus einem Header sowie einem Root-Element, in welchem sich die verschiedenen Kind-Elemente und deren Attribute befinden. Entsprechend den XML-Regeln steht zu Beginn der Prolog bzw. die Deklaration. Im nachfolgenden Beispiel umfasst der Prolog die ersten fünf Zeilen, wobei die erste Zeile allein die Deklaration darstellt.[35]

▼ **XML-Code der SVG**

```
<?xml version="1.0" encoding="UTF-8"?>
<!DOCTYPE svg PUBLIC "-//W3C//DTD SVG 1.1//EN"
    "http://www.w3.org/Graphics/SVG/1.1/DTD/
     svg11.dtd">
<svg xmlns="http://www.w3.org/2000/svg"
     xmlns:xlink="http://www.w3.org/1999/xlink"
     version="1.1" baseProfile="full"
     width="800px" height="600px"
     viewBox="0 0 800 600">
  <title>Titel der Datei</title>
  <desc>Beschreibung zum Inhalt.</desc>
  <!-- Inhalt der Datei -->
</svg>
```

Die *DOCTYPE*-Angabe ähnelt hierbei der einer HTML-Datei. Aufgrund des anderen Formats muss hier der Typ von .html auf .svg geändert werden. Auch die angegebene URL verweist nun auf die Document Type Definition (DTD) der SVG-Datei und nicht mehr auf die der HTML-Datei. Diese Angabe erleichtert einem interpretierenden System herauszufinden, ob die verwendeten Elemente korrekt benutzt werden. Diese Angabe ist jedoch optional, wie bei HTML-Dateien, da moderne Browser die verschiedenen Formate auch automatisch erkennen können.[36]

---

35 Vgl. Dahlström u.a. 2011b.
36 Vgl. ebd.

Nicht optional hingegen ist das Root-Element, welches spezifische Pflichtangaben beinhalten muss. So ist der Namensraum (namespace) *"http://www.w3.org/2000/svg"* zwingend anzugeben. Darüber hinaus ist ein zweiter Namensraum zu sehen: *"xmlns:xlink = "http://www.w3.org/1999/xlink""*. Dieser beschreibt eine XML-Technologie um Hyperlinks aufzubauen. Dadurch ist es nun möglich, Links in SVG einzubinden. Alle weiteren Angaben sind optional. Lediglich bei einer SVG, die eine eigenständige Datei darstellt, muss die Namespace-Deklaration sowie der Versionshinweis zusätzlich angegeben werden. Daran angeschlossen folgen die jeweiligen Tags, die letztendlich die Grafik beschreiben.[37]

4.6.4 SVG-Koordinatensystem und Maßeinheit

Bevor die verschiedenen Grundformen gezeichnet werden können, muss eine intensive Auseinandersetzung mit dem zugrunde liegenden Koordinatensystem sowie mit den vorherrschenden Maßeinheit erfolgen. Bei genauer Betrachtung fällt auf, dass das gesamte SVG aus insgesamt zwei verschiedenen Koordinatensystemen besteht.

Zum einen wird die Gesamtgröße des SVG mit dem SVG-*Canvas* beschrieben. Diese wird über die entsprechenden *width*- und *height*-Angaben definiert. Dabei ist zu beachten, dass sich der Koordinatenursprung *(0, 0)* des *Canvas* in der oberen linken Ecke befindet.[38]

Trotz intensiver Untersuchung und Recherche konnte keine Verwandtschaft des SVG-*Canvas* mit dem HTML5 *<canvas>*-Element festgestellt, beziehungsweise belegt werden. Daher ist davon auszugehen, dass die Bezeichnung *Canvas* im SVG lediglich als Zeichenfläche ohne weitere Funktionalität zu verstehen ist. Weiterführende Eingriffe in dieses Element, wie diese im nachfolgenden Teilkapitel für das HTML5 *<canvas>*-Element beschrieben werden, erscheinen nicht möglich zu sein.

---

37 Vgl. Dahlström u.a. 2011b.
38 Vgl. Dahlström u.a. 2011a.

Das andere, zweite Koordinatensystem wird als *viewBox* bezeichnet und definiert primär die Größe der eigentlichen Darstellung im Verhältnis zum umgebenden *Canvas*. Dabei legen die ersten beiden Werte die Koordinaten des Ursprungs innerhalb des Canvas fest, wohin gegen die zwei letzten Angaben die Größe der *viewBox* definieren.[39]

Abbildung 4.18
SVG-Koordinatensysteme.

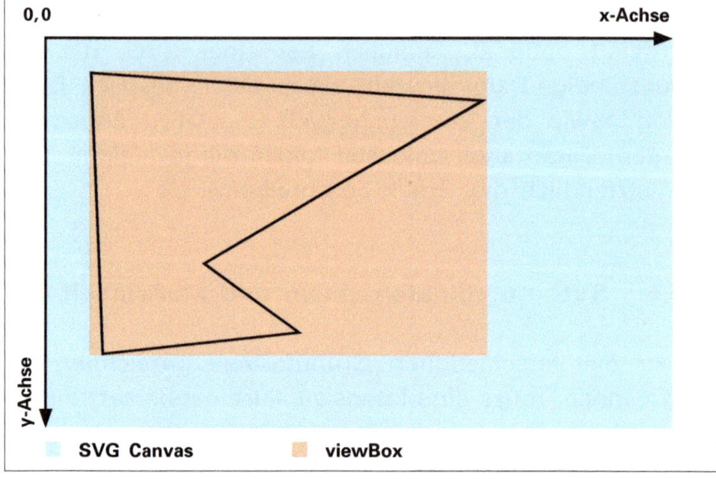

In der nachfolgenden Darstellung ist erkennbar, dass sowohl das SVG-Canvas als auch die *viewBox* die Maße 800 x 600 haben. Deutlich zu sehen ist, dass der *Canvas* größer ist, als die Einzelteile des Papageien ist.

Abbildung 4.19
SVG-viewBox hat die gleichen Maße wie das *SVG-Canvas*.
© Sara Soueidan

URL zum Beispiel
https://www.sarasoueidan.com/demos/interactive-svg-coordinate-system

---

39 Vgl. Ertel/Laborenz 2017, S. 344.

Bei diesem Beispiel ist die *viewBox* nur noch halb so groß, wie das Canvas, besitzt aber immer noch das selbe Seitenverhältnis. Da die *viewBox* nun im Verhältnis zum Canvas kleiner ist, wird der Papagei doppelt so groß dargestellt.

Abbildung 4.20

SVG-viewBox halb so groß wie das *SVG-Canvas*.

© Sara Soueidan

Unterscheiden sich jedoch die Seitenverhältnisse von *viewBox* und *Canvas* und ist das Attribut *preserveAspectRatio* nicht gesetzt, kommt es zu einer Verzerrung der Darstellung. Dies ist darin begründet, dass sich die *viewBox* in diesem Fall sowohl in der Breite, als auch in der Höhe bis zum Rand des *Canvas* ausdehnt.[40]

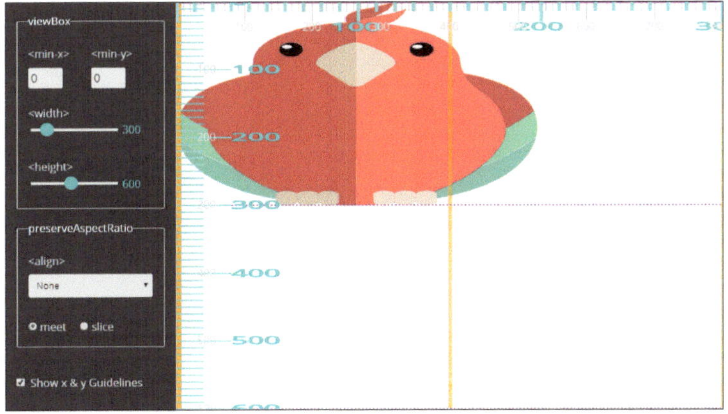

Abbildung 4.21

PreserveAspectRatio deaktiviert.

© Sara Soueidan

---

40 Vgl. Ertel/Laborenz 2017, S. 347.

Wie vorstehend berichtet, kann über das Attribut *preserveAspectRatio* das Verhalten der viewBox gesteuert werden, wenn diese ein anderes Seitenverhältnis als das Canvas aufweist. Das Attribut sorgt unter anderem dafür, dass das Seitenverhältnis aller auf dem Canvas gezeichneten Elemente bewahrt bleibt. Darüber hinaus kann mit diesem Attribut auch die Ausrichtung der ViewBox zum Canvas beeinflusst werden.[41]

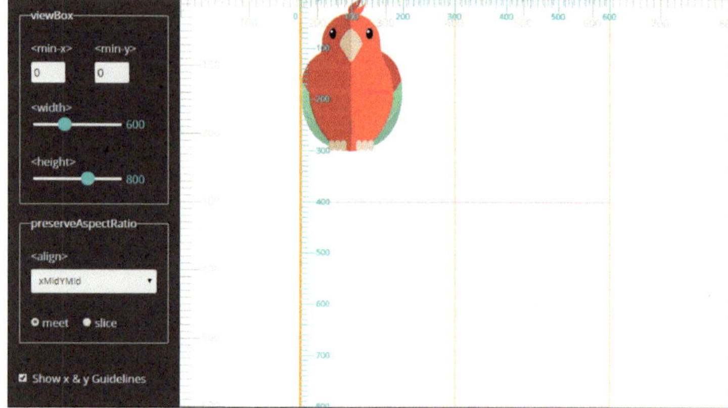

Abbildung 4.22

PreserveAspectRatio gesetzt.

© Sara Soueidan

Im nachfolgenden Beispiel sind die Werte für das Attribut *preserveAspectRadio* verändert worden, wodurch die Grafik teilweise vom Canvas verschwindet.

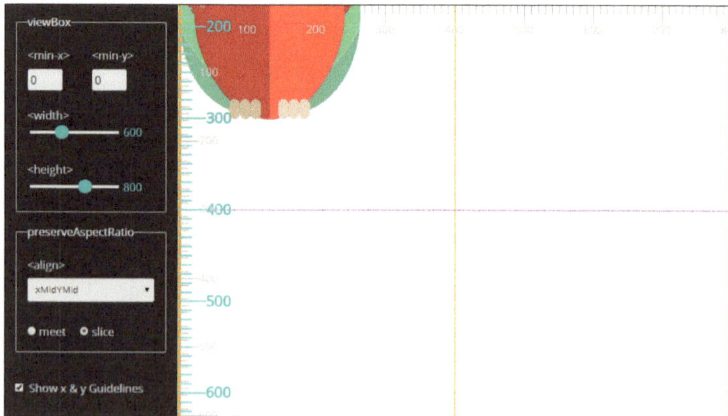

Abbildung 4.23

Veränderte *preserveAspectRadio*-Werte.

© Sara Soueidan

---

41 Vgl. Ertel/Laborenz 2017, S. 344.

Die jeweiligen Angaben für die Maße *width* und *height* des Koordinatensystems können in den Dimensionen *em*, *ex*, *pt*, *pc*, *mm*, in und *%* angegeben werden. Ohne explizite Angabe der Dimension wird die Einheit Pixel (*px*) verwendet.[42]

4.6.5 SVG-Grundformen

Viele komplexe Grafiken bestehen in ihrem Aufbau aus einfachen Grundformen. Dieser Abschnitt zeigt auf, wie diese sechs Formen (Kreis, Ellipse, Rechteck, Linie, Polyline und Polygon) im SVG-Code aufgebaut werden.[43]

Aus Gründen der Übersicht wird lediglich nur das Beispiel SVG-Kreis vollständig dargestellt. Alle weiteren Codesnippets sind auf den jeweils wesentlichen Aspekt reduziert. Der gezeigte Code-Ausschnitt ist daher nicht voll funktionsfähig und muss für einen realen Einsatz um die vorangegangenen Elemente ergänzt werden.

Des Weiteren werden nachfolgend nur exemplarische Grundlagen analysiert und beschrieben, sodass diese Ausführungen keine vollständige Darstellung aller Möglichkeiten abbildet.

4.6.5.1. SVG-Kreis

Mit dem *<circle>*-Element kann ein Kreis gezeichnet werden. Über die dazugehörigen Attribute *cx* und *cy* wird die Position festgelegt. Der Radius *r* gibt an, wie groß der Kreis gezeichnet werden soll. Dabei stellt die zuvor definierte Position den Mittelpunkt dar, um welchen dieser erstellt wird. Zusätzlich hat der Kreis im nachfolgenden Beispiel eine *5px* dicke Kontur mit der Farbe blau, welche über die beiden *stroke*-Befehle erzeugt wird. Das Kreisinnere ist mit der Farbe gelb gefüllt.

---

42 Vgl. Pomaska 2012, S. 163.
43 Vgl. Dahlström u.a. 2011c.

▼ **SVG-Code für einen Kreis**

```xml
<?xml version="1.0" encoding="UTF-8"?>
<!DOCTYPE svg PUBLIC "-//W3C//DTD SVG 1.1//EN"
    "http://www.w3.org/Graphics/SVG/1.1/DTD/
        svg11.dtd">
<svg xmlns="http://www.w3.org/2000/svg"
    xmlns:xlink="http://www.w3.org/1999/xlink"
    version="1.1" baseProfile="full"
    viewBox="0 0 800 600">
  <title>SVG - Kreis</title>
  <desc>Beschreibung zum Inhalt.</desc>
  <circle cx="105" cy="105" r="100"
    stroke="blue"
    stroke-width="5" fill="yellow" />
</svg>
```

Abbildung 4.24
Darstellung SVG-Kreis im
Browser.

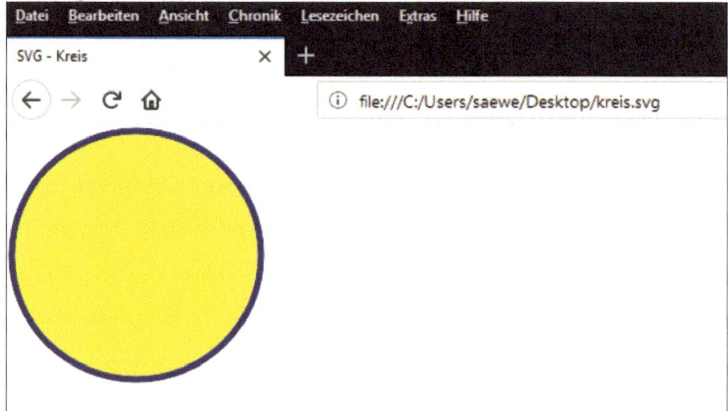

4.6.5.2. SVG-Ellipse

Mit dem *<ellipse>*-Element kann eine Ellipse gezeichnet
werden. Die dazugehörigen Attribute *cx* und *cy* legen
dabei die Position fest. Hierbei ist zu beachten, dass die
Positionierung vom Mittelpunkt und nicht von der oberen
linken Ecke der Ellipse berechnet wird. Die Werte für *rx*
und *ry* definieren die entsprechenden Ausdehnungen in
die *x*- und *y*-Richtung. Die Farbgebung erfolgt nach dem
selben Prinzip wie bei einem Kreis.

▼ **SVG-Code für eine Ellipse**

```
<svg>
 <ellipse rx="80" ry="50" cx="100" cy="70"
          fill="yellow" stroke="blue"
          stroke-width="4" />
</svg>
```

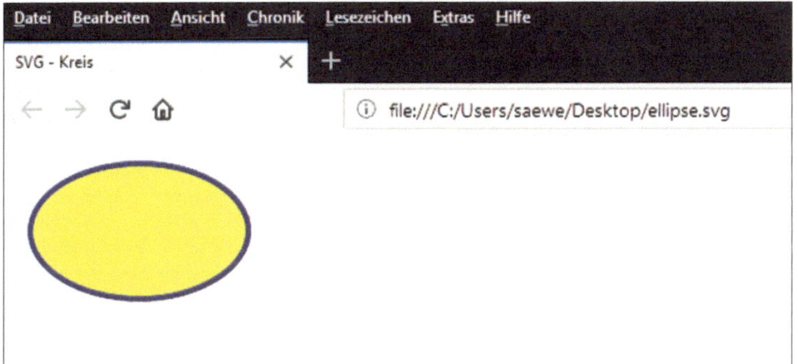

Abbildung 4.25
Darstellung SVG-Ellipse im Browser.

4.6.5.3. SVG-Rechteck

Mit dem *<rect>*-Element kann ein Rechteck gezeichnet werden. Über die dazugehörigen Attribute *x* und *y* wird die Position festgelegt. Die Werte für *width* und *height* definieren die Maße. Wie auch beim Kreis wird über *fill* die Füllfarbe bestimmt. *Stroke-width* und *stroke* sorgen im folgenden Code-Beispiel dafür, dass das Rechteck eine zehn Pixel dicke und blaue Kontur hat.

▼ **SVG-Code für ein Rechteck**

```
<svg>
  <rect x="10" y="10" width="400" height="100"
        fill="yellow" stroke-width="10"
        stroke="blue" />
</svg>
```

Abbildung 4.26

Darstellung SVG-Rechteck im Browser.

4.6.5.4.   SVG-Linie

Mit dem *<line>*-Element kann eine Linie gezeichnet werden. Dazu müssen zwei Positionspunkte angegeben werden. Die Werte *x1* und *y1* definieren den Startpunkt, wohingegen *x2* und *y2* den Endpunkt festlegen. Mit *stroke-width* wird die Strichstärke angegeben und durch *stroke* wieder eingefärbt.

▼ **SVG-Code für eine Linie**

```
<svg>
   <line x1="0" y1="0" x2="200" y2="200"
         stroke="red" stroke-width="2" />
</svg>
```

Abbildung 4.27

Darstellung SVG-Linie im Browser.

Das <*line*>-Element kann auch mehrfach verwendet werden. Dies ermöglicht es, mehrere, auch unterschiedliche Linien zu zeichnen.

▼ SVG-Code für mehrere Linien

```
<svg>
  <line x1="0" y1="0" x2="200" y2="200"
        stroke="red" stroke-width="2" />
  <line x1="200" y1="0" x2="0" y2="200"
        stroke="blue" stroke-width="2" />
  <line x1="150" y1="0" x2="50" y2="200"
        stroke="green" stroke-width="2" />
</svg>
```

Abbildung 4.28
Darstellung SVG-Linien im Browser.

4.6.5.5. SVG-Polyline

Mit dem <*polyline*>-Element können gerade Linien zwischen mehreren Punkten gezeichnet werden. Hierfür wird jeder Punkt über ein *x*- und y-Wertepaar definiert. Neben der Definition der Linienart, -stärke und -farbe kann auch die Fläche zwischen den Linien über *fill* eingefärbt werden. Die Polyline eignet sich besonders für offene Formen, da der Endpunkt nicht mit dem Anfangspunkt verbunden werden muss. Dynamische Börsenkurs-Grafiken könnten ein Anwendungsbeispiel hierzu darstellen.

```
<svg>
  <polyline points="0,200 50,200 50,50
    100,50 100,200 150,200 150,50 200,50
    200,200 250,200 250,50 300,50 300,200
    350,200 350,50"
    fill="white" stroke="blue" stroke-width="5" />
</svg>
```

Abbildung 4.29
Darstellung SVG-Polyline im Browser.

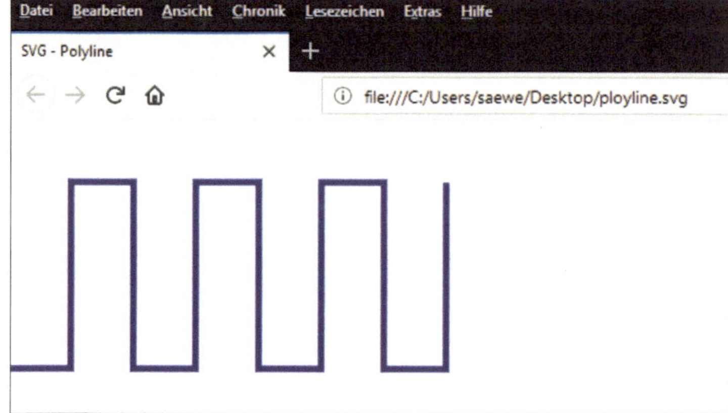

4.6.5.6. SVG-Polygon

Mit dem <polygon>-Element kann eine Polygonfigur gezeichnet werden. Beliebige Grafiken, die nicht auf einer geometrischen Grundform beruhen, können so erzeugt werden. Hierfür werden für das Attribut points entsprechende *x*- und *y*-Achsenkoordinatenpaare angegeben. Über die weiteren, bekannten Attribute wird die Polygonfigur eingefärbt.


```
<svg>
  <polygon points="200,10 250,190 160,210"
           fill="yellow" stroke="blue"
           stroke-width="5" />
</svg>
```

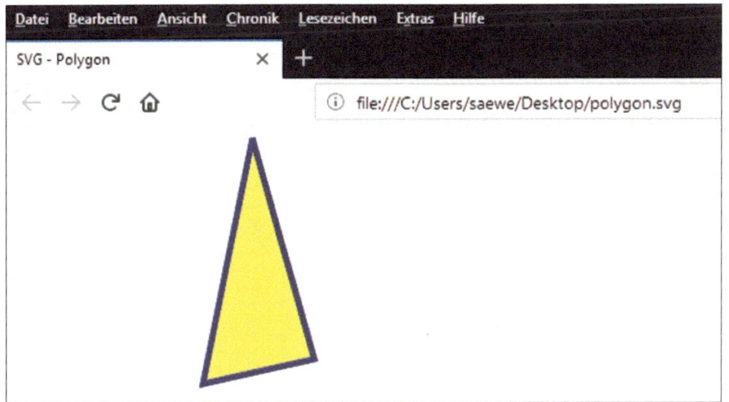

Abbildung 4.30
Darstellung SVG-Dreieck im Browser.

4.6.5.7. SVG-Stern

Ein praxisnahes Beispiel für eine Polygongrafik könnte ein Stern sein. Dieser soll fünf Spitzen haben, folglich müssen auch fünf *x*- und *y*-Achsenkoordinatenpaare angegeben werden. Das nachstehende Bild verdeutlicht, dass sich die Linien auch überlappen können.

▼ **SVG-Code für eine Sterngrafik**

```
<svg>
   <polygon points="100,10 40,198 190,78
   10,78 160,198"
   fill="yellow" stroke="blue" stroke-width="5"
   />
</svg>
```

Abbildung 4.31
Darstellung SVG-Stern im Browser.

4.6.5.8. SVG-Farbverlauf

Mit dem *<linearGradient>*-Element kann eine SVG-Form mit einem Farbverlauf gefüllt werden. Mit Hilfe dieses Elements wird die komplette Abfolge der Farbwechsel definiert. Abschließend erhält der Farbverlauf eine eindeutige *id*. Diese wird in dem einzufärbenden Element mittels *fill="url(#grad1)"* eingefügt. Dadurch lässt sich der selbe Verlauf mehreren Elementen zuordnen. Auch muss dieser bei einer späteren Änderung nur an einer einzigen Stelle geändert werden. Die Änderung wird dann auf jedes Element angewendet, welches diesen Farbverlauf besitzt, angewendet.

▼ **SVG-Code für eine Ellipse mit Farbverlauf**

```html
<svg>
  <linearGradient id="grad1" x1="0%" y1="0%"
                  x2="100%" y2="0%">
    <stop offset="0%" stop-color="yellow"
          stop-opacity="1" />
    <stop offset="100%" stop-color="blue"
          stop-opacity="1" />
  </linearGradient>

  <ellipse cx="100" cy="70" rx="85" ry="55"
           fill="url(#grad1)" />
</svg>
```

Abbildung 4.32
Darstellung SVG-Farbverlauf im Browser.

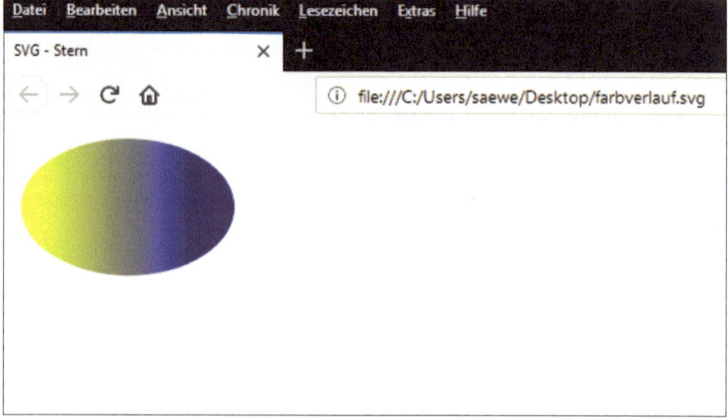

4.6.6 SVG-Transformation

Mittels des SVG-Attributs *transform* können einzelne Elemente bis hin zu mehreren Gruppen von Elementen verschoben, verkleinert, vergrößert, verzerrt, geneigt, rotiert oder gespiegelt werden. Das Attribut manipuliert die einzelnen Elemente wie translate beziehungsweise rotate oder verändert diese durch eine Matrix.[44]

Das nachfolgende exemplarische Beispiel erfolgt am Attribut *rotate*. Eine Rotation wird über den Befehl *transform = "rotate()"* erzeugt. Das *rotate*-Attribut kann dabei entweder nur einen Wert für den Winkel, oder drei Angaben enthalten. Im letzteren Fall beschreibt der erste Zahlenwert den Winkel und die beiden weiteren Parameter die Position des Nullpunktes, um welchen die Rotation ausgeführt wird. Ist dieser nicht explizit angegeben, wird der Pivotpunkt automatisch in die Mitte des Objekts gesetzt.[45]

Darüber hinaus kann eine Transformation mit einer eigenen *id* versehen und dadurch auf andere Elemente übertragen werden.[46]

▼ **SVG-Code für eine Rotation mit verschobenem Pivotpunkt**

```
<svg width="400" height="400"
     xmlns="http://www.w3.org/2000/svg">

  <rect x="150" y="50" height="100" width="100"
      fill="#0086B2" fill-opacity="0.2">
  </rect>

  <rect x="150" y="50" height="100" width="100"
      fill="#0086B2"
      transform="rotate(45 150 50)">
  </rect>
</svg>
```

---

44 Vgl. Dahlström u.a. 2011a.
45 Vgl. ebd.
46 Vgl. ebd.

Abbildung 4.33

SVG-Rotation mit verschobenem Pivotpunkt.

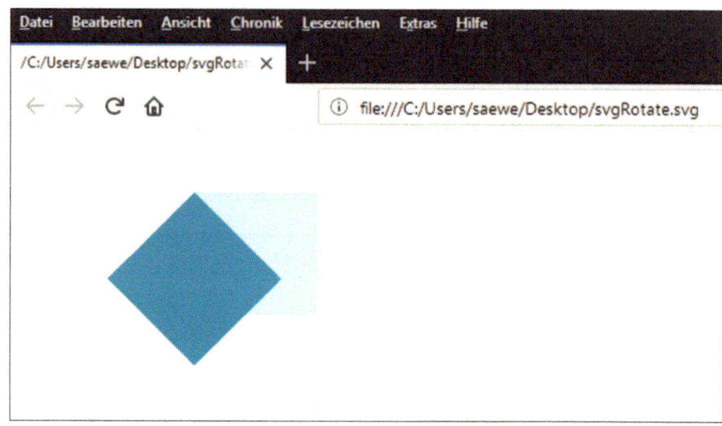

4.6.7   SVG-Filter

Neben der Skalierbarkeit besitzt SVG auch noch weitere, interessante Eigenschaften. So kann SVG auch als Filter für Bitmap-Grafiken genutzt werden um beispielsweise ein Foto weichzuzeichnen. Darüber hinaus lassen sich Filter auch auf SVG-Grafiken anwenden. Die SVG-Filterpalette ist sehr umfangreich, weshalb das nachfolgende Beispiel exemplarisch herausgegriffen ist.

Der primitive Filter *<feDisplacementMap>* erzeugt eine lokale Verschiebung der Pixel eines Bildes. Dabei werden die Pixel des zweiten Bildes gemäß dem Attribut *in2* verwendet, um anschließend die Pixel des ersten Bildes gemäß dem Attribut *in* zu verschieben. Dazu sind folgende Attribute nötig:[47]

- ▶ *in*: Eingangsgrafik

- ▶ *in2*: Input des zweiten Bildes

- ▶ *scale*: Verschiebungsfaktor (Standardwert 0)

Die Alphawerte der zweiten Eingangsgrafik stellen hierbei die Ausgangsbasis dar. Über die beiden Attribute *<xChannelSelector>* und *<yChannelSelector>* kann auch ein anderer Farbkanal festgelegt werden.[48]

---

47   Vgl. Dahlström u.a. 2011d.
48   Vgl. ebd.

▼ **SVG-Code für einen Filtereffekt**

```
<svg  width="200" height="200"
      viewBox="0 0 220 220"
      xmlns="http://www.w3.org/2000/svg">

  <filter id="displacementFilter">
    <feTurbulence type="turbulence"
                  baseFrequency="0.03"
                  numOctaves="2"
                  result="turbulence"/>

<feDisplacementMap in2="turbulence"
                   in="SourceGraphic"
                   scale="40"
                   xChannelSelector="G"
                   yChannelSelector="R"/>
  </filter>

  <circle cx="100" cy="100" r="100" fill="blue"
          filter="url(#displacementFilter)"/>
</svg>
```

Abbildung 4.34

Darstellung SVG-Element mit Filter.

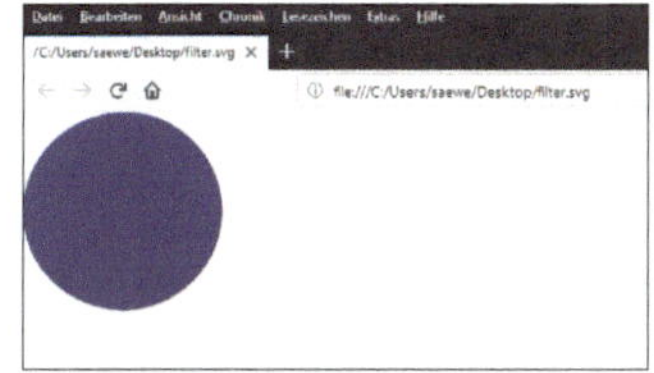

Abbildung 4.35

Darstellung SVG-Element ohne Filter.

4.6.8 SVG-Effekte – Support

Wie in der nachstehenden Tabelle abgebildet, unterstützen die meisten modernen Browser SVG-Effekte. Für die bestmögliche Browser-Unterstützung scheint es dennoch ratsam, wie zum Thema SVG einleitend erwähnt, die entsprechenden Browser-Präfixe anzugeben.

Abbildung 4.36

Browser-Support für SVG-Effekte.

URL zum Beispiel
https://caniuse.com/#search=svg%20effects

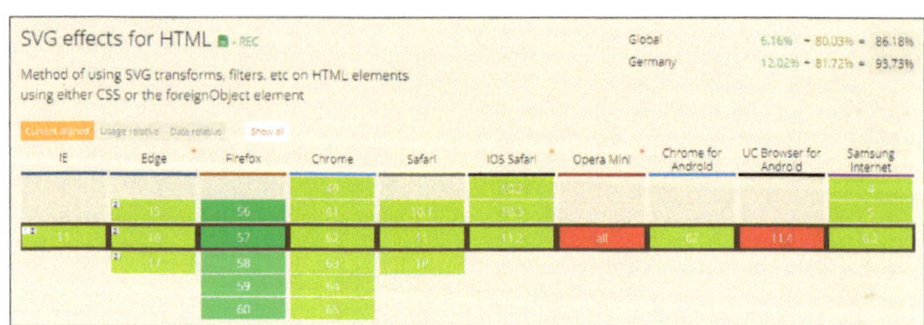

4.6.9 SVG-Animation

Ein besagter Vorteil von SVG ist, dass die erzeugten Grafiken durch mathematische Definitionen beschrieben werden, wodurch diese verlustfrei skaliert werden können. Darüber hinaus bietet SVG die Funktionalität der Animation an. Das bedeutet, dass es möglich ist, auflösungsunabhängige, responsive Animationen ohne Qualitätsverlust zu erzeugen.

Nachfolgend wird der prinzipielle Aufbau einer SVG-Animation beschrieben. Dies wird am Beispiel einer schneidenden Schere verdeutlicht. Hierfür empfiehlt es sich, komplexere Grafiken in einem GUI-Programm, wie zum Beispiel Adobe Illustrator, zu erstellen. Anschließend können diese als SVG exportiert werden.

Abbildung 4.37

Vektorgrafik in Illustrator.

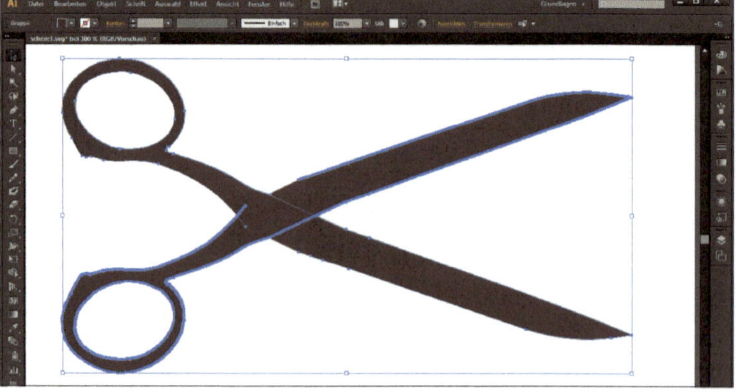

Für dieses Beispiel ist es ratsam, die beiden Scherenelemente als voneinander getrennte Pfade zu beschreiben und anschließend daraus zwei Gruppen mit dem Gruppenelement <g> zu erstellen. Die Scherenelemente werden über das <path>-Attribut beschrieben und bestehen aus sehr vielen Koordinatenangaben. Auch die Farbe ist in diesem Attribut bereits enthalten.

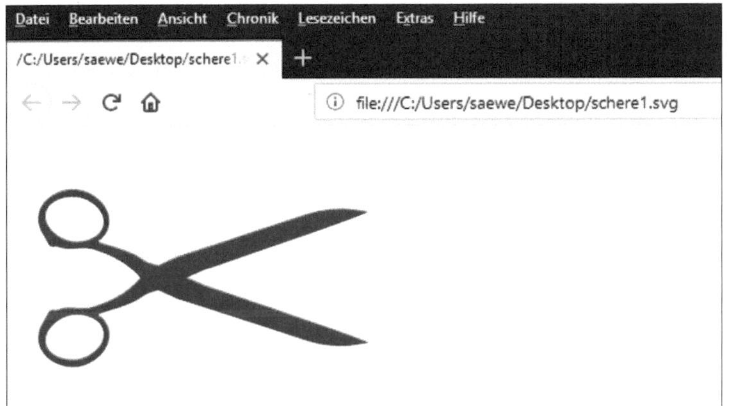

Abbildung 4.38
Exportierte Vektorgrafik im Browser.

Für die Animation müssen sich diese beiden Scherenteile um einen bestimmten Punkt (in der Realität wäre dieser Punkt eine Schraube, die beide Elemente zusammenhält) drehen. Dafür kann der zuvor beschriebene Befehl *transform: rotate()* verwendet werden.

Der Funktion entsprechend wird für dieses Beispiel das Attribut <animateTransform> verwendet, da eine Transformation animiert werden soll. Diese besteht sowohl aus einer schließenden, als auch einer sich wieder öffnenden Bewegung. Daher müssen für ein Element zwei verschiedene Bewegungen definiert werden. Ebenso ist es an dieser Stelle sinnvoll, den vier Elementen (zwei Elemente mit zwei verschiedenen Bewegungen) jeweils eine eindeutige ID zuzuweisen. Diese spielt im späteren Verlauf eine wesentliche Rolle.

Die Definition der beiden Bewegungen erfolgt über die Eigenschaften *from* und *to*. Hierbei wird durch die beiden letzten Werte sowohl der Startpunkt, als auch der Ausgangspunkt definiert. Der erste Zahlenwert legt den Winkel der Rotation fest. Um eine Drehung entgegen des Uhrzeigersinns zu erzeugen, können dafür auch negative Zahlen verwendet werden.

Mittels *dur* wird die Animationsdauer festgelegt. Ist der Wert sehr groß, läuft die Animation sehr langsam ab. Kleine Werte hingegen führen zu einer schnelleren Wiedergabe. Mit Hilfe von *repeatCount* wird definiert, wie oft die Animation wiederholt werden soll.

Große Aufmerksamkeit sollte der Eigenschaft *begin* gewidmet werden. Diese besteht in diesem Fall aus zwei Teilen. Der vordere Teil (*0s* beziehungsweise *0,5s*) bestimmt den Startzeitpunkt der Animation. Dieser Teilschritt führt dazu, dass sich die Schere schließt. Anschließend muss sich diese wieder öffnen und die Animation beginnt von neuem. Dies wird über den zweiten Werteteil erreicht. So beschreibt *op2.beginn+0,5s* beispielsweise, dass die Animation *op3* erst nach *0,5s* beginnt, wenn die Animation *op* gestartet ist. Diese erweiterten Zeitangaben sorgen für eine geschmeidige Darstellung. Andernfalls würde es nach der schließenden und öffnenden Bewegung zu einem unschönen Flackern kommen, da die Bewegung sprunghaft zurückgesetzt wird.

▼ **SVG-Code für die Animation einer schneidenden Schere**

```xml
<?xml version="1.0" encoding="utf-8"?>
<!-- Generator: Adobe Illustrator ... -->
<!DOCTYPE svg PUBLIC "-//W3C//DTD SVG 1.1//EN"
 "http://www.w3.org/Graphics/SVG/1.1/DTD/
svg11.dtd">
<svg version="1.1" id="Ebene_1"
  xmlns="http://wwww3.org/2000/svg"
  xmlns:xlink="http://www.w3.org/1999/xlink"
  x="0px" y="0px" width="400px" height="300px"
  viewBox="-20 20 300 111.164">
<g>
  <path fill="#4D4545" d="M83.202,68.187l171,
      <!-- ... --> ,20.476,31.932z"/>
  <animateTransform id="op4"
   attributeName="transform"
   type="rotate"
   from="0 85 55"
   to="-19 85 55"
   begin="0;op1.begin+0.5s"
   dur="0.5s"
```

```
      repeatCount="indefinite"
    />
    <animateTransform id="op1"
      attributeName="transform"
      type="rotate"
      from="-20 85 55"
      to="0 85 55"
      begin="0.5s;op4.begin+0.5s"
      dur="0.5s"
      repeatCount="indefinite"
    />
  </g>
  <g>
    <path fill="#4D4545" d="M64.631,51.728c-5.086,
        <!-- ... --> ,39.49,89.477z"/>
    <animateTransform id="op2"
      attributeName="transform"
      type="rotate"
      from="0 85 55"
      to="19 85 55"
      begin="0s;op3.begin+0.5s"
      dur="0.5s"
      repeatCount="indefinite"
    />
    <animateTransform id="op3"
      attributeName="transform"
      type="rotate"
      from="20 85 55"
      to="0 85 55"
      begin="0.5s;op2.begin+0.5s"
      dur="0.5s"
      repeatCount="indefinite"
    />
  </g>
</svg>
```

Abbildung 4.39
Animationsablauf der animierten Scheren-Vektorgrafik.

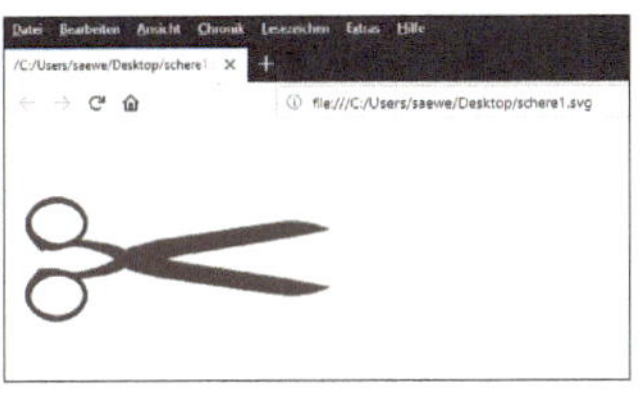

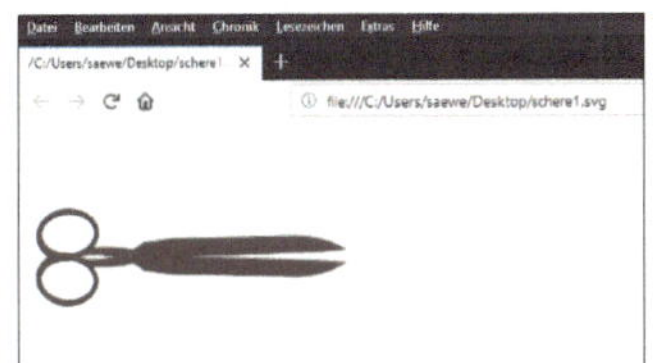

4.6.10 SVG-Tools

Die bisher beschriebenen SVG-Grafiken und SVG-Animationen wurden im Code-Editor erstellt. Dabei werden Grafiken entweder über geometrische Grundobjekte, oder als Pfade mit entsprechenden Koordinatenangaben definiert.

Für komplexe Formen kann eine manuelle Eingabe der Pfadpunkte allerdings sehr aufwändig werden. Dadurch kann dieser Aufwand schnell an eine betriebswirtschaftlich vertretbare Grenze stoßen. Mit Hilfe von GUI-Programmen lassen sich SVG-Grafiken hingegen komfortabel mit der Maus auch von Nicht-Programmierern erstellen.

4.6.10.1. Adobe Illustrator

Sicherlich eines der leistungsfähigsten und gebräuchlichsten Programme mit einer grafischen Oberfläche zur Gestaltung ist Adobe Illustrator. Wie es der Name schon andeutet, ist dieses Programm für Illustrationen konzipiert. Bei der Arbeit mit Adobe Illustrator entstehen immer Grafiken im Vektor-Format. Illustrator ermöglicht den Export dieser in das SVG-Format. Allerdings können in diesem Programm nur statische Grafiken und keine SVG-Animationen erstellt werden.

Abbildung 4.40
Adobe Illustrator

4.6.10.2. SVG Circus

SVG Circus ist ein kleines Webtool, das primär einfache, animierte *Spinner* und *Loader* als SVG-Animation erstellt.

Über einen übersichtlichen Editor können vordefinierte Eigenschaften ausgewählt und miteinander kombiniert werden. Der Funktionsumfang ist jedoch stark begrenzt und eine individuelle Gestaltung, beziehungsweise Animation erscheint nicht möglich zu sein. Als Ergebnis wird ein SVG-Code erzeugt, welcher kopiert und dann in das eigene Projekt integriert werden kann.

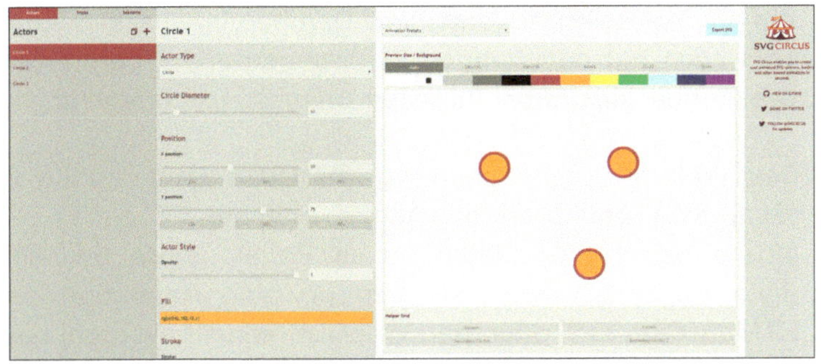

Abbildung 4.41
SVG Circus

4.6.10.3. SVGator

SVGator stellt ebenfalls ein Webtool dar, mit welchem individuelle Animationen erstellt werden können. Die Oberfläche erinnert ein wenig an Adobe Flash/Animate beziehungsweise Adobe After Effects. Über eine Timeline lassen sich auch längere und komplexere Animationsabläufe erstellen. Die importierten SVG-Objekte lassen sich mit der Maus transformieren. Darüber hinaus stehen eine Reihe an vorgefertigten Presets von Animationen zur Verfügung. Über den Code-Manager kann des Weiteren manuell in den Quellcode eingegriffen werden. Als Ergebnis wird eine ready-to-use-SVG-Datei erzeugt.

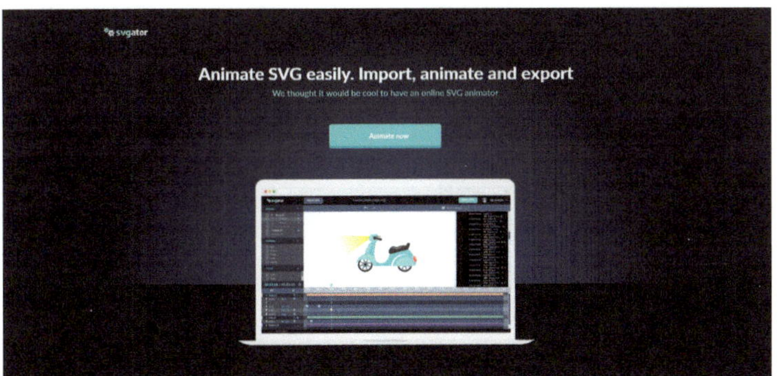

Abbildung 4.42
SVGator

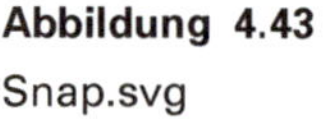

4.6.10.4. Snap.svg

Snap.svg ist eine JavaScript-Bibliothek, die für moderne Browser entwickelt worden ist. Sie unterstützt die neuesten SVG-Features wie zum Beispiel Clipping, Maskierung, Muster, Gruppen und volle Verläufe. Snap.svg wartet hierbei mit einer eigenen Animations-Bibliothek sowie einem Eventhandling auf. Die Bibliothek ermöglicht auch Grafiken Skript-basiert zu erstellen. Darüber hinaus kann das Tool auch mit den fertigen Exportdaten aus Programmen wie Adobe Illustrator, Inkscape oder Sketch umgehen.

Des Weiteren steht Snap.svg als Open-Source Plug-in (Snap.SVG Animator) für Adobe Animate CC als Erweiterung bereit. Vor jedem neuen Projekt muss bei Animate CC entschieden werden, ob eine Animation per HTML5-Canvas[49] oder per WebGL[50] erstellt werden soll. Animierte SVG waren mit diesem Programm bislang nicht möglich. Snap.SVG Animator erweitert Animate CC um diesen besagten Funktionsumfang.

Abbildung 4.43

Snap.svg

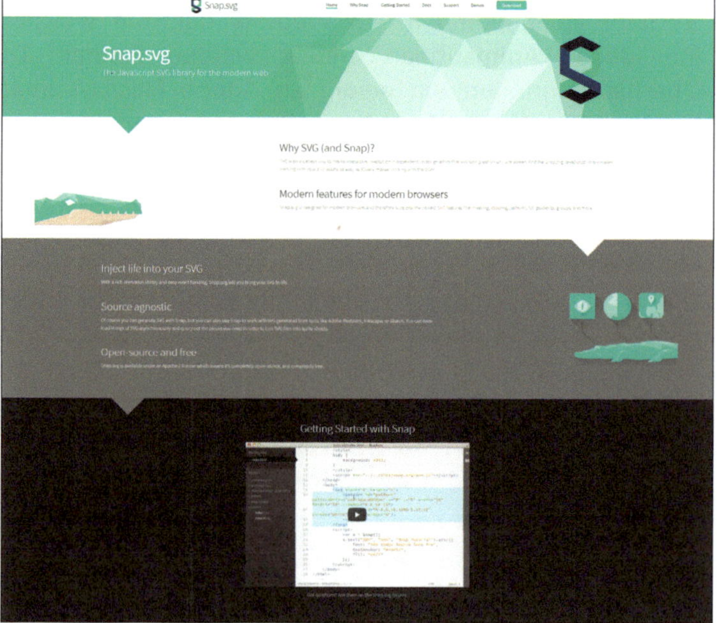

---

49 Vgl. Adobe Systems Software Ireland Limited 2017a.
50 Vgl. Adobe Systems Software Ireland Limited 2017b.

4.7 HTML5 Canvas

Neben CSS3 und SVG können Animationen auch mit dem HTML5 Element <canvas> erstellt werden. Das Wort „canvas" stammt aus dem Englischen und wird wie folgt beschrieben:

> „a piece of canvas used for painting on"[51]
> („ein Stück Leinwand zum Malen)".

Mit Blick auf die Funktionalität dieses Elements, nämlich dem Zeichnen von Grafiken, kann durch die Verbindung zur Malerei das Wort Canvas mit Leinwand übersetzt werden.[52]

Das <canvas>-Element ist tatsächlich zunächst nichts anderes als eine reine Leinwand. Auf diese wird über die Canvas API zugegriffen, zum Beispiel mittels JavaScript. Mit dieser Skript-Sprache können dann beispielsweise Grafiken erzeugt, animiert, Videos angezeigt und Audio abgespielt werden.[53]

Zwischenzeitlich kann das <canvas>-Element problemlos in eine Website implementiert werden, da alle modernen Browser dieses unterstützen.

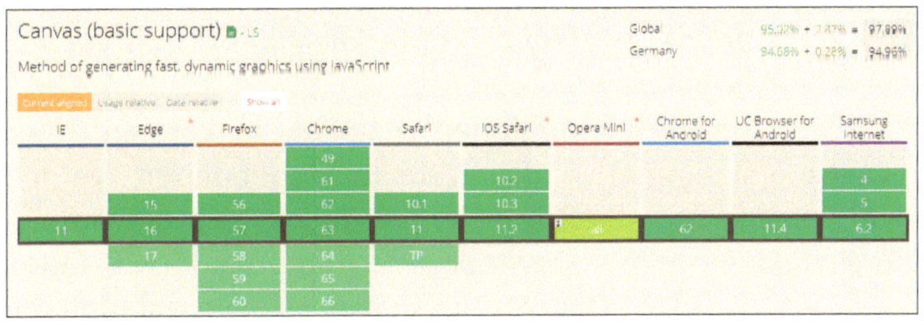

Abbildung 4.44
Browser-Support des Canvas-Elements.

URL zum Beispiel
https://caniuse.com/#search=canvas

Im vorliegenden Buch wird ausschließlich der 2D-Kontext betrachtet. Der daneben existierende 3D-Kontext mit WebGL findet innerhalb der weiteren Ausführungen in dieser Publikation keine Berücksichtigung.

---

51 Wehmeier u. a. 2010, S. 218.
52 Willmann / Türck / Messinger 2002, S. 98.
53 Vgl. Ackermann 2016, S. 587.

4.7.1   Aufbau des Canvas-Elements

Das *<canvas>*-Tag erzeugt eine rechteckige Fläche in einer HTML Seite. Das Element hat weder Inhalt noch Rahmen. Da auf das *<canvas>*-Element mittels Java-Script zugegriffen werden kann, sollte jedes Element mit einem eindeutigen ID-Attribut versehen werden, welches mit einem Skript referenziert werden kann.

Über die Attribute *width* und *height* wird die Größe der Zeichenfläche definiert. Sind diese Angaben nicht explizit dargestellt, wird die Standardgröße des Canvas von 300 x 150 Pixel (Breite x Höhe) verwendet.

▼ **Canvas Code**

```html
<canvas id="canvas" width="500" height="500" >
  <!-- Inhalt -->
</canvas>
```

Die Entwickler von Mozilla empfehlen darüber hinaus, die Attribute *width* und *height* explizit im *<canvas>* und nicht über CSS zu setzen. Andernfalls kann es zu Verzerrungen im Render-Ergebnis kommen.[54]

4.7.2   Canvas in HTML einbinden

Um mit Canvas Animationen erstellen zu können, muss dieses erst einmal in die Website eingebunden werden. Im Gegensatz zu SVG gibt es hierfür nur einen Weg: das Tag muss innerhalb des *<body>*-Tags des HTML-Codes integriert werden. Das könnte aussehen, wie nachfolgend dargestellt:

▼ **Canvas Code**

```html
<!DOCTYPE html>
<html>
  <head>
```

---

54 Vgl. fheckl u.a. 2017.

```
  <title>Canvas einbinden</title>
</head>
<body>
  <canvas id="canvas" width="500" height="500">
    <!-- INHALT -->
  </canvas>
</body>
</html>
```

4.7.3   Koordinatensystem

Bevor mit dem Zeichnen und Animieren auf dem Canvas begonnen werden kann, muss ein Blick auf das Koordinatensystem geworfen werden.

Im Rahmen des vorliegenden Buchs wird, wie eingangs beschrieben, ausschließlich der 2D-Kontext betrachtet. Dementsprechend liegt ein zweidimensionales Koordinatensystem zugrunde. Mit Hilfe von x- und y-Koordinaten kann auf dem Canvas pixelgenau gezeichnet werden. Wie auch bei SVG befindet sich der Ursprung (0, 0) in der oberen linken Ecke. Alle weiteren Elemente werden relativ zu diesen Ursprungskoordinaten positioniert.[55]

Diese Art der Positionierung ist überwiegend bei den meisten Programmiersprachen üblich, wie zum Beispiel JavaScript oder Java.

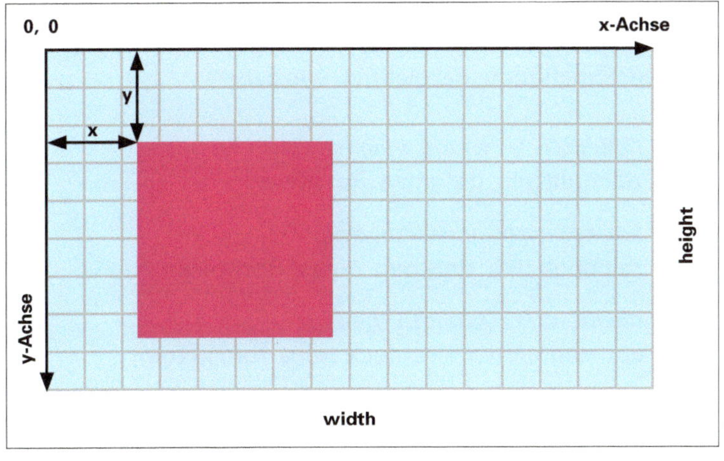

Abbildung 4.45
Koordinatensystem Canvas.

---

55   Vgl. Hawkes 2011, S. 58 f.

4.7.4 Zeichnen mit Canvas

Canvas stellt mehrere Kontexte zum Zeichnen auf dem <canvas>-Element zur Verfügung. Der Standardkontext ist der 2D Kontext. Basierend auf OpenGL ES gibt es darüber hinaus noch WebGL (3D Kontext).[56]

Zuerst ist das Canvas leer. Mit JavaScript wird der Kontext definiert auf welchem gezeichnet werden soll. Das <canvas>-Element hat die Methode *getContext()*, mit welcher der Kontext definiert wird. Diese benötigt nur einen String als Argument, nämlich den Typ des Kontextes. Für 2D-Grafiken lautet dieser String *2d*. Die erste Zeile speichert in der Variablen *canvas* den DOM-Knoten des Canvas mithilfe der *document.getElementById()*-Methode.

Danach wird die *getContext()*-Methode aufgerufen, um den Kontext in der Variablen *ctx* zu speichern. Jedoch nicht nur der Fallback kann die Browser-Kompatibilität prüfen, auch mit JavaScript ist dies möglich. Hier wird die Existenz der *getContext()*-Methode überprüft.

Das Skript enthält die Funktion *draw()*, welche nach dem Laden der Seite ausgeführt wird; dies geschieht durch ein entsprechend definiertes *load*-Ereignis des Dokuments.[57]

Im Gegensatz zu SVG, unterstützt <canvas> nur das Rechteck als einfache geometrische Form. Alle weiteren Formen müssen mit Pfaden gezeichnet werden.

Ein Rechteck kann durch die folgenden drei verschiedenen Funktionen gezeichnet werden:[58]

- ▶ *fillRect(x, y, width, height)*
  zeichnet ein gefülltes Rechteck

- ▶ *strokeRect(x, y, width, height)*
  zeichnet den Rahmen eines Rechtecks

- ▶ *clearRect(x, y, width, height)*
  ein definiertes Rechteck wird transparent

---

56 Vgl. Ackermann 2016, S. 588.

57 Vgl. Hawkes 2011, S. 59 ff.

58 Vgl. Siphalor u.a. 2017.

Alle drei Funktionen haben gemein, dass sie die gleichen Argumente benötigen. Die ersten beiden Positionen beschreiben die Positionierung im Koordinatensystem. *Width* und *height* definieren die Größe des Rechtecks.

▼ **Canvas Code**

```html
<!DOCTYPE html>
<html>
 <head>
  <script type="application/javascript">
    function draw() {
      var canvas = document.getElementById(
                      "canvas");
      if(canvas.getContext){
        var ctx = canvas.getContext("2d");

        ctx.fillStyle = "red";
        ctx.fillRect(50, 50, 200, 200);
      } else {
        alert("Dein Browser unterstützt das
              <canvas>-Element nicht")
      }
    }
  </script>
 </head>
 <body onload="draw();">
   <canvas id="canvas" width="500"
           height="500"></canvas>
 </body>
</html>
```

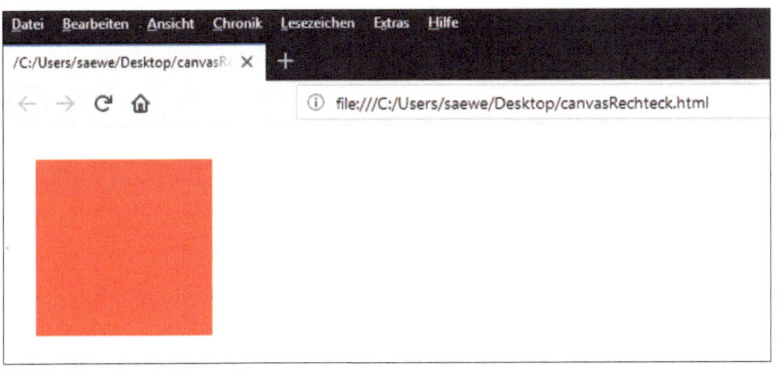

Abbildung 4.46

Darstellung eines mit Canvas gezeichneten Rechtecks im Browser.

4.7.5 Canvas Pfade

Im Bezug auf die Canvas API ist unter einem Pfad eine

„Aneinanderreihung von Koordinaten, die durch Linien miteinander verbunden sind" [59],

zu verstehen. Das Grundprinzip beruht dabei auf folgenden vier Schritten: [60]

1. Beginn des Pfades (*beginPath()*)

2. Zeichnen des Pfades

3. optionales Schließen des Pfades

4. optionales Einfärben des Rahmens, beziehungsweise des Hintergrunds

Wie im nachstehenden Codebeispiel zu sehen ist, beginnt die Grafik mit der Methode *beginPath()*. Diese sorgt für die generelle Erstellung des Pfades. Mittels *moveTo()* wird zwar nichts gezeichnet, allerdings verändert diese Methode die Position des Stiftes, sodass spätere Methoden nicht beim Punkt (*0, 0*) anfangen. Dieser markiert den Startpunkt der Zeichnung. Von dort aus wird über die *lineTo()*-Methoden die eigentliche Grafik gezeichnet. Mit Hilfe von *closePath()* wird der Pfad wieder geschlossen. Dadurch wird automatisch vom letzten Punkt eine schließende Linie zum Startpunkt gezogen. Abschließend wird die gezeichnete Fläche mit der *fill()*-Methode eingefärbt. [61]

▼ **Canvas Code**

```
function draw() {
  var canvas = document.getElementById
      ("canvas");
  if (canvas.getContext) {
```

59 Ackermann 2016, S. 593.
60 Vgl. ebd., S. 593 f.
61 Vgl. Cabanier u.a. 2015.

```
        var d = canvas.getContext("2d");

        d.beginPath();
        d.moveTo(50, 50);
        d.lineTo(300, 75);
        d.lineTo(150, 150);
        d.closePath();
        d.fill();


    }
}
```

Abbildung 4.47
Darstellung eines mit Canvas gezeichneten Dreiecks im Browser.

4.7.6   Kreis zeichnen

Um einen Kreis mittels JavaScript auf dem Canvas zu zeichnen, muss, im Gegensatz zu SVG, wieder ein Pfad erstellt werden. Hierfür gibt es spezielle Methoden, wie zum Beispiel *arc()*. Diese ist ein Teil eines Kreises oder Kreisbogens und erwartet die folgenden fünf Parameter:

1. x-Koordinate

2. y-Koordinate

3. Radius

4. anfänglicher Winkel

5. Endwinkel

Wenn der Kreisbogen gegen den Uhrzeigersinn gezeichnet werden soll, ist optional der Parameter *true* an sechster Position zu ergänzen.

▼ **Canvas Code**

```html
<html>
  <script>
  function draw() {
    var canvas = document.getElementById(
    "canvas");
    if (canvas.getContext) {
      var ctx = canvas.getContext("2d");

      ctx.beginPath();
      ctx.arc(75, 75, 50, 0, Math.PI * 2, true);
      ctx.stroke();
    }
  }
  </script>

  <body onload="draw();">

    <canvas id="canvas" width="150"
            height="150"></canvas>
  </body>
</html>
```

Abbildung 4.48

Darstellung eines mit Canvas gezeichneten Kreises im Browser.

4.7.7 Beispiel: Transformieren

Eine erste Bewegung auf dem Canvas kann beispielsweise durch eine interaktive Transformation erfolgen.

Zu sehen ist in diesem Beispiel die Bitmap-Grafik „smiley.png". Darunter befindet sich der verlinkte Text „Dreh mich weiter!". Klickt der Nutzer auf diesen, so wird die Grafik um 90 Grad gedreht. Bei einem weiteren Klick wird diese um weitere 90 Grad gedreht, so dass sie auf dem Kopf steht.

Über passende Verlinkung wird die JavaScript-Funktion *drawCanvas()* aufgerufen. Der Aufruf dieser Funktion und respektive der Drehung erfolgt erst, wenn der Nutzer aktiv auf den verlinkten Text geklickt hat. Anschließend wird das Canvas-Element über *document.getElementById()* in die Variable *canvas* geladen und gespeichert.

Des Weiteren wird eine neue Variable *img* angelegt, welche die Grafik enthält. Darüber hinaus wird über *img.onload* der (gedrehte) Zustand des Canvas, mittels *function*, als neuer Zustand in die Variable *img* gespeichert. Da es sich im vorliegenden Beispiel um eine zweidimensionale Grafik handelt, wird hier der entsprechende 2D-Kontext festgelegt. Darauf hin wird über *translate* und *rotate* die 90 Grad Drehung des Canvas definiert.

Abschließend wird über *drawImage* die gedrehte Grafik auf dem Canvas ausgegeben. Wie im Code zu sehen ist, wird nicht die Grafik an sich gedreht, sondern das Canvas. Der dafür verantwortliche Code kann wie folgt aufgebaut werden:

Abbildung 4.49

Canvas-Transformation Smiley

▼ **Canvas Code**

```
<!DOCTYPE html>

<html lang="de">
  <head>
    <meta charset="utf-8">
    <meta name="viewport"
          content="width=device-width,
          initial-scale=1.0">
```

```html
<script type="text/javascript">

    if(window.addEventListener) {
      addEventListener("load", drawCanvas,
                            false);
    }
    function drawCanvas() {

      var canvas = document.getElementById
        ("canvas");
      var img = new Image();
      img.onload = function() {
        if(canvas.getContext) {
          var context = canvas.getContext
            ("2d");
          context.translate(200, 0);
          context.rotate(90 * Math.PI/180);
          context.drawImage(img, 0, 0,
                              200, 200);
        }
      }
      img.src = "smiley.png";
    }
  </script>
</head>
<body>

  <canvas id="canvas" width="300"
          height="200">

    Dein Browser kann diese Grafik
    nicht darstellen.

  </canvas>
  <p>
    <a href="javascript:drawCanvas();">
    Dreh mich weiter!
    </a>
  </p>
  </body>
</html>
```

4.7.8 Canvas Animation

Bisher wurde lediglich beschrieben, wie auf dem Canvas generell gezeichnet werden kann. Mit den gezeichneten Elementen lassen sich auch Animationen erstellen. Diese werden ebenfalls mittels JavaScript realisiert. Zu beachten ist die Art und Weise, wie eine Canvas-Animation aufgebaut sein muss.

Wie durch die vorherigen Beispiele transparent erläutert wurde, stellt eine Zeichnung genau ein Bild (Frame) dar. Wie in Kapitel 2 beschrieben, besteht eine Animation jedoch aus vielen Einzelbildern (Frames), die sich durch eine schnelle Bildfolge optisch bewegen zu scheinen. Im Gegensatz zu SVG kann eine auf dem Canvas gezeichnete Grafik nicht nachträglich manipuliert werden. Dies führt dazu, dass jeder einzelne Frame der Animation neu gezeichnet werden muss. Dementsprechend ist folgende Routine zu erkennen:[62]

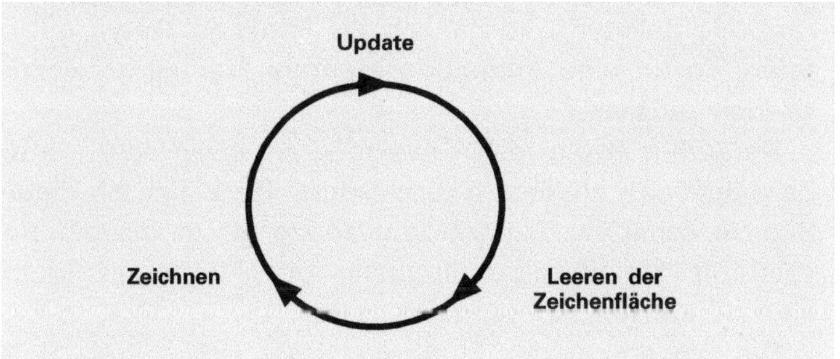

Abbildung 4.50
Canvas-Animation-Routine

Zunächst muss die Zeichenfläche geleert werden. Anschließend wird das neue Bild auf dem Canvas gezeichnet. Ist die Zeichnung fertig gestellt, werden die neuen Parameter für das nächste Bild aktualisiert. Daraufhin wird das Canvas wieder geleert und das nächste Bild gezeichnet. Dieser wiederkehrende Prozess wird solange wiederholt, bis die Animation zu Ende ist. Anhand der beiden nachfolgenden Beispielen wird aufgezeigt, wie eine vollständig automatisch ablaufende Animation (ohne Aktivierung durch den Nutzer) in HTML5-Canvas erstellt werden kann.

---

62 Vgl. Ackermann 2016, S. 607.

4.7.8.1. Beispiel: Kreisendes Flugzeug

Im ersten Beispiel fliegt ein Flugzeug selbstständig um die Erde. Die Flugbahn besteht dabei aus einem Kreis.

Durch die Methode *window.requestAnimationFrame()* erhält der Browser die Anweisung, dass eine Animation abgespielt werden soll und dieser dafür eine entsprechende Funktion aufrufen muss. Diese sorgt dafür, dass die Animationsanweisung vor dem jeweiligen Zeichnen permanent aktualisiert wird.[63]

Dieser Aufruf ist an zwei Stellen notwendig. Zum einen muss dieser innerhalb der aufgerufenen Funktion am Anfang stehen, zum anderen am Ende und außerhalb der Funktion. Damit wird erreicht, dass sich diese kontinuierlich selbst aufruft und so jeweils ein neues Bild gezeichnet wird.

Zu Beginn werden die benötigten Grafiken *Weltkugel* und *Flugzeug* geladen und danach die Funktion *draw()* aufgerufen, da für eine Animation mehrere Frames gezeichnet werden müssen.

Daraufhin erfolgt die Anweisung *ctx.clearRect()* um die Zeichenfläche zu leeren und somit Platz für ein neues Bild zu schaffen. Zur Verdeutlichung ist in diesem Beispiel die kreisförmige Flugbahn des Flugzeuges durch eine dünne Kreiskontur dargestellt.

Die Bewegung des Flugzeugs lässt sich mittels Rotation darstellen, wobei darauf zu achten ist, dass der Rotationspunkt in die Mitte des Canvas verschoben wird. Dies erfolgt durch den Kurzbefehl *ctx.translate(150,150)*.

In der längeren Rotationsanweisung für das Flugzeug wird zum einen die Kreisbewegung und zum anderen die Geschwindigkeit definiert. Hierfür sind zwei Zeitangaben erforderlich. Würde nur *getSeconds()* verwendet werden, so würde das Flugzeug lediglich jede Sekunde ruckartig auf der Kreisbahn weiterbewegt werden. Erst über die Programmierung der Millisekunden wird erreicht, dass dementsprechend mehr Bilder auf dem Canvas gezeichnet werden und die Bewegung dadurch fließend erscheint.

---

63 Vgl. Sheppy u.a. 2017.

Die eingangs erwähnte Methode sorgt außerdem dafür, dass die Animation 60 mal in der Sekunde[64] aktualisiert wird. Daher muss auch dieser Faktor in der Rotationsanweisung berücksichtigt werden.

Abschließend soll das Flugzeug mittig auf der Kontur fliegen. Dementsprechend muss beim Zeichnen durch die Anweisung *ctx.drawImage(plane, -12, -12)* die Positionierung des Flugzeuges etwas nach unten verschoben werden.

▼ **Canvas Code**

```
<!DOCTYPE html>
<html lang=“de“>
  <head>
    <meta charset=“utf-8“>
    <meta name=“viewport“ content=“width=
      device-width, initial-scale=1.0“>
    <title>Titel</title>
    <script type=“text/javascript“>

    var earth = new Image();
    var plane = new Image();

    function init() {
      earth.src = “earth.png“;
      plane.src = “plane.png“;
      window.requestAnimationFrame(draw);
    }

    function draw() {
      var ctx = document.getElementById(
            “canvas“).getContext(“2d“);

      ctx.globalCompositeOperation =
        “destination-over“;
      ctx.clearRect(0, 0, 300, 300);

      ctx.fillStyle = “rgba(0, 0, 0, 0.1)“;
```

Abbildung 4.51
Canvas Animation –
Kreisendes Flugzeug.

---

64 Vgl. Sheppy u.a. 2017.

```javascript
        ctx.strokeStyle = "rgba(0, 0, 0, 0.1)";
        ctx.save();
        ctx.translate(150, 150);

        // plane
        var time = new Date();
        ctx.rotate(((((2 * Math.PI) / 60) *
          time.getSeconds()+((2*Math.PI)/60000) *
          time.getMilliseconds())*20);

        ctx.translate(105, 0);
        ctx.drawImage(plane, -12, -12);
        ctx.restore();

        // plane orbit
        ctx.beginPath();
        ctx.arc(150, 150, 105, 0,
                Math.PI * 2, false);
        ctx.stroke();
        ctx.drawImage(earth, 0, 0, 300, 300);
        window.requestAnimationFrame(draw);
      }
    init();

    </script>
    </head>
  <body>
    <canvas id="canvas" width="300"
            height="300">
            Dein Browser kann diese Grafik
            nicht darstellen.
    </canvas>
  </body>
</html>
```

4.7.8.2. Beispiel: Physikalische Animation

Im vorherigen Beispiel war der Animationsablauf starr definiert. In diesem Beispiel wird die Animation um eine physikalische Komponente erweitert, sodass die Bewegung zufällig abläuft.

Dazu sollen sich zwei verschiedenfarbige Quadrate innerhalb des Canvas frei bewegen. Stößt ein Rechteck auf eine Kante der Zeichenfläche, so prallt es an dieser Stelle wieder zurück. Übertragen in die Realität ist dieses Beispiel mit einem Ballwurf gegen eine Wand in einem sehr kleinen, geschlossenen Raum vergleichbar.

Gestartet wird die Animation durch das Event *.addEventListener(„load")*. Dies führt nun dazu, dass die Funktion *drawCanvas()* unmittelbar startet, nachdem die Seite komplett geladen wurde.

In der daraufhin aufgerufenen Funktion wird die weitere Animation *animate()* aufgerufen. In dieser ist die Physik sowie das Aussehen der beiden Quadrate festgelegt. Die Funktion *drawCanvas* sorgt lediglich dafür, dass ausgehend von den Neuberechnungen aus *animate()* ein jeweils neues Bild auf dem Canvas gezeichnet wird.

Abbildung 4.52
Canvas-Animation –
Physikalische Animation.

Die Funktion *animate()* ist aufgrund ihrer Algorithmen bereits etwas komplexer.

Das Canvas hat eine Gesamtbreite und -höhe von jeweils *200px*. Beide Quadrate besitzen eine Kantenlänge von je *50px*. Wie bereits beschrieben, bewegen sich diese durch den Raum und prallen an den Wänden ab. Dies bedeutet, dass jedem Quadrat folglich 150 Pixel (200 Pixel - 50 Pixel) sowohl in der Breite, als auch in der Höhe zur Verfügung stehen, andernfalls würden sie aus dem sichtbaren Bereich des Canvas verschwinden.

Dementsprechend muss sowohl die x-Position als auch die y-Position für jedes Bild neu bestimmt und geprüft werden. Ist diese kleiner als 150, kann sich das Quadrat in die gleiche Richtung weiter fortbewegen. Entspricht jedoch ein Wert den 150, so hat dies eine Richtungsänderung zur Folge. Dabei wird der entsprechende Wert der Bewegung invertiert. Stößt beispielsweise das Quadrat an die rechte Kante an, so wird der Wert für die Bewegung in x-Richtung von „*1*" auf „*-1*" gesetzt. Dadurch bewegt sich das Objekt von nun an gegenläufig und es entsteht der Eindruck, als würde es von der Kante abprallen. Nach diesem Prinzip wird auch die Bewegung in die y-Richtung gesteuert.

Die gesamte Steuerung eines Quadrates erfolgt hier über $ax = ax + adx$, wobei ax die aktuelle Position des Objektes darstellt und adx die Einheit des nächsten Bewegungsschrittes enthält.

▼ **Canvas Code**

```html
<!DOCTYPE html>

<html lang="de">
  <head>
    <meta charset="utf-8">
    <meta name="viewport" content="width=
      device-width, initial-scale=1.0">

    <title>Titel</title>

    <style>
      canvas{
        border: 1px solid black;
      }
    </style>

    <script type="text/javascript">

      if(window.addEventListener) {
        addEventListener("load", drawCanvas,
                      false);
      }

      function drawCanvas() {
        var canvas = document.getElement
                    ById("canvas");
        if(canvas.getContext) {
          var context = canvas.getContext("2d");
          animate(context, 31, 69, 1, -1,
                8, 25, 1, 1);
        }
      }

      function animate(context, ax, ay, adx,
                      ady, bx, by, bdx, bdy){
```

```javascript
setTimeout(function() {
//Bewegen und Abprallen für Quadrat A
if(ax == 150) {
   adx = -1;
}
else {
   if(ax == 0) {
      adx = 1;
   }
}
if(ay == 150) {
   ady = -1;
}
else {
   if(ay == 0) {
       ady = 1;
   }
}
ax = ax+adx;
ay = ay+ady;

//Bewegen und Abprallen für Quadrat B
if(bx == 150) {
   bdx = -1;
}
else {
   if(bx == 0) {
      bdx = 1;
   }
}
if(by == 150) {
   bdy = -1;
}
else {
   if(by == 0) {
      bdy = 1;
   }
}

bx = bx+bdx;
by = by+bdy;
```

```
                // Alles neu zeichnen
                context.clearRect(0, 0, 200, 200);
                context.fillStyle = "rgba(0, 0,
                                    255, 0.5)";
                context.fillRect(ax, ay, 50, 50);
                context.fillStyle = "rgba(0, 255,
                                    0, 0.5)";
                context.fillRect(bx, by, 50, 50);
                self.animate(context, ax, ay, adx,
                            ady, bx, by, bdx, bdy);
            }, 0);
        }

    </script>
    </head>
    <body>


        <canvas id="canvas" width="200"
                height="200">
                Dein Browser kann diese Grafik
                nicht darstellen.
        </canvas>


    </body>
    </html>
```

4.7.9 Responsive Canvas

Canvas ist im Gegensatz zu SVG primär pixelbasiert. Dementsprechend erscheint hierbei eine qualitätsneutrale Skalierung zunächst unmöglich. Allerdings lässt sich die Canvas-Größe vor der Generierung der Inhalte dynamisch auf unterschiedliche Zielgrößen anpassen. Somit eignet sich auch Canvas für responsive Darstellungen.

Wie bereits beschrieben, bestehen die auf dem Canvas gezeichneten Elemente aus genauen Pixelangaben. Für ein responsives Verhalten dürfen hierfür allerdings keine absoluten Pixelwerte für Breite, Höhe und Position verwendet werden, sondern nur relative Angaben.

Über ein entsprechendes Skript wird die Größe des Canvas ermittelt. Daraus werden die entsprechenden Faktoren abgeleitet und mit den Variablen multipliziert. Dementsprechend wird sich so das Canvas samt Inhalt responsive verhalten. Die Breitenangabe lässt sich hierbei noch vergleichsweise unkompliziert über CSS steuern.

▼ **Responsive CSS-Angaben für die Breite des Canvas**

```
#canvas{
  width: 100%;
}
```

Die Berechnung der daraus resultierenden neuen Höhe ist dahingegen schon etwas komplizierter. Dazu kann das Snippet des Webentwicklers „valepu" benutzt werden.

▼ **Dieses Snippet von valepu sorgt für ein responsives Canvas**[65]

```
<script>
  function resize(){
    $("#canvas").outerHeight($(window).height()-
    $("#canvas").offset().top-
    Math.abs($("#canvas").outerHeight(true)-
    $("#canvas").outerHeight()));
  }
  $(document).ready(function(){
    resize();
    $(window).on("resize", function(){
      resize();
    });
  });
</script>
```

Abschließend ist festzuhalten, dass responsive Grafiken mit Canvas zwar möglich sind, der Aufwand hierfür kann allerdings vergleichsweise hoch und komplex sein.

---

65 valepu 2016.

4.7.10 Canvas-Tools

Wie vorstehend erläutert, kann es sehr schnell komplex werden, wenn umfangreiche Grafiken oder Animationen händisch auf Basis von Scripting auf einem Canvas gezeichnet werden sollen. Zudem sind hierfür fortgeschrittene Programmierkenntnisse in JavaScript erforderlich.

Auch für eine Canvas-Animation gibt es Tools, mit Hilfe derer eine Grafik oder Animation mittels einer grafischen Oberfläche erstellt werden kann. Dies ist sicherlich für Diejenigen besonders geeignet, welche über keine ausreichenden JavaScript-Kenntnisse verfügen.

4.7.10.1. Adobe Animate CC

Dies ist der offizielle Nachfolger von Adobe Flash. Dementsprechend ist auch die Oberfläche gestaltet. Auf einer Bühne werden alle benötigten Elemente platziert und über eine Timeline animiert. Dies könnte sicherlich ehemaligen Nutzern von Flash gefallen, da eine Umgewöhnung an das neue Programm relativ einfach erscheint.

Das Ergebnis kann danach als HTML5-Datei exportiert werden. Dieses beinhaltet ein <*canvas*>-Tag, welches mittels JavaScript entsprechend manipuliert wird.

Abbildung 4.53

Adobe Animate

4.7.10.2. Radi

Radi ist ein Werkzeug zum Erstellen von Animationen, Videos und Echtzeitgrafiken für das moderne Web. Das Programm unterstützt individuell gezeichnete Vektorgrafiken, welche anschließend animiert werden können. Das Ergebnis wird auch hier als HTML5-Datei exportiert. Allerdings ist Radi ausschließlich mit Mac OS X kompatibel.

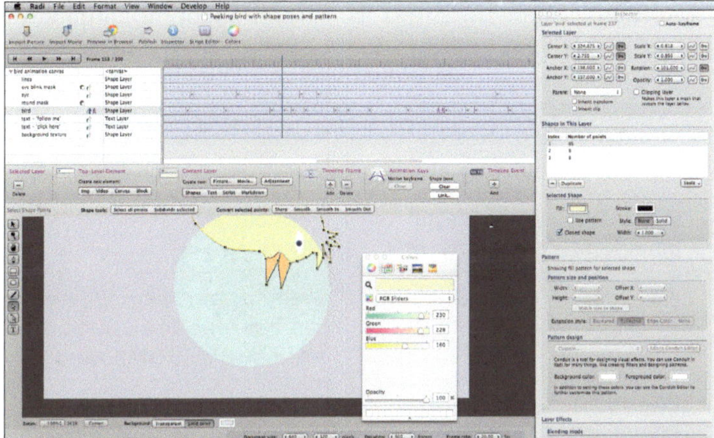

Abbildung 4.54
Canvas-Editor Radi

4.7.11 Unterschiede zwischen SVG und Canvas

Wie anhand der Codebeispiele ersichtlich ist, unterscheiden sich SVG und Canvas in vielen Bereichen.

SVG stellt eine Sprache zum Beschreiben von 2D-Grafiken in XML dar.

Canvas hingegen zeichnet 2D-Grafiken im laufenden Betrieb (*on the fly*) mittels JavaScript. Das bedeutet, dass die Grafik jedesmal per Script neu gezeichnet wird, wohingegen bei SVG die Grafik bereits zuvor definiert ist.

SVG basiert auf XML, was bedeutet, dass jedes Element innerhalb des SVG-DOM verfügbar ist. Dies liegt daran, dass jede gezeichnete Form als Objekt gespeichert wird. Wenn Attribute eines SVG-Objekts geändert werden, kann der Browser die Form automatisch neu rendern. Dadurch können die einzelnen Elemente nachträglich gezielt angesprochen und manipuliert, oder über JavaScript, ein Ereignishandler angehängt werden.

Dem gegenüber wird Canvas Pixel für Pixel gerendert. Sobald die Grafik in Canvas gezeichnet wurde, ist sie vom Browser auch schon wieder vergessen. Wenn anschließend die Position der Zeichnung geändert werden soll, muss die gesamte Grafik auf dem Canvas neu gezeichnet werden. Dies bezieht auch alle Objekte mit ein, die möglicherweise von der Grafik abgedeckt wurden.

Die nachstehende Tabelle basiert auf einer Dokumentation von Microsoft[66] und veranschaulicht nochmals die wichtigsten Unterschiede zwischen Canvas und SVG:

Canvas	SVG
Auflösungsabhängig	Auflösungsunabhängig
Pixelbasiert (dynamisch generierte PNG-Grafiken)	Formbasiert
Einzelnes HTML-Element	Mehrere grafische Elemente, die Teil des Dokumentobjektmodells (DOM) werden
Ereignismodell/Benutzerinteraktion ist präzise (x, y)	Ereignismodell/Benutzerinteraktion ist allgemeiner (rect, path)
Schlechte Text Rendering-Funktionen	Bestens geeignet für Anwendungen mit großen Rendering-Bereichen (z.B. Google Maps)
Das resultierende Bild kann als .png oder .jpg gespeichert werden	Langsames Rendering wenn komplex
Nur durch Skript manipulierbar	Durch Skript und CSS manipulierbar
Die Leistung ist bei kleineren Oberflächen, einer größeren Objektanzahl (>10T), oder bei beiden besser	Die Leistung ist bei einer größeren Oberfläche, einer kleineren Objektanzahl (<10T), oder bei beiden besser

---

66 Vgl. Microsoft Corporation o.J.

Wie der Tabelle zu entnehmen ist, kann ein wichtiges Auswahlkriterium die Performance sein. Ist die Bildschirmgröße sehr groß, benötigt Canvas eine deutlich längere Zeit um die Grafik zu zeichnen. Der Grund liegt darin, dass Canvas Pixel für Pixel zeichnen muss und deren Anzahl mit zunehmender Displaygröße automatisch ansteigt.

Besteht die Grafik jedoch aus sehr vielen verschiedenen Objekten, scheint Canvas einen Vorteil gegenüber SVG zu haben.

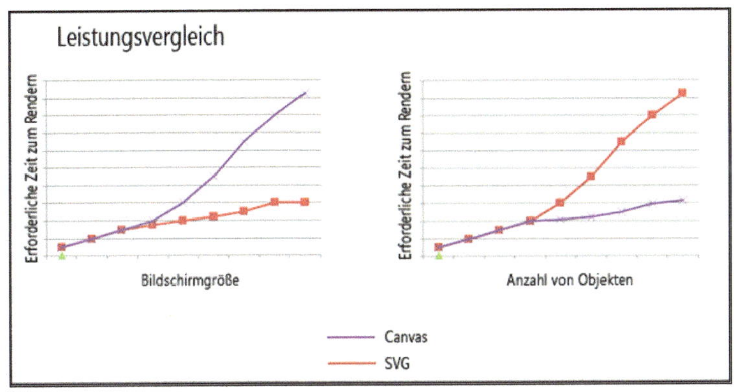

Abbildung 4.55

Leistungsvergleich SVG – Canvas

SVG scheint sich besonders für stilisierte, einfach gehaltene, illustrative Animationen zu eignen, welche primär keine Pixel-Grafiken verwenden. Wie dargestellt, führt dies in der Regel auch zu Performance-Vorteilen.

Sollen allerdings im Rahmen der Animationen primär Pixelgrafiken Verwendung finden, scheint Canvas das Mittel der Wahl zu sein.

Dementsprechend liegt es nahe, für jede Situation oder Herausforderung, individuell zu prüfen, welches Format für den jeweiligen Anwendungsfall am geeignetsten ist.

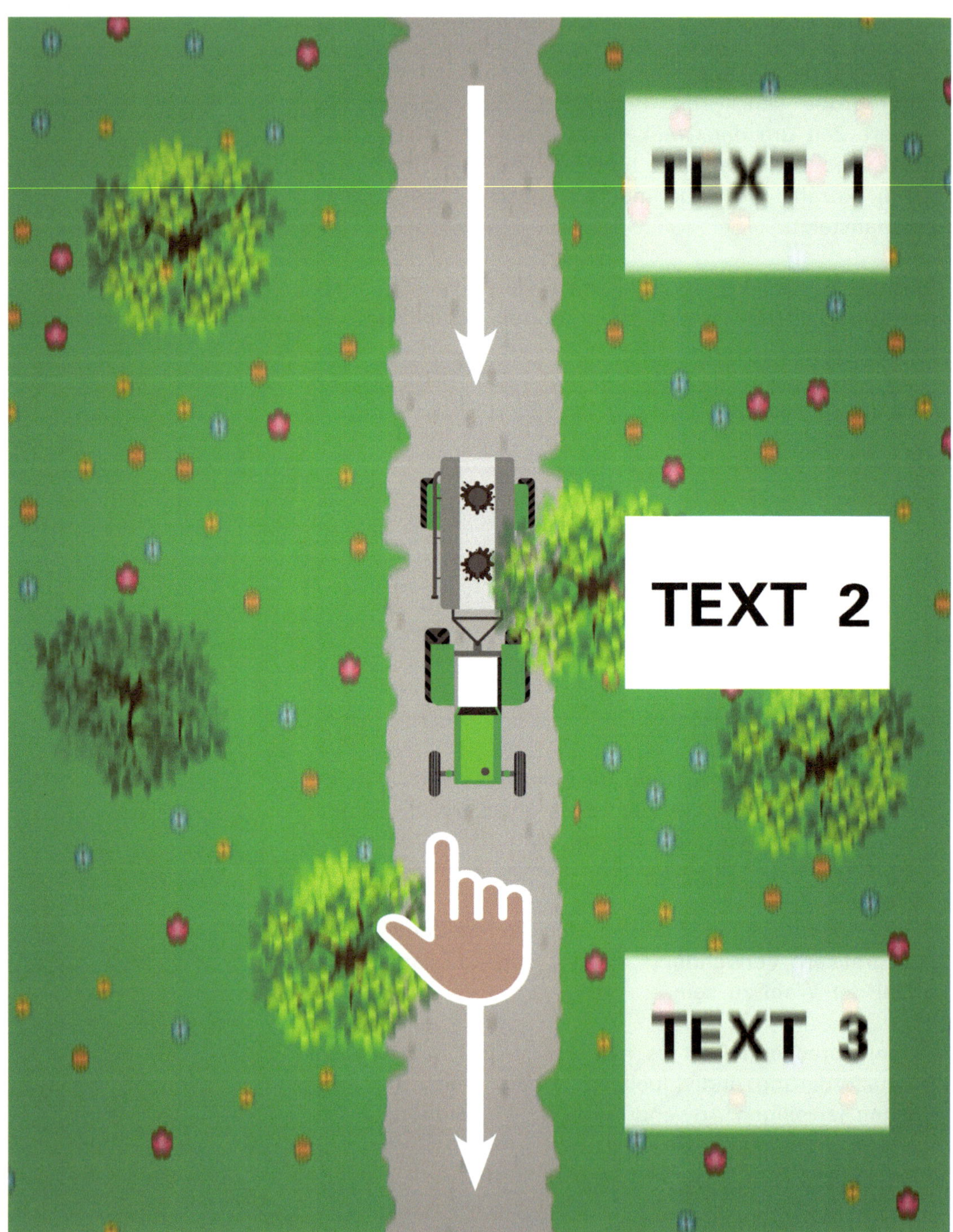

Abbildung 4.56

Der Nutzer steuert den Ablauf der Animation durch scrollen/wischen. Abhängig von seiner Aktivität werden dabei Elemente beispielsweise ein- und ausgeblendet.

4.8 Scroll-activated animations

Als scroll-activated animations werden Animationen bezeichnet, die erst dann ablaufen, wenn der Nutzer zu diesen gescrollt hat.[67] Das bedeutet, dass die Animation nicht automatisch mit dem Laden der Seite beginnt, sondern erst startet, wenn sich diese im Sichtbereich des Nutzers befindet. Dadurch können Elemente zum Beispiel nach und nach mit verschiedenen Effekten erscheinen.

Für diese Funktionalität wird ein JavaScript benötigt, mit welchem die aktuelle Scroll-Höhe ermittelt werden kann. Dies könnte, zum Beispiel mit jQuery gescriptet, wie nachfolgend dargestellt aussehen:

▼ **jQuery Code zur Ermittlung der Scroll-Höhe**

```javascript
$(document).ready(function()) {

  $(window).scroll(function(event){
    var x = $(this).scrollTop();
    if (x >= 500) {
      $("#element").addClass("animate");
    }
  });

});
```

Die erste Zeile des Skripts sorgt dafür, dass das HTML-Dokument über *$(document)* als Objekt ansprechbar ist. Die *ready()*-Methode sowie die *function()* sorgen dafür, dass das Skript erst dann ausgeführt wird, wenn das DOM vollständig geladen wurde.

In der nächsten Zeile wird nun ein Event initialisiert, welches sich automatisch auf das Scrollen meldet. Registriert dieses das Scrollen, wird in der nächsten Zeile über *scrollTop()* die aktuelle Scroll-Höhe in Pixel erfasst und in der Variablen *x* gespeichert.

---

67 Vgl. Hahn 2017, S. 687.

Daraufhin wird in der *if*-Bedingung abgeprüft, ob die Scroll-Höhe gleich oder größer 500 ist. Ist dies der Fall, wird die darin enthaltene Anweisung ausgeführt. Diese hat zur Folge, dass der <*div*> mit der ID *element* eine Klasse hinzugefügt wird. Über diese Klasse kann nun ein erweitertes CSS-Verhalten herbeigeführt werden.

Ist das Element ohne Klasse beispielsweise außerhalb des Viewports platziert, kann dieses, wie bereits bekannt, über die temporär fehlende *.animate*-Klasse (→ „Ursprungs-Zustand") die Position und den Zustand ändern. Der Übergang von einem Zustand zum anderen kann zum Beispiel, wie zu Beginn dieses Kapitels beschrieben, mit CSS animiert werden.

Ein sehr nützliches Framework für die Entwicklung von scoll-activated animations ist ScrollMagic. Dieses funktioniert prinzipiell nach der gleichen Vorgehensweise wie im obigen Beispiel gezeigt, verfügt aber über einige weitere Funktionen:[68]

- ▶ Optimierte Leistung
- ▶ Flexibilität und Erweiterbarkeit
- ▶ Kompatibilität auch mit mobile Web
- ▶ Event Management
- ▶ Unterstützung für responsives Webdesign
- ▶ Scroll-Möglichkeit innerhalb von (multiplen) Divisions
- ▶ Objektorientierte Programmierung und Objektverkettung
- ▶ Unterstützung für beide Bildlaufrichtungen (sogar unterschiedlich auf der selben Seite)
- ▶ Debugging-Extension

---

68 Vgl. Paepke 2015a.

In der aktuellen Version v2.0.5 verzichtet das Framework auf die Abhängigkeiten zu GSAP und jQuery und ist jetzt Stand-alone. Dies führte unter anderem dazu, dass die Dateigröße komprimiert mit sechs Kilobyte sehr klein gehalten werden konnte.[69]

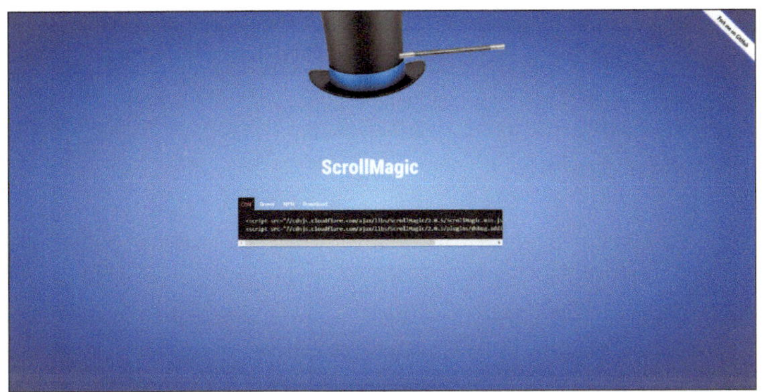

Abbildung 4.57
ScrollMagic

URL zum Beispiel
https://scrollmagic.io

Auch für die Animationen, die auf reinem CSS basieren, gibt es Bibliotheken mit bereits vorgefertigten Animationen. Ein Vertreter hierfür ist die CSS-Library *animate.css*.

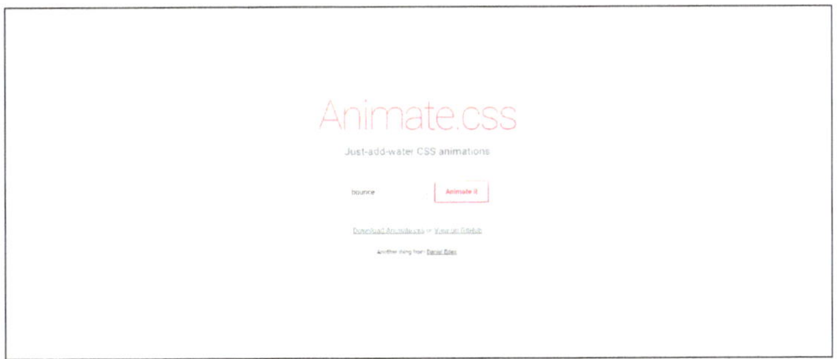

Abbildung 4.58
Animate.css

URL zum Beispiel
https://daneden.github.
io/animate.css

Diese wird wie eine normale CSS-Datei in die HTML-Datei über den *<link>*-Tag eingebunden. Anschließend wird das zu animierende Element mit einer *.animated*-Klasse, gefolgt vom Klassennamen des gewünschten Effektes, versehen.

```html
<div class="box animated fadeInLeft">...</div>
```

---

69 Vgl. Paepke 2015b.

4.9 Tools für Digital Storytelling-Websites

Wie auf den vorangegangenen Seiten zu sehen, ist die individuelle Entwicklung von Digital Storytelling-Websites mit derartigen Features recht aufwändig. Mittlerweile gibt es aber auch hierfür entsprechende Tools und Content Management Systeme (CMS), die das Erstellen entsprechender Websites deutlich vereinfachen.

4.9.1 Pageflow

Diese Open-Source-Software und Publishing-Plattform für Multimedia-Storytelling wurde gemeinschaftlich mit dem WDR für den digitalen Journalismus entwickelt.[70] Mit Hilfe dieses Tools können ohne Programmierkenntnisse responsive Scrollytelling-Websites erstellt werden. Dabei können Texte, Fotos, Video- und Audiodateien mit interaktiven Elementen, wie zum Beispiel 360 Grad Videos, Infografiken, variablen Storylines und Hotspots zu komplexen Erzählungen arrangiert werden.[71]

Als Open-Source-Software ist die Nutzung des Codes kostenfrei. Daneben werden auch kostenpflichtige Angebote mit entsprechendem Hosting-Service angeboten.

4.9.2 Shorthand

Ein weiteres Tool für Digital-Storytelling ist Shorthand. Dieses wirbt mit der Aussage, dass *„The world's most successful storytelling teams use Shorthand"* (*„Die erfolgreichsten Storytelling-Teams der Welt verwenden Shorthand"*). Unter den Nutzern befinden sich namhafte Kunden, wie zum Beispiel BBC, Telegraph oder The Guardian.

Auch dieses Tool ist auf Scrollytelling-Websites fokussiert und bietet ein umfangreiches Baukastensystem an. Shorthand scheint im direkten Vergleich zu Pageflow mehr Möglichkeiten zu bieten, ist aber nicht kostenlos.

---

70 Vgl. Codevise Solutions Limited o. J.
71 Vgl. ebd.

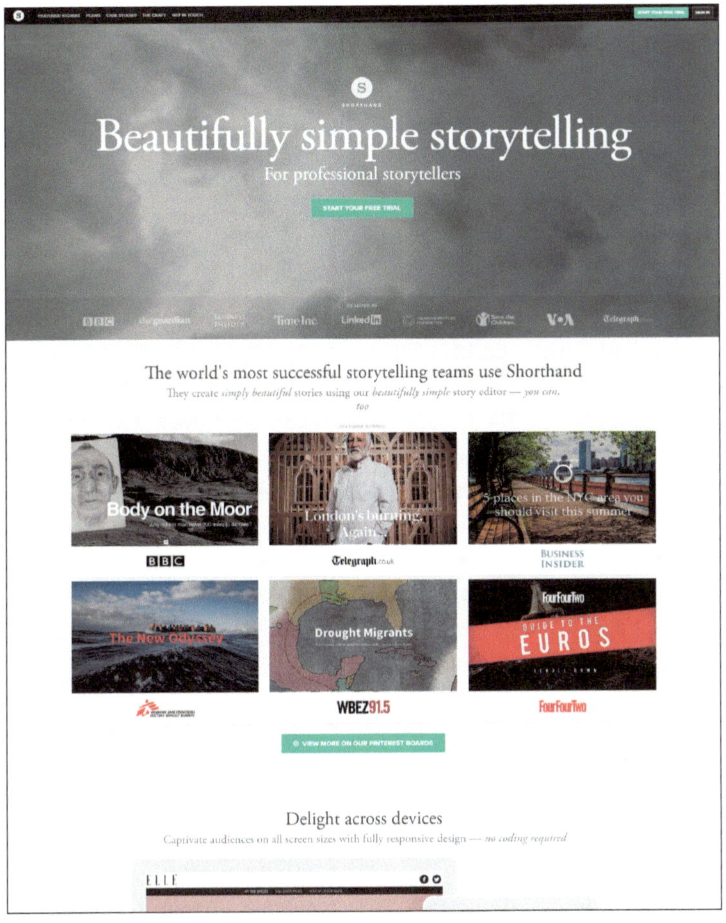

Abbildung 4.59
Shorthand

4.9.3 Storyform

Storyform lehnt sich beim Layout im Vergleich zu den bereits genannten Tools eher an Print Publikationen an. So sind Texte beispielsweise nicht einspaltig, sondern über mehrere Spalten nebeneinander gesetzt.

Darüber hinaus bietet das Tool eine Schnittstelle zur Wordpress-Integration, lässt sich aber auch mit anderen Content Management Systemen nutzen.

Neben den hier aufgeführten Lösungen bietet der Markt auch noch weitere an, wie beispielsweise klynt, thinglink, Adobe Spark, keeeb und Linius, die jedoch teils weniger dem Konzept der scroll-activated animation folgen.

Literaturverzeichnis

Ackermann, Philip (2016): JavaScript. Das umfassende Handbuch. Bonn: Rheinwerk Verlag GmbH

Adobe Systems Software Ireland Limited (2017a): HTML5 Canvas-Dokumente in Animate CC erstellen und veröffentlichen. Online im Internet unter: https://helpx.adobe.com/de/animate/using/creating-publishing-html5-canvas-document.html (23.12.2017)

Adobe Systems Software Ireland Limited (2017b): Erstellen und Veröffentlichen eines WebGL-Dokuments. Online im Internet unter: https://helpx.adobe.com/de/animate/using/creating-publishing-webgl-document.html (23.12.2017)

Blake, Julia (2015): Animation in Web Design: Why and When to Use. Online im Internet unter: https://line25.com/articles/animation-web-design-why-and-when-to-use (23.12.2017)

Böhringer, Joachim / Bühler, Peter / Schlaich, Patrick / Sinner, Dominik (2014): Kompendium der Mediengestaltung II. Medientechnik 6., überarb. u. erw. Aufl. Heidelberg: Springer Vieweg

Bruni, Ezequiel (2015): The ultimate guide to web animation. Online im Internet unter: https://www.webdesignerdepot.com/2015/05/the-ultimate-guide-to-web-animation/ (27.12.2017)

Cabanier, Rik / Mann, Jatinder / Munro, Jay / Wiltzius, Tom / Hickson, Ian (2015): HTML Canvas 2D Context. Online im Internet unter: https://www.w3.org/TR/2dcontext/ (24.12.2017)

Clark, Keith (2015): Pure CSS Parallax Websites. Online im Internet unter: https://keithclark.co.uk/articles/pure-css-parallax-websites/ (23.12.2017)

Codevise Solutions Limited (o. J.): Pageflow. Online im Internet unter: https://pageflow.io/de/ (24.12.2017)

Dahlström, Erik / Dengler, Patrick / Grasso, Anthony / Lilley, Chris / McCormack, Cameron / Schepers, Doug / Watt, Jonathan (2011a): Coordinate Systems, Transformations and Units. Online im Internet unter: https://www.w3.org/TR/SVG11/coords.html (23.12.2017)

Dahlström, Erik / Dengler, Patrick / Grasso, Anthony / Lilley, Chris / McCormack, Cameron / Schepers, Doug / Watt, Jonathan (2011b): Document Structure. Online im Internet unter: https://www.w3.org/TR/SVG/struct.html (23.12.2017)

Dahlström, Erik / Dengler, Patrick / Grasso, Anthony / Lilley, Chris / McCormack, Cameron / Schepers, Doug / Watt, Jonathan (2011c): Basic Shapes. Online im Internet unter: https://www.w3.org/TR/SVG11/shapes.html (23.12.2017)

Dahlström, Erik / Dengler, Patrick / Grasso, Anthony / Lilley, Chris / McCormack, Cameron / Schepers, Doug / Watt, Jonathan (2011d): Filter Effects. Online im Internet unter: https://www.w3.org/TR/SVG11/filters.html#feTurbulenceElement (23.12.2017)

Ertel, Andrea / Laborenz, Kai (2017): Responsive Webdesign. Konzepte, Techniken, Praxisbeispiele. 3., aktualisierte und erweiterte Auflage. Bonn: Rheinwerk Verlag GmbH

fheckl / FelixLehmann / P5ych0 / teoli / Leun4m / medium-endian / pixunil (2017): Grundlagen Canvas. Das <canvas> Element. Online im Internet unter: https://developer. mozilla.org/de/docs/Web/Guide/HTML/Canvas_ Tutorial/Grundlagen (23.12.2017)

Hawkes, Rob (2011): Foundation HTML5 Canvas. For Games and Entertainment. Berkeley: Apress

Hahn, Martin (2017): Webdesign. Das Handbuch zur Webgestaltung. 2., aktualisierte Auflage. Bonn: Rheinwerk Verlag GmbH

Hellwig, Jonas (2017): SVG-Grafiken in Websites/HTML-Seiten einbinden. Online im Internet unter: https://blog.kulturbanause.de/2017/02/ svg-grafiken-in-websiteshtml-seiten-einbinden/ (23.12.2017)

Lewis, Paul / Irish, Paul (2013): High Performance Animaitons. Online im Internet unter: https://www.html5rocks.com/en/tutorials/speed/ high-performance-animations/ (27.12.2017)

Meinel, Christoph / Sack, Harald (2004): WWW. Kommunikation, Internetworking, Web-Technologien. Berlin/Heidelberg: Springer-Verlag

Microsoft Corporation (o. J.): So wird's gemacht: Auswählen zwischen SVG und Canvas. Online im Internet unter: https://msdn. microsoft.com/de-de/library/gg193983(v=vs.85). aspx (24.12.2017)

Müller, Peter (2013): Flexible Boxes. Eine Einführung in moderne Websites. Bonn: Galileo Press

Niegemann, Helmut M. / Domagk, Steffi / Hessel, Silvia / Hein, Alexandra / Hupfer, Matthias / Zobel, Annett (2008): Kompendium multimediales Lernen. Berlin/Heidelberg: Springer-Verlag

Paepke, Jan (2015a): ScrollMagic. Online im Internet unter: http://scrollmagic.io (24.12.2017)

Paepke, Jan (2015b): ScrollMagic v2.0.5. Documentation. Online im Internet unter: http:// scrollmagic.io/docs/index.html (24.12.2017)

Pomaska, Günter (2012): Webseiten-Programmierung. Sprachen, Werkzeuge, Entwicklung. Wiesbaden: Springer Vieweg

Riempp, Roland (2014): Multimedialität und Interaktivität. Folientext zur Vorlesung Animation. Sommersemester 2016. Offenburg: Hochschule Offenburg (Fakultät Medien- und Informationswesen), unveröffentlicht

Rouet, Jean-François / Lowe, Richard / Schnotz, Wolfgang (2008): Understanding Multimedia Documents: An Introduction. In: Rouet, Jean-François / Lowe, Richard / Schnotz, Wolfgang (Hrsg.): Understanding Multimedia Documents. Boston: Springer Science + Business Media, LLC, S.1-14

Rouet, Jean-François / Lowe, Richard / Schnotz, Wolfgang (Hrsg.) (2008): Understanding Multimedia Documents. Boston: Springer Science + Business Media, LLC

Sheppy, fvsch, chrisdavidmills, pdkovacs, jstewart8053, frosas, beaucarnes, DearVikki, mgold, nmve, elmstfreddie, henryzhu, jelle-brouwer, phistuck, jpmedley, teoli, fscholz, DomenicoDeFelice, Jeremie, stevekinney, fox-brush, Thomas-Brierley, while0pass, dviramon-tes, Nevraeka, Bzbarsky, Debloper, dbruant, emersonveenstra, jkff, Kubo2, ScottMichaud, kirbysayshi, silverwind, alistairmcmillan, micha-eltherobot, riophae, erik.brannstrom, evilpie, mdrejhon, gbr, WGH, justin.self, inglor, ether-tank, anton, ziyunfei, PikadudeNo1, MTonly, brianblakely, m_gol, fusionchess, Josiah, TitanNano, eikes, dgash, JaredWein, Cutenes-sOverload, Krusty, ebidel, soswow, paul.irish, myakura, louisremi, Hsivonen, kathyw (2017): window.requestAnimationFrame(). Online im Internet unter: https://developer.mozilla.org/de/docs/Web/API/Window/requestAnimationFrame (23.12.2017)

Siphalor / teoli / Leun4m / thedaft / pixunil (2017): Formen zeichnen mit Canvas. Online im Internet unter: https://developer.mozilla.org/de/docs/Web/Guide/HTML/Canvas_Tutorial/Formen_zeichnen (23.12.2017)

Storey, Dudley (2012): Pro CSS3 Animation. Berkeley: Apress

Tandler, Markus (2017): Parallax Scrolling. Online im Internet unter: https://de.ryte.com/wiki/Parallax_Scrolling (23.12.2017)

valepu (2016): To change width is not that hard [Blog-Kommentar, 9:00 Uhr]. In: How to make canvas responsive. [Stack Overflow], online im Internet unter: https://stackoverflow.com/questions/34772957/how-to-make-canvas-res-ponsive (24.12.2017)

w3schools (o. J.): How TO – Parallax Scrolling. Online im Internet unter: https://www.w3schools.com/howto/howto_css_parallax.asp (23.12.2017)

Wehmeier, Sally / McIntosh, Colin / Turnbull, Joanna / Ashby, Michael (2005): Oxfod Advan-ced Learner's Dictionary of Current English. Oxford: Oxford University Press

Willmann, Helmut / Türck, Gisela / Messinger, Heinz (2002): Langenscheidt Taschenwörterbuch Englisch. Berlin/München: Langenscheidt-Redaktion

Wiltzius, Tom / Kokkevis, Vangelis / Chrome Graphics team (2014): GPU Accelerated Com-positing in Chrome. Online im Internet unter: https://www.chromium.org/developers/design-do-cuments/gpu-accelerated-compositing-in-chrome (23.12.2017)

Zaglov, Ilja (2014): Parallax Scrolling: 30 schi-cke Beispiele des Webdesign-Trends. Online im Internet unter: https://t3n.de/news/paral-lax-scrolling-beispiele-423046/ (23.12.2017)

Abbildungsverzeichnis

4.1: Ladezeit beeinflusst Bouncerate
(https://www.thinkwithgoogle.com/marke-
ting-resources/data-measurement/mobile-pa-
ge-speed-new-industry-benchmarks/,
abgerufen am 09.12.2017)

4.2: CSS3-Befehl transform: skew

4.3: CSS3-Befehl transform: rotate

4.4: CSS3-Befehl transform-origin

4.5: CSS3-Befehl transform: scale

4.6: transform: rotate statisch

4.7: transform: rotate dynamisch mit hover

4.8: CSS3-transform Performancetest
(https://www.youtube.com/watch?-
v=-62uPWUxgcg,
Screenshot erstellt am 08.12.2017)

4.9: Moving div-Element

**4.10: Moving div-Element – Zwischentransfor-
mationen**

**4.11: Zeitdiagramm einer kombinierten CSS3 -
Animation**

4.12: Aufbau Parallax Scrolling Effekt
(© depositphotoes / MrDeymos, bearbeitet von
Säwert u. Riempp,
abgerufen am 22.07.2019)

**4.13: Parallax Scrolling Effekt als unüberseh-
bare Werbeform**

4.14: SVG Browser Support
(https://caniuse.com/#feat=svg,
Screenshot erstellt am 06.12.2017)

4.15: Vektor- vs. Bitmap-Grafik
(Abbildung nach https://design2enjoy.de/wp-con-
tent/uploads/2016/01/vektorgrafik.jpg)

4.16: SVG als inline-Grafik

4.17: SVG im img-Tag

4.18: SVG Koordinatensysteme

**4.19: SVG-viewBox hat die gleichen Maße wie
das SVG-Canvas**
(https://www.sarasoueidan.com/demos/interacti-
ve-svg-coordinate-system/,
Screenshot erstellt am 15.12.2017)

**4.20: SVG-view-Box halb so groß wie das
SVG-Canvas**
(https://www.sarasoueidan.com/demos/interacti-
ve-svg-coordinate-system/,
Screenshot erstellt am 15.12.2017)

4.21: PreserveAspect-Ratio deaktiviert
(https://www.sarasoueidan.com/demos/interacti-
ve-svg-coordinate-system/,
Screenshot erstellt am 15.12.2017)

4.22: PreserveAspect-Ratio gesetzt
(https://www.sarasoueidan.com/demos/interacti-
ve-svg-coordinate-system/,
Screenshot erstellt am 15.12.2017)

4.23: Veränderte preserveAspectRadio-Werte
(https://www.sarasoueidan.com/demos/interacti-
ve-svg-coordinate-system/,
Screenshot erstellt am 15.12.2017)

4.24: SVG-Kreis
(Screenshot erstellt am 15.12.2017)

4.25: SVG-Ellipse
(Screenshot erstellt am 15.12.2017)

4.26: SVR-Rechteck
(Screenshot erstellt am 15.12.2017)

4.27: SVG-Linie
(Screenshot erstellt am 15.12.2017)

4.28: SVG-Linien
(Screenshot erstellt am 15.12.2017)

4.29: SVG-Polyline
(Screenshot erstellt am 15.12.2017)

4.30: SVG-Dreieck
(Screenshot erstellt am 15.12.2017)

4.31: SVG-Stern
(Screenshot erstellt am 15.12.2017)

4.32: SVG-Farbverlauf
(Screenshot erstellt am 15.12.2017)

4.33: SVG-Rotation mit verschobenem Pivotpunkt
(Screenshot erstellt am 15.12.2017)

4.34: SVG-Element mit Filter
(Screenshot erstellt am 15.12.2017)

4.35: SVG-Element ohne Filter
(Screenshot erstellt am 15.12.2017)

4.36: Caniuse SVG-Effekte
(https://caniuse.com/#feat=svg-html,
Screenshot erstellt am 06.12.2017)

4.37: Vektorgrafik in Illustrator

4.38: Exportierte Vektorgrafik im Browser

4.39: Animationsablauf der animierten Scheren-Vektorgrafik

4.40: Adobe Illustrator
(Enthält Elemente von Freepik)

4.41: SVG Circus
(http://svgcircus.com/,
Screenshot erstellt am 17.12.2017)

4.42: SVGator
(https://www.svgator.com/,
Screenshot erstellt am 17.12.2017)

4.43: Snap.svg
(http://snapsvg.io/,
Screenshot erstellt am 17.12.2017)

4.44: Caniuse Canvas
(https://caniuse.com/#feat=canvas,
Screenshot erstellt am 16.12.2017)

4.45: Koordinatensystem Canvas

4.46: Canvas-Rechteck

4.47: Canvas-Dreieck

4.48: Canvas-Kreis

4.49: Canvas-Transformation Smiley

4.50: Canvas-Animation-Routine

4.51: Canvas Animation – Kreisendes Flugzeug
(Enthält Elemente von Freepik)

4.52: Canvas-Animation - Physikalische Animation

4.53: Adobe Animate
(Screenshot erstellt am 23.12.2017)

4.54: Radi
(http://radiapp.com/images/radi_20120118_bird_ color.png,
abgerufen am 23.12.2017)

4.55: Leistungsvergleich SVG – Canvas
(https://msdn.microsoft.com/de-de/library/ gg193983(v=vs.85).aspx,
abgerufen am 23.12.2017)

4.56: Exemplarische Darstellung einer scroll-activated animation

4.57: ScrollMagic
(http://scrollmagic.io/,
Screenshot erstellt am 20.12.2017)

4.58: Animate.css
(https://daneden.github.io/animate.css/,
Screenshot erstellt am 20.12.2017)

4.59: Shorthand
(https://shorthand.com/,
Screenshot erstellt am 20.12.2017)

5

Demoprojekt

In diesem Kapitel soll eine Digital Storytelling Website mit scroll-activated-animations in Form eines Demoprojekts Schritt für Schritt umgesetzt werden.

Als Szenario für diese Umsetzung soll das Prinzip eines Bioenergiedorfs dienen. Ein solches Energiedorf erzeugt seine Energie überwiegend selbst aus Biomasse.

Die Herausforderung besteht nun darin, den primär technisch nüchternen Sachverhalt, vergleichbar mit einem Wikipedia-Eintrag, anschaulicher und erlebbarer zu gestalten.

Zu diesem Zweck soll das Konzept der scroll-activated animation eingesetzt werden und als zentrales Element der Umsetzung dienen. Dabei soll auch die Anwendung des in Kapitel 4 vermittelten Inhalts erfolgen.

Gestalterisch soll ein wichtiges Kriterium für die Konzeption sein, visuell eine ländliche Idylle und Atmosphäre zu erzeugen.

Der technische Ansatz wurde dergestalt gewählt, dass alle Grafiken als Vektor-Grafiken in Form von SVG-Dateien erstellt und nativ eingebunden werden. Animationen sind primär mittels CSS3 definiert. An einigen notwendigen Stellen wird zusätzlich JavaScript eingesetzt, um beispielsweise Animation zu starten und zu steuern.

Sämtlicher Programm-Code, der für die Darstellung und Funktionsweise der Website notwendig ist, wird dabei im Detail erläutert. Mitmachen ist also angesagt. Dadurch soll der Leser anschließend in der Lage sein, ebenfalls eine derartige Website eigenständig zu entwickeln.

Trotz aller Gründlichkeit muss die Formulierung des Programm-Codes teils exemplarisch bleiben. Die detaillierte Optimierung für sämtliche Zielplattformen und Endgeräte würde nämlich den Rahmen dieses Buches bei Weitem sprengen. Entsprechend können weitere Feinoptimierungen zum Teil lediglich angedeutet, jedoch nicht immer vollständig im Detail aufgezeigt werden.

Los geht's!

Abbildung 5.1

Screenshot aus dem fertig entwickelten Demoprojekt

5.1 Anforderungen an Digital Storytelling Websites

Die nachfolgenden Ausführungen dokumentieren eine mögliche Vorgehensweise, welche für die Konzeption, Gestaltung und Umsetzung des Demoprojekts gewählt wurde. Weiter werden hierbei Handlungsempfehlungen formuliert, auf Basis zuvor gewonnener Erkenntnisse, wie auch auf den während der Realisation des Projektes erlangten eigenen Erfahrungen.

Wie in den vorangegangenen Kapiteln erläutert, kann die Konzeption und Realisierung von Digital Storytelling Websites eine große Herausforderung darstellen.

Auf Grundlage der voranstehenden Auseinandersetzung lassen sich die nachfolgenden Anforderungen für die Erstellung einer Digital Storytelling Website ableiten.

Diese sind:

- ▶ Responsive Design

- ▶ flüssiges Rendern der Animationen

- ▶ Browsersupport aller gängiger Browser

- ▶ schnelle Ladezeiten

- ▶ intuitive Usability

- ▶ Aufbau, Optik und Usability der Inhalte sollen unterhalten, aber gleichzeitig auch informieren

- ▶ Inhalt für verschiedene Nutzergruppen informativ
  - Nutzergruppe *Novizen* möchte sich meist nur oberflächlich informieren, um ersten Eindruck zu erhalten
  - Nutzergruppe *Experten* sucht hingegen detailliertere Informationen

- ▶ klar erkennbarer roter Faden

- ▶ verschiedene Medienelemente müssen sich gegenseitig ergänzen

- ▶ (verschiedene) verwendete Medienelemente generieren stets Mehrwert, sind kein Selbstzweck

- ▶ nur kurze, präzise Textabschnitte (vgl. Abschnitt 3.1)

Die Usability einer solchen Storytelling Website weicht dabei von einer herkömmlichen Website deutlich ab. Bereits erlernte Gewohnheiten in der Nutzung können hierbei unter Umständen nicht direkt übertragen werden.

So vermag es im ersten Moment seltsam erscheinen, dass eine Website ausschließlich durch scrollen bzw. wischen erschlossen werden kann und ein aktives Navigieren zwischen den einzelnen Informationsbereichen nicht zusätzlich notwendig ist. Dies könnte bei einigen Nutzern zu Irritationen oder im schlimmsten Fall zu einem negativen Erlebnis führen.

Daher empfiehlt es sich unter Umständen, bereits auf der Startseite eine kurze Erklärung bezüglich der Verwendung und Steuerung zu platzieren.

Eventuell scheint es sinnig, doch bereits gewohnte Website-Elemente, wie eine Navigation, nicht zu streichen, sondern als zusätzliche Alternative mit hinterlegten Sprungmarken (*Anker-Links*) anzubieten, beispielsweise mittels *Sticky-Header*.

Wie bei jedem Webprojekt stellt sich die Frage, ob die Website statisch programmiert wird, oder ob ein CMS zum Einsatz kommen soll. Für die Entscheidung spielen in der Regel mehrere Faktoren eine Rolle, die alle jeweils abgewogen werden müssen.

In diesem Buch wird für das Demoprojekt kein vorgefertigtes Content-Management-Template verwendet, sondern ein individuelles Screendesign mit individueller Programmierung umgesetzt. Dazu wird aller benötigter Code statisch geschrieben und exemplarisch erörtert.

Eine Herausforderung im modernen Webdesign, der man sich heute auf jeden Fall stellen muss, ist *Responsive Design*. Dabei passt sich das Layout einer Website jeweils automatisch an die verschiedenen Display-Größen (*viewport size*) der unterschiedlichen Endgeräte an.

Dies stellt nicht nur eine grafische Herausforderung, sondern auch eine komplexe Aufgabe in der Programmierung dar. Dabei sind verschiedene Anpassungen vorzunehmen. Beispielsweise macht der auf Desktop beliebte Parallax-Effekt auf Smartphones zum Teil wenig Sinn.

5.2   Konzeption

Die Konzeptionsphase erscheint insofern komplex, als dass sowohl Neulinge (Novizen), als auch Erfahrene (Experten) gleichermaßen angesprochen und deren unterschiedliche Bedürfnisse jeweils bedient werden sollten.

Der Aufbau als OnePager und der sinnvolle Einsatz von scroll-activated animations stellt dabei eine zusätzliche Herausforderung dar.

Die Konzeption wird dadurch deutlich komplexer, wodurch meist mit einem deutlich höheren Zeitaufwand in der Konzeptionsphase zu rechnen ist.

Dabei stellt eine gut durchdachte Konzeption meist den Schlüssel zum Erfolg und damit auch zu einem positiven Nutzererlebnis dar.

Ferner ist es in dieser Phase wichtig, den zu erzählenden Handlungsstrang klar herauszuarbeiten, sodass der rote Faden auch für den Nutzer sofort erkennbar ist und ihn durch die Website leitet.

Zu Beginn sollte daher eine umfassende Recherche zum Thema stattfinden. Dabei empfiehlt es sich, unter anderem mit beteiligten Personen und Fachleuten zu sprechen. Dadurch können nicht nur fundierte Informationen aus erster Hand in Erfahrung gebracht, sondern auch weiterführende Ideen, Motive, Ansichten, Motivationen, Erfahrungen und Ratschläge gesammelt werden. Darüber hinaus lohnt es sich (falls möglich), die jeweiligen Gegebenheiten selbst vor Ort zu erkunden. Hierdurch erhält man ein natürliches und unverfälschtes Bild und es ergeben sich meist viele Inspirationen.

Hierbei können auch eventuell abstrakte Prozesse in einem realen Ablauf und ihrer Funktionsweise beobachtet werden. Diese Erkenntnisse mögen besonders für die kreative Umsetzung wertvoll sein, da hierdurch ein anderer Zugang zum Thema geschaffen werden kann.

Falls parallel bereits Print-Materialien vorliegen, wie Flyer oder Prospekte, so bietet es sich eventuell an, an diesen anzuknüpfen was Inhalte und Design betrifft. Dasselbe gilt für Inhalte einer bereits bestehenden klassischen Website.

Zum Teil können auch weiterführende Vertiefungen der Thematik einen Mehrwert bringen, wenn sich daraus neue Anknüpfungspunkte oder Synergien ergeben, welche dann in der weiteren Konzeptionsphase berücksichtigt werden.

Nicht außer Acht gelassen werden sollte auch ein Blick auf die Mitwettbewerber, um dort zu ergründen, wie diese das Thema sowohl optisch als auch inhaltlich aufbereitet und präsentiert haben. Daraus können sowohl positive Inspirationen gewonnen werden, als auch negative Aspekte aufgedeckt werden. Für Letztere gilt es, eine optimierte Umsetzung im eigenen Projekt zu finden.

Folglich ist es von großer Bedeutung, einen vollständigen Überblick mit allen relevanten Informationen zu erlangen. Bereits beim Zusammentragen aller Einzelaspekte entstehen meist schon erste Ideen und Muster zur optischen Aufbereitung.

Im nächsten Arbeitsschritt erfolgt eine Strukturierung und Kategorisierung. Die Herausforderung besteht hierbei darin, die Informationsflut auf ein Minimum zu reduzieren und auf das Wesentliche zu verdichten.
Dabei sollte darauf geachtet werden, dass die wichtigen Bestandteile erhalten bleiben und nicht verloren gehen. Eine ständige kritische Reflexion der Konzeption und der Inhalte trägt dabei zur Qualitätssicherung bei.

Weiter gilt es zu prüfen, welcher Anteil der umfänglichen Information notwendig ist, damit ein Nutzer die einzelnen Zusammenhänge versteht, dabei aber weder unter-, noch durch zu spezifisches Faktenwissen überfordert wird.

Im weiteren Verlauf sollten die zu erzählenden Aussagen jeweils in einem Bild dargestellt werden. Hierbei ist mit Bild ein auf einmal zu überblickender Abschnitt innerhalb der Website gemeint.
Es gilt also, den Gesamtinhalt in einzelne, thematische Segmente zu untergliedern, die gleichzeitig auch visuelle Einheiten darstellen. Dennoch soll der rote Faden trotz dieser Unterteilung stets erkenn- und nachvollziehbar bleiben. Hierin besteht eine anspruchsvolle Aufgabe.

Im vorliegenden Demoprojekt soll beispielsweise das oberste Segment der Website in einem bildschirmfüllenden Format den Nutzer begrüßen und ihn auf das Thema einstimmen. Dies wurde umgesetzt, indem ein, den ganzen Bildschirm umfassendes Startbild erstellt wurde, welches die ländliche Region und das Dorf typisiert darstellt.

Das folgende Segment bietet eine thematische Einleitung in Form von geschriebenem Text, sowie eine knappe Anleitung zur Bedienung der Website. Wie zuvor beschrieben erscheint dies sinnvoll für Nutzer, die möglicherweise noch nicht mit dem Navigationskonzept von Digital Storytelling Websites nach dem OnePager-Prinzip vertraut sein könnten.

Mit dem dritten Segment beginnt die Erläuterung zur Funktionsweise des Bioenergiedorfs. Diese erstreckt sich über viele aufeinanderfolgende Segmente.

Eines dieser Segmente beispielsweise zeigt das Innere der Biogasanlage und erläutert die darin ablaufenden chemischen Prozesse.

Dementsprechend empfiehlt es sich, eine Art Drehbuch zu erstellen. Darin sollte dokumentiert werden, welches Segment jeweils welche Botschaft oder Aussage beinhaltet. So entsteht ein besserer Überblick während der Konzeption.

Auch lässt sich durch diese Vorgehensweise sehr schnell überprüfen, ob der konkrete Handlungsstrang nachvollziehbar und vorständlich ist, oder ob weitere Informationen zur Erklärung gebraucht beziehungsweise weggelassen werden können. Durch die beigefügten Skribbles entsteht ein erster visueller Eindruck in Form eines Storyboards.

Ferner sollte bei der Konzeption der einzelnen Segmente bereits berücksichtigt werden, wie diese anschließend dynamisch miteinander verbunden werden. Dabei gilt es zu beachten, dass sich die geplanten statischen Bilder auch innerhalb der Website durch scroll-activated animations verändern können. Folglich können so beispielsweise Textinformationen oder grafische Elemente erst nachträglich eingeblendet werden, oder das Bild entsteht erst allmählich durch den fortlaufenden Scroll-Vorgang.

Die umfassende Planung könnte für das Demoprojekt aussehen, wie nachfolgend tabellarisch dargestellt:

Szene Nr.	Szenen Titel	Inhalt & Ziel
01	**Startseite** **Ländliche Landschaft mit Dorf, Biogasanlage und Traktor**	**Inhalt** • Ein ganzes Dorf setzt gemeinsam auf Erneuerbare Energien **Ziel** • Stimmung schaffen • Gefühl der ländlichen Idylle erzeugen • Neugierde wecken
02	**Allgemeine Infos**	**Inhalt** • Baubeginn: November 2009 • Ein Bioenergiedorf ist ein Dorf, das einen großen Teil seines Strom- und Wärmebedarfs unter Nutzung von überwiegend regional bereitgestellter Biomasse selbst deckt **Ziel** • Kurzbeschreibung und erster Eindruck
03	**Traktor mit Güllefass in Schweinestall**	**Inhalt** • Ca. 40% der Biomasse besteht aus Schweine- und Rindergülle sowie Rindermist **Ziel** • Natürlichkeit darstellen • Idyllisches Bauernhof-Feeling • Mittels Interaktion Neugierde und Forschungsdrang anregen

Storyboard

Logo | Navi
HEADLINE
SUBLINE

Logo | Navi
HEADLINE
HEADLINE
HEADLINE
LET'S GO

Logo | Navi
Güllefass
Schweinestall
Schweine
Traktor
Futter

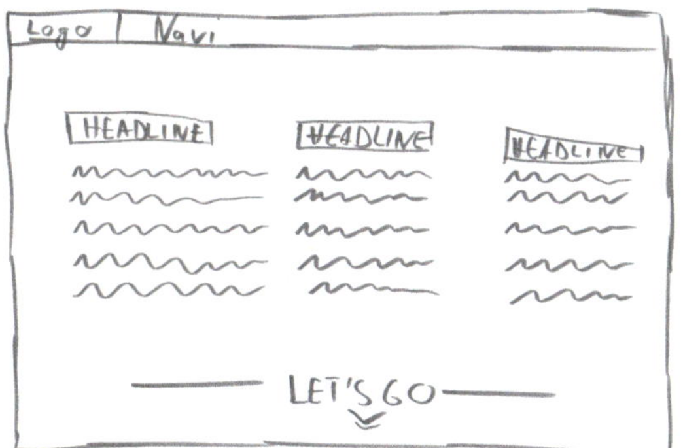

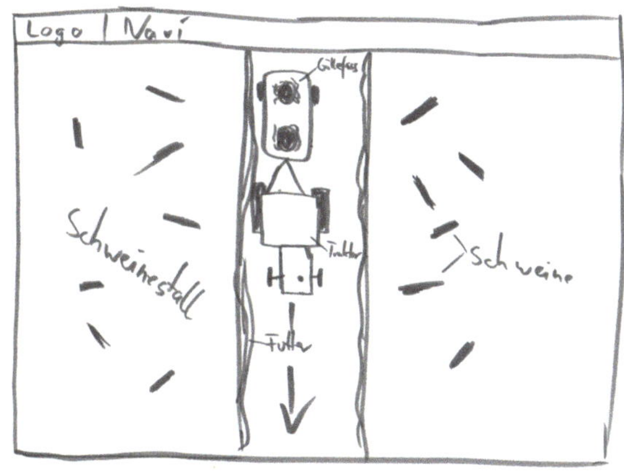

Szene Nr.	Szenen Titel	Inhalt & Ziel
04	**Traktorfahrt vom Schweine- stall zur Biogasanlage**	**Inhalt** • Die restlichen 60% bestehen aus Nawaros (Nachwachsende Rohstoffe) **Ziel** • Idyllische Landstimmung erzeugen • Interaktives scrollen vertiefen
05	**Zwischenbild Gülle wird in Biogasanlage umgepumpt**	**Inhalt** • Alle natürlichen Rohstoffe kommen gemeinsam in die Biogasanlage **Ziel** • Prinzipielle Arbeitsschritte/-abläufe aufzeigen
06	**Gärung in der Biogasanlage – aufsteigende Blasen, schwim- mende Nawaro-Teilchen**	**Inhalt** • In der Biogasanlage vergärt die Biomasse. Dabei entsteht ein brennbares Gas **Ziel** • Chemische Prozesse optisch reduziert und einfach erklärt darstellen

Storyboard

Logo | Navi
Blumen
Wiese
Weg
Baum
Traktorfahrt

Logo | Navi
87%
Füllmenge steigt

Logo | Navi
dreckige Brühe
Bläschen
Gärung im Tank
Schwebe-teilchen

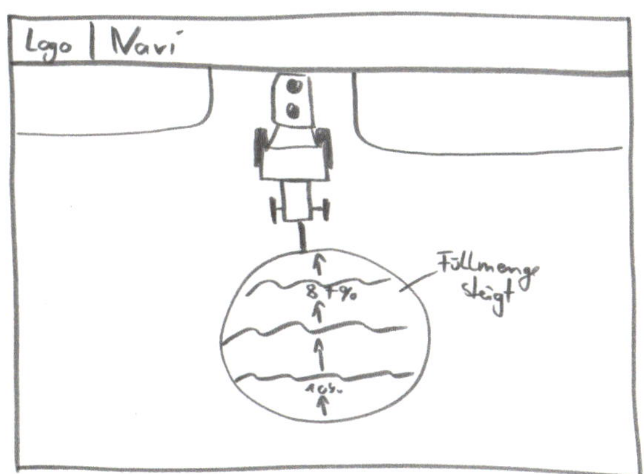

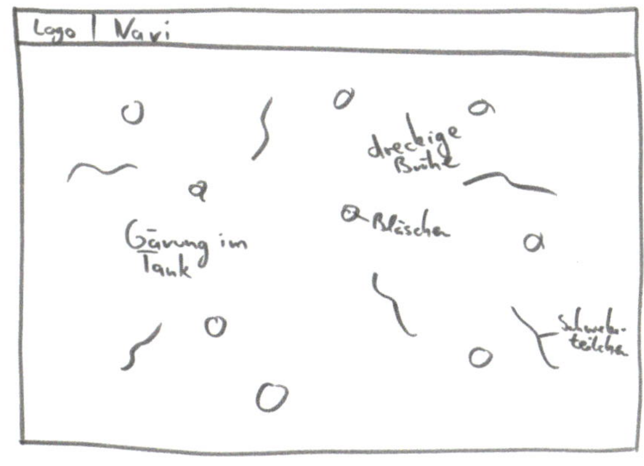

5.3 Screendesign

Das Screendesign für das Demoprojekt basiert auf den Vorüberlegungen aus der Konzeptionsphase. Es orientiert sich an dem geskribbelten Storyboard. Dabei stellt das Screendesign eine weitere Ausarbeitungsstufe in der Entwicklung der Website dar und legt damit die späteren Proportionen und Maße der einzelnen Elemente fest. Somit stellt das Screendesign einen realitätsgetreuen Entwurf der späteren Umsetzung dar.

Wie im Abschnitt *Konzeption* erläutert, entstehen bereits während der Vorüberlegungen oft Ideen und vereinzelte Musterbausteine für den Aufbau und die optische Präsentation der Website. Diese wurden im anschließenden Designprozess zusammengeführt, hinterfragt und erweitert. Nachfolgend einige nähere exemplarische Betrachtungen verschiedener Designentscheidungen.

Zu Beginn der Konzeption wurden die Dimensionen der Website festgelegt. Im vorliegenden Projekt wurde dabei davon ausgegangen, dass die primäre Nutzungsplattform Desktop-Systeme sind. Insofern wurde im ersten Schritt der Konzeption nur die Desktop-Darstellung ins Auge gefasst. In einem weiteren, späteren Schritt wurden dann davon die mobilen Versionen für Tablet und Smartphone abgeleitet.

Entsprechend beziehen sich die nachfolgenden Erläuterungen zunächst primär auf die Desktop-Version. Anschließend wird dann auf die mobilen Versionen und die entsprechenden Anpassungen näher eingegangen.

Somit soll zunächst jedes zuvor geskribbelte Bild also so hoch sein wie der Viewport der Desktop-Version. Weiter soll die gesamte Präsentation bildschirmfüllend erfolgen.

Für eine Desktop-Darstellung sollte die Breite des Inhaltsbereichs dabei breiter als 960 Pixel (px) sein. Im vorliegenden Beispiel wurden dafür 1280 px festgelegt. Dies gewährt dem Inhaltsbereich genügend Raum und Überschriften, sowie Texte, können größer gestaltet werden. Der Inhaltsbereich skaliert dabei bei unterschiedlichen Bildschirmgrößen nicht mit, während der Hintergrundbereich stets bildschirmfüllend dargestellt wird.

Abbildung 5.2

Inhaltsbereich des Demoprojekts mit einer Breite von 1280 px.

Weiter ist zu erkennen, dass der Hintergrund jeweils über die Breite des Inhalts hinaus geht.

Sämtliche Grafiken wurden im Illustrationsprogramm, Adobe Illustrator als Vektorgrafiken erstellt. Dabei wurden Hintergrundgrafiken weit größer angelegt, als es die Breite des Inhaltsbereichs erfordert. Dies ist darin begründet, dass auch auf Desktop-Systemen mit sehr großer Bildschirmbreite eine bildschirmfüllende Darstellung der Hintergrundbilder sicher gestellt ist und sich diese nicht wiederholen. Vielmehr erweitert sich der Sichtbereich stets zuverlässig bis zum Bildschirmrand.

Um die Funktionsweise des Bioenergiedorfes zu erklären, wird die komplette Website auf Basis von Vektorgrafiken illustriert. Pixelgrafiken, wie Fotos, kommen dabei nicht zum Einsatz. Dadurch können Vorgänge, Prozesse oder maschinelle Teile vereinfacht und abstrahierter dargestellt werden.

Hierfür kommen SVG-Dateien zum Einsatz, die als Vektorgrafiken hinsichtlich der Datenmenge platzsparende sind und gleichzeitig stets eine optimale Darstellungsqualität bei Skalierung und unterschiedlichen Bildschirmauflösungen gewährleisten, im Gegensatz zu Pixelgrafiken.

Für ein stimmiges Design ist auch die Farbgebung von besonderer Bedeutung. Bei dem Bioenergiedorf handelt es sich um ein Dorf im ländlichen Bereich. Hiermit lassen sich Begriffe wie Heimat, ländlich, bodenständig, idyllisch und romantisch assoziieren. Daraus abgeleitet wurde das Farbspektrum primär in naturnahen Farbtönen wie grün (Natur, Wiese, Felder, Bäume, Gras), blau (Himmel, Bach) und braun (Erde, Acker) definiert.

Die Typografie wurde gemäß den aktuellen Gegebenheiten und Nutzergewohnheiten im Web gestaltet. Kurze Textpassagen werden durch eine gut lesbare Schrift dargestellt. Die Fonts wurden dabei so gewählt, dass sie eine dem Thema entsprechende Anmutung besitzen und sich somit in einen harmonischen visuellen Gesamteindruck einfügen.

Dank einer zunehmenden Anzahl an Webfonts, sowie deren zuverlässigeren Unterstützung, konnte auf gängigen Standardschriften wie Arial oder Times verzichtet werden. So entstand ein abwechslungsreiches Schriftbild.

Auch ist im Design die angedachte Funktionalität zu berücksichtigen. Wie im Nachfolgenden exemplarisch dargestellt, soll sich der Traktor durch die aktive Scroll-Bewegung des Nutzers vom Hintergrund losgelöst bewegen. Dadurch wird der Eindruck erweckt, als würde dieser zunächst durch den Schweinestall, anschließend über einen Weg durch Wiesen hin zur Biogasanlage fahren. Die Fahrtstrecke wurde ausreichend lang entworfen, sodass der Eindruck einer längeren Fahrt entstehen kann.

5.4 Coding

Dieses Teilkapitel enthält detaillierte Beschreibungen hinsichtlich der Umsetzung des Screendesigns mittels HTML5, CSS3 und JavaScript/jQuery.

Dabei werden der Multilayer-Parallax-Effekt, Mikroanimationen sowie der Einsatz der JavaScript-Library *ScrollMagic.js* für die scroll-activated animations näher beleuchtet.

5.4.1 Vorüberlegungen anhand des Screendesigns

Ein wichtiges Ziel bei der Entwicklung des Demoprojekts war es, den Code so einfach und die Codemenge so gering wie möglich zu halten.

Dazu wurde versucht, möglichst viele Elemente mittels HTML5 und CSS3 zu schreiben. Jedoch führte, auch bedingt durch die verwendete Library, kein Weg am Einsatz von JavaScript beziehungsweise jQuery vorbei.

Aus Gründen der Nachvollziehbarkeit, auch für angehende Webentwickler, wurde ein Teil des Codes in purem JavaScript erstellt. Im hinteren Teil dieses Kapitels wird aufgezeigt, wie eine alternative Entwicklung mittels jQuery, einem JavaScript-Framework, aussehen kann.

Entsprechend findet eine Mischung der beiden Programmiersprachen statt, welche jedoch für den professionellen Einsatz besser zu vermeiden ist. Hier empfiehlt es sich stattdessen, sich auf nur eine der Sprache im Vorfeld festzulegen.

Generelle Analyse des Screendesigns im Vorfeld der Programmierung:

▶ **OnePager**
Im Screendesign ist vorgesehen dass alle Inhalte auf einer Seite untereinander angeordnet werden. Dies entspricht dem typischen OnePager-Layout. Weiterführende Unterseiten (Impressum, AGB und Datenschutz ausgenommen) gibt es nicht. Die Darstellung des Hintergrundbereichs erstreckt sich dabei über die gesamte Bildschirmbreite (*fullwidth*). Die Darstellung des Inhaltsbereichs ist zentriert angeordnet mit einer maximale Breite von 1280 px.

▶ **Layoutaufbau als <sections>**
Weiter ist zu sehen, dass die Inhalte in sinnhafte Segmente unterteilt sind. Daher scheint es sinnvoll, jeden Abschnitt als eine eigene *<section>* zu behandeln und dementsprechend aufzubauen.

▶ **Fixierte horizontale Navigation**
Wie für viele OnePager typisch, gibt es eine einzige Navigationsebene, die sich am oberen Bildschirmrand befindet. Zusätzlich ist diese dort fixiert. Das bedeutet, dass sich sämtliche Inhalte unter dieser hindurch scrollen (*Sticky Header*). Für eine bessere Wahrnehmbarkeit soll sich das Aussehen der Navigation während des Scrollens verändern. Zu Beginn besitzt die Navigation keinen Hintergrund. Die einzelnen Menüpunkte werden in weißer Schrift dargestellt und befinden sich auf dem Himmel des Intro-Bildes. Scrollt der Nutzer, wird ein weißer Balken als Hintergrund eingeblendet und die Menüpunkte verändern ihre Farbe automatisch zu schwarz.

▶ **Traktor fährt automatisch bis zur Mitte des Viewports**
Eine weitere kleine Animation soll für den Traktor erstellt werden. Wird dieser sichtbar in den Viewport gescrollt, soll der Traktor automatisch in die vertikale Mitte des Bildschirms herunterfahren. Dies geschieht selbsttätig ohne, dass der Nutzer dafür irgendeine Aktion auszuführen hat.

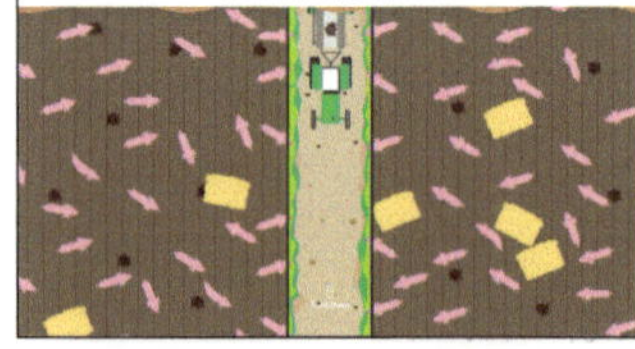
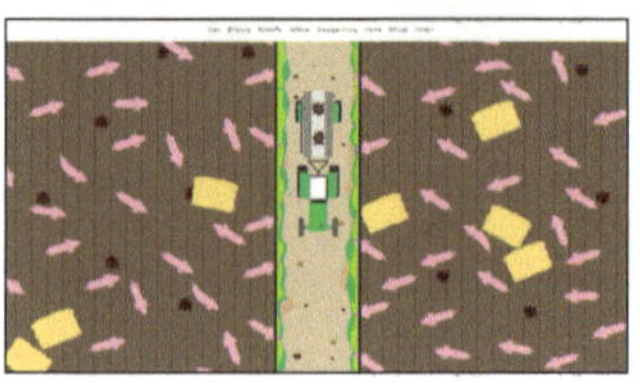

Abbildung 5.3
Geplante Mikroanimation. Der Traktor fährt dadurch stets automatisch in die vertikale Bildschirmmitte herunter.

▶ **Sections entsprechen mindestens 100% der Viewport-Höhe**
Für ein eindrucksvolles visuelles Erlebnis entspricht die Mindesthöhe einer *<section>* der Höhe des Viewports. Dabei besitzen die einzelnen Segmente allerdings unterschiedliche *<section>*-Höhen.
So sind die Segmente, welche den Schweinestall sowie die Wiese zeigen, in der Höhe länger vorgesehen, sodass dadurch ein intensiveres Gefühl einer Fahrt mit dem Traktor aufkommt.

▶ **„Scroll Down"-Hinweis**
Die Bedienung der Website unterscheidet sich stark von der einer herkömmlichen Website. Um alle Inhalte konsumieren zu können, muss der Nutzer permanent scrollen. Hierzu erhält er zu Beginn einen entsprechenden Hinweis. Diese besteht aus einer einfachen Mausanimation, die das Scrollen des Mausrads darstellt sowie der passenden Beschriftung „Scroll Down". Zusätzlich hüpft dieser Hinweis dezent um den Blick des Nutzers auf sich zu ziehen. Beginnt der Nutzer wieder zu scrollen, wird der Hinweis ausgeblendet und erst wieder eingeblendet, wenn der Nutzer aufgehört hat zu scrollen. Dadurch soll dieser während der Betrachtung und Rezeption der Inhalte nicht abgelenkt werden, gleichzeitig aber durch die dezente Hüpf-Animation darauf hingewiesen wird, dass er sich durch weiteres scrollen noch weitere nachfolgende Inhalte erschließen kann.

Abbildung 5.4
Scroll Down Hinweis

▶ **„Mehr Informationen"-Button**
Innerhalb jedes Abschnitts werden notwendige Erläuterungen jeweils mittels einer Infobox knapp dargestellt. Die Aufbereitung der Informationen ist dementsprechend sehr übersichtlich.
Dennoch sollen weiterführende Informationen für die Nutzer bereit gestellt werden. Zu diesen gelangt ein Nutzer, indem er auf den „+"-Button innerhalb der Infobox klickt.

Abbildung 5.5
Design der Infobox

Die besondere Funktionsweise des Demoprojekts stellt aber auch spezielle Herausforderungen an die Programmierung:

▶ **Responsive**
Jede moderne Website sollte für die unterschiedlichen Display-Größen optimiert sein. Auf Grund des „untypischen" Layouts dieser Website, welchem kein Grid zugrunde liegt, müssen alle notwendigen Breakpoints manuell bestimmt werden. Auch beanspruchen die zahlreichen Animationen die Rendering-Engine und somit die Prozessorleistung des jeweiligen Endgeräts, was besonders bei Smartphones zu einer ruckligen Darstellung und nicht flüssigen Bedienbarkeit der Website führen kann. Entsprechend kann es sinnvoll sein, für diese Geräteklasse die Inhalte ohne Animationen darzustellen. In den nachfolgenden Ausführungen wird an entsprechenden Stellen jeweils auch aufgezeigt, wie die Website responsive entwickelt wird, jedoch stellt dies keine vollständige Optimierung dar.

▶ **Implementierung der JavaScript-Library ScrollMagic.js**
Es wird aufgezeigt, wie das Framework eingebunden wird, wie dieses prinzipiell funktioniert und wie es bei der Demo-Website implementiert wurde.

▶ **Section-übergreifende Animationen mit unterschiedlichen z-index-Werten für ein realistischeres Erlebnis**
Innerhalb der Website sollen bestimmte Elemente über mehrere <section>-Segmente hinweg bewegt werden. Hierbei stellen besonders die *z-index*-Werte eine Herausforderung dar und erfordern ein „Querdenken" innerhalb der Entwicklung.
Für die Realisierung muss hierbei zum Teil auf JavaScript/jQuery zurückgegriffen werden. Des Weiteren müssen zum Teil Elemente, wie zum Beispiel die Bäume, welche in den Weg ragen, per JavaScript platziert werden, sodass diese sich responsive verhalten.

Wie zu sehen ist, konnten die wichtigsten Stolpersteine bereits im Vorfeld analysiert werden und ein erstes grobes Konzept hinsichtlich der technischen Umsetzung vor dem geistigen Auge gestaltet werden. Während der prinzipielle Aufbau einem unkomplizierten OnePager folgt, stellen die <section>-übergreifenden Animationen eine besondere Herausforderung dar.

5.4.2 ScrollMagic.js

ScrollMagic ist eine JavaScript-Library für scrollbasierte Animationen und Interaktionen. Diese ermöglicht es, schnell und mit relativ wenig Aufwand, Animationen und anderer Events durch Scrollen auslösen zu lassen.

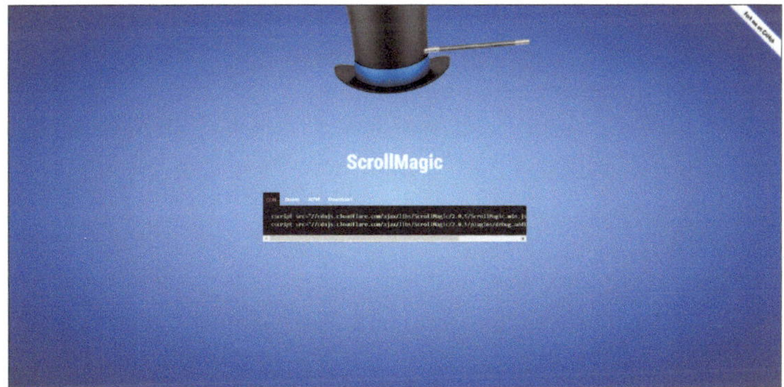

Abbildung 5.6
Screenshot der
ScrollMagic.js-Website

Prinzipiell funktioniert die Library so, dass der Scrollbalken als eine Art Fortschrittsbalken betrachtet wird. Scrollt der Nutzer, bewegt sich dieser logischerweise. Erreicht der Scrollbalken nun einen bestimmten Punkt (Höhe), wird eine Funktion ausgelöst. Dies kann zum Beispiel ein Text sein, der erscheint (fade-in), Bilder die zu ihrer Position hingeschoben werden, Parallax-Effekte, und so weiter. Den Möglichkeiten sind beinahe keine Grenzen gesetzt.

Neben der reinen Funktionalität bietet die Library auch eine Debugging-Extension an, welche besonders für Webentwickler interessant sein kann und die Arbeit mit ebendieser Library deutlich angenehmer gestaltet. Im Nachfolgenden wird die grundlegende Arbeitsweise mit ScrollMagic näher betrachtet.

ScrollMagic.js
Potenzielle Anwendungs-szenarien können online getestet werden:
https://scrollmagic.io/examples/index.html

Zu jedem Beispiel kann praktischerweise der entsprechende Code eingesehen werden.

Das Grund-Setting besteht aus einer HTML-, einer CSS,- sowie einer JavaScript-Datei. Alle Dateien werden über HTML miteinander verknüpft. Für die Demo-Website dient der nachfolgende HTML-Code. Wie zu entnehmen ist, beschreiben vier umschließende *<div>*-Elemente vier Abschnitte, in welchen jeweils ein *Projekt* kurz vorgestellt wird. Diese sind schematisch immer gleich aufgebaut und unterscheiden sich lediglich in der Bezeichnung der ID. So hat beispielsweise jedes *Projekt* eine eigene, eindeutige ID-Bezeichnung. Gemein haben alle die Klasse *.projekt*.

Im unteren Bereich werden die notwendigen Java-Scripte eingebunden. Zunächst muss jQuery aufgerufen werden, um die Funktionalität der Library herzustellen. Im Anschluss daran wird die eigentliche ScrollMagic-Library geladen. Den Schluss bildet die ScrollMagic-Extension *addIndicators,* welche zum Debugging sehr hilfreich ist. Die ScrollMagic-Library kann entweder heruntergeladen und selbstständig gehostet, oder per Permalink eingebunden werden. Beide Möglichkeiten sind gleich zu Beginn unter *https://scrollmagic.io* zu finden.

▼ **HTML**

```html
<!DOCTYPE html>
<html>
  <head>
    <meta charset="utf-8">
    <!-- EIGENES CSS -->
    <link rel="stylesheet" href="css/style.css">
    <title>SrollMagic</title>
  </head>
  <body>
    <div id="intro">
      <div class="content">
        <img src="img/intro.svg"
             alt="Bild Intro" />
        <h1>Grundlagen</h1>
        <p>Text, Text, Text</p>
      </div>
    </div>
```

```html
<div id="main" class="main-container">

    <div id="projekt1" class="projekt">
        <img src="img/projekt-01.svg" alt="">
        <h1>Projekt-Titel</h1>
        <p class="info">Some Text</p>
    </div>

    <div id="projekt2" class="projekt">
        <img src="img/projekt-02.svg" alt="">
        <h1>Projekt-Titel</h1>
        <p class="info">Some Text</p>
    </div>

    <div id="projekt3" class="projekt">
        <img src="img/projekt-03.svg" alt="">
        <h1>Projekt-Titel</h1>
        <p class="info">Some Text</p>
    </div>
</div>

<!-- JQUERY -->
<script src="https://ajax.googleapis.com/
  ajax/libs/jquery/3.3.1/jquery.min.js">
</script>

<!-- SCROLLMAGIC-JS -->
<script src="//cdnjs.cloudflare.com/ajax/
  libs/ScrollMagic/2.0.7/ScrollMagic.min.js">
</script>

<!-- SCROLLMAGIC INDIKATOREN ZUR
     EINFACHEREN ENTWICKLUNG -->
<script src="//cdnjs.cloudflare.com/ajax/
  libs/ScrollMagic/2.0.7/plugins/
  debug.addIndicators.min.js">
</script>

<!-- EIGENES JS -->
<script src="js/main.js"></script>
</body>
</html>
```

Mittels CSS wird die optische Darstellung etwas aufgehübscht. In diesem Beispiel werden alle Elemente zentriert dargestellt. Auch erhält jedes Projekt zur besseren Unterscheidung eine individuelle Hintergrundfarbe.

▼ **CSS**

```css
#intro {
  height: 100vh;
  background: #ff6961;
  text-align: center;
  color: white;
}
#intro .content {
  position: absolute;
  top: 50%;
  left: 50%;
  transform: translate(-50%, -50%);
}
.projekt {
  text-align: center;
  padding: 200px; 0;
  border-bottom: 1px solid #ebebeb;
}
.projekt img {
  width: 180px;
  height: 180px;
}
.projekt p {
  max-width: 300px;
  margin: 0 auto;
  color: #294d67;
}
#projekt1 {
  color: #75c695;
}
#projekt2 {
  color: #3db3ce;
}
#projekt3 {
  color: #f5876f;
}
```

Soweit sieht die Beispiel-Website fehlerfrei aus. Allerdings fehlt ihr noch das gewisse Etwas. Im Folgenden soll die Website daher mittels ScrollMagic um eine scroll-activated-animation erweitert werden. Dazu sollen die bereits bestehenden Elemente durch die Interaktion des Nutzers mit der Website (scrollen) animiert werden.

Das bedeutet, dass für die Implementierung dieser Funktionalität das HTML nicht mehr verändert werden muss. Alle Änderungen finden in der JavaScript- und CSS-Datei statt. Die erste scroll-activated-animation soll bewirken, dass das *Projekt 1* erscheint (fade-in), wenn dieses vom Nutzer in den sichtbaren Viewport gescrollt wird.

Zu Beginn kann mittels jQuery ein Funktionsaufruf erfolgen. Im Weiteren muss die ScrollMagic-Library initialisiert werden, wie dies in Zeile vier dargestellt ist. Der Controller sorgt dafür, dass die Scrollbar des Browsers verwendet werden kann, um Animationen zu triggern.

Eine mit ScrollMagic erstellte Animation wird als Szene (scene) bezeichnet. Hierfür muss, wie in Zeile acht dargestellt, eine neue Variable, hier *ourScene*, erstellt werden. Darauf folgt, wie in Zeile elf zu sehen ist, der Aufruf der Methode *.setClassToggle("#projekt1", "fade-in")*. Diese wird benötigt, um gezielt die *<div>* mit der ID *projekt1* ansprechen und modifizieren zu können. In diesem Beispiel wird der *<div>* die Klasse *fade-in* hinzugefügt.

Die Optionen einer Szene werden immer innerhalb derselben Variable zwischen den beiden *{}* definiert. Zunächst muss festgelegt werden, ab wann die Szene starten soll. Dazu wird der Befehl *triggerElement* verwendet. Diesem zugeordnet ist beispielsweise die ID eines Elements. Nun startet die Szene, sobald die *<div>* mit der ID *projekt1* in den Viewport gescrollt wird. Entsprechend wartet ScrollMagic so lange mit der Ausführung der definierten Funktion, bis dieses getriggerte Element durch scrollen im sichtbaren Bereich erscheint.

Für eine bessere Übersicht, ab wann die Szene startet, kann auf die ScrollMagic Debugging-Extension zurückgegriffen werden. Mittels *.addIndicators({})* können sämtliche Parameter auf der Website angezeigt werden. Hierdurch werden an der rechten Seite der Website Striche eingeblendet. Diese stellen sowohl den Start der Szene, als auch die aktuelle Scroll-Höhe innerhalb der Szene dar.

Abbildung 5.7

Screenshot der kleinen ScrollMagic.js-Beispiel-Website

Bevor die Website finale live geschaltet wird, sollten diese natürlich wieder deaktiviert, beziehungsweise entfernt werden. Wie beschrieben, dienen diese lediglich als Hilfe während des Entwicklungsprozesses. Mögliche Indikator-Parameter können *name*, *colorTrigger*, *colorStart*,... sein. Besonders bei vielen Szenen kann es hilfreich sein, jeder Szene über *name* einen individuellen Namen zu geben. So weiß man immer, innerhalb welcher Szene man sich aktuell befindet und kann Bugs entsprechend schneller und zielsicherer ausmachen. Weiter kann mittels *colorTrigger* und *colorStart* jeweils eine individuelle Farbe für die Striche festgelegt werden. *colorTrigger* beschreibt dabei die Farbe für das Triggerelement, *colorStart* den Beginn der Szene.

Abschließend werden alle definierten Eigenschaften mittels der Anweisung *addTo(controller)* jeweils dem zuvor definierten ScrollMagic-Controller zugeordnet.

▼ **JavaScript**

```javascript
$(document).ready(function(){

    // SCROLLMAGIC INITIALISIEREN
    var controller = new ScrollMagic.Controller();


    // EINE SZENE DEFINIEREN
    var ourScene = new ScrollMagic.Scene({
        triggerElement: "#projekt1"
    })
    .setClassToggle("#projekt1", "fade-in")
    .addIndicators({
        name: "fade Szene",
        colorTrigger: "black",
        colorStart: "green"
    })
    .addTo(controller);
)};
```

Betrachtet man die Website nun im Browser, so ist zunächst keine Veränderung zur vorherigen Version zu erkennen. Lediglich die *ScrollMagic-Indicators* werden am rechten Rand dargestellt.

Hinsichtlich der geplanten Funktionalität, das *Projekt1* einzublenden, hat sich optisch jedoch noch nichts verändert. Wirft man an dieser Stelle jedoch einen Blick mit Hilfe der Entwicklertools des Browsers in den Quellcode, so ist festzustellen, dass bei der <div> mit der ID *projekt1* die zusätzliche Klasse *fade-in* hinzugefügt wird, sobald die <div> in den sichtbaren Viewport gescrollt wird. Demzufolge funktioniert die definierte Szene schon einmal, der Effekt ist jedoch noch nicht sichtbar.Um nun auch den gewünschten Effekt sichtbar zu machen, muss dieser mittels einer Anpassung im CSS definiert werden. Dafür erhält zunächst das Element mit der ID *projekt1* die Eigenschaften *opacity:0;* und *transition: all 1s ease-out;*. Dies führt dazu, dass das Element zunächst nicht sichtbar ist. Weiter wird für dieses Element ein weiterer Style definiert, der nur dann zum Tragen kommt, wenn das Element die Klasse *fade-in* besitzt. Dann wird die *opacity* von „0" auf „1" gesetzt. Der *transition*-Effekt sorgt dafür, dass das Element nicht schlagartig angezeigt, sondern innerhalb von einer Sekunde erst eingeblendet wird.

▼ **CSS**

```
/* OUR STYLES */

#projekt1 {
  opacity: 0;
  transition: all 1s ease-out;
}
#projekt1.fade-in {
  opacity: 1;
}
```

Nach dem selben Muster kann nun auch für das dritte Projekt eine Animation erstellt werden. Hierzu muss wieder eine neue Szene definiert werden, in welcher das zuständige *trigger*-Element bestimmt wird. Weiter wird mittels *setClassToggle* das Element angegeben, welchem eine Klasse hinzugefügt wird. Wie weiter oben erwähnt, ist es sinnvoll, den Indikatoren für diese Szene jeweils einen eindeutigen Namen sowie andere Farben zur besseren Unterscheidung zu geben.

Abschließend muss mittels CSS das optische Verhalten beschrieben werden. In diesem Beispiel sollen die Elemente wieder eingeblendet (fade-in) werden. Im Unterschied zu *Projekt 1* werden diese zusätzlich nach oben geschoben. Entsprechend muss ihre Startpositionierung verschoben werden. Dazu kann der Befehl *transform: translateY();* verwendet werden. Dieser sorgt dafür, dass die Elemente nur in Y-Richtung verschoben werden. Adäquat hierzu muss auch wieder der Zustand definiert werden, wenn die <div> die zusätzlich angehängte Klasse besitzt. Hierbei ist mit *transform: translateY(0px);* die Endpositionierung festgelegt. Folglich startet die Animation bei *150px* und wandert nach oben, bis sie die Positionierung von *0px* erreicht hat.

▼ **JavaScript**

```javascript
// EINE WEITERE SZENE DEFINIEREN
var ourScene2 = new ScrollMagic.Scene({
    triggerElement: "#projekt3"
})
.setClassToggle("#projekt3", "fade-in")
.addIndicators({
  name: "fade Szene",
  colorTrigger: "black",
  colorStart: "green"
})
.addTo(controller);
```

▼ **CSS**

```css
#projekt3 {
  opacity: 0;
  transform: translateY(150px);
  transition: all 1s ease-out;
}


#projekt3.fade-in {
  opacity: 1;
  transform: translateY(0px);
}
```

Bei der Definition einer Szene stellt sich auch immer die Frage, wie lange diese dauern soll. Standardmäßig entspricht die Dauer der Höhe des Elements.

Mit dem Befehl *duration* kann die Dauer manuell festgelegt werden. Hierbei gilt es zu beachten, dass die Website auch vollumfänglich responsive funktionieren soll, weshalb auf fixe Pixel-Angaben unbedingt verzichtet werden sollte.

Die Angabe *duration: 300* bedeutet, dass die Szene 300 Pixel lang ist. Für den Einsatz eines responsiven Webprojekts muss der Wert *300* zu *"300%"* umgeschrieben werden. Nun dauert die Szene dreimal so lang wie der Viewport hoch ist.

Mit dem Befehl *colorEnd* kann die Farbe des End-Strichs definiert werden. Dieser zeigt auf der Indikatorenleiste an, wann die Szene zu Ende ist.

▼ **JavaScript**

```
[...]

var ourScene = new ScrollMagic.Scene({
    triggerElement: "#projekt1",
    duration: "300%"
})

[...]

colorStart: "green",
colorEnd: "red"})
.addTo(controller);

[...]
```

Aktuell startet jede definierte Animation immer dann, wenn das getriggerte Element bereits bis zur Hälfte der Höhe des Viewports gescrollt wurde. Dies ist auch dadurch erkennbar, dass auf der Indikatorenleiste der Strich mit der Bezeichnung „Trigger" in der Mitte der Höhe des Viewports platziert ist. Somit ist dieser maßgeblich dafür verantwortlich, wann eine Animation startet.

Dieser Startpunkt kann über den Parameter *triggerHook* individuell eingestellt werden. Die möglichen Werte erstrecken sich von *0* bis *1*, wobei *0* eine Positionierung des Triggers am oberen Bildschirmrand und *1* eine Positionierung des Triggers am unteren Bildschirmrand bewirkt. Ein *triggerHook* mit einem Wert von *0* bedeutet, dass die Animation deutlich später startet, wohingegen die Animation bei einem Wert von *1* sehr früh beginnt. Alle Dezimalwerte dazwischen werden, wie in der Programmierung üblich, mit einem Punkt (.) und nicht mit einem Komma geschrieben (Beispiel: 0.5).

▼ **JavaScript**

```javascript
// EINE SZENE DEFINIEREN
var ourScene = new ScrollMagic.Scene({
    triggerElement: "#projekt1",
    duration: 300,
    triggerHook: 0
})
```

Besonders bei komplexeren Projekten kann es auf der Indikatorenleiste sehr schnell unübersichtlich werden. Individuelle und eindeutige Namensbezeichnungen sowie unterschiedliche Farben können ein hilfreiches Mittel gegen das Chaos sein. Für weitere Entlastung kann der Parameter *indent* sorgen. Dieser verschiebt die Indikatoren einer Szene um einen ihm zugeordneten Wert, z. B. *200*. Das bedeutet, die Debugging-Informationen dieser Szene werden um *200px* von rechts nach links verschoben.

▼ **JavaScript**

```javascript
colorTrigger: "black",
indent: 200,
colorStart: "green"
```

Die hier dargestellten Funktionalitäten und Möglichkeiten die ScrollMagic bietet, stellen nur einen sehr kleinen Ausschnitt dar. Weitere Möglichkeiten sind in der Dokumentation der Library auf folgender Website zu finden: *http://scrollmagic.io/docs/index.html*

5.4.3   Hello World und erste Schritte

Da es sich bei der Website nicht um eine dynamische, sondern um eine statische Website handelt, sollte die notwendige Ordnerstruktur angelegt werden, bevor mit der Programmierung begonnen wird. Dies erleichtert im späteren Workflow die Arbeit mit den unterschiedlichen Dateien.

Darüber hinaus wird gleich zu Beginn festgelegt, wo welche Dateien später abgelegt werden sollen. Auch müssen dadurch entsprechende Pfadangaben im Quellcode nachträglich nicht mehr geändert werden.

Für das Projekt wurde ein Ordner angelegt, der weitere Verzeichnisse für CSS-Dateien, Bilder und JavaScript-Dateien beinhaltet. Ebenfalls ist dort die *index.html*-Datei abgelegt. Diese befindet sich dabei sozusagen auf dem Top-Level des gesamten Ordners.

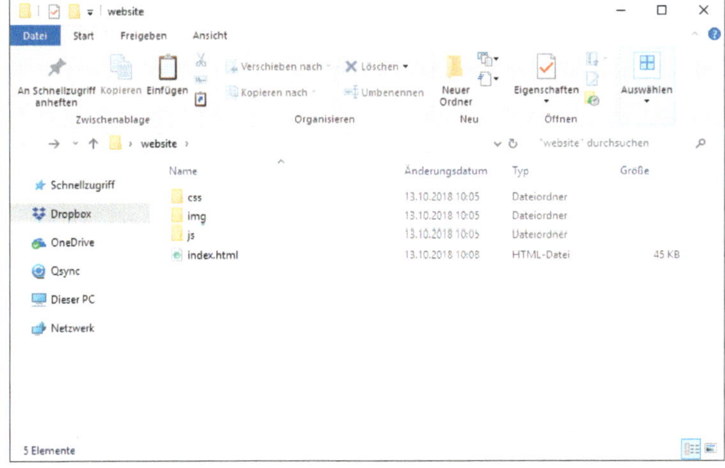

Abbildung 5.8

Screenshot der angelegten Ordnerstuktur

Im nächsten Schritt wird das HTML-Grundgerüst gebaut. Wie zu sehen ist, werden darin zunächst alle notwendigen externen Medien eingebunden. Dazu zählen neben den Frameworks jQuery und Bootstrap auch die Java-Script Library ScrollMagic.js.

Weiter wurde über die *meta*-Angabe *initial-scale-1* im *<head>*-Bereich festgelegt, dass der Nutzer die Website nicht vergrößern beziehungsweise verkleinern kann.

▼ HTML

```html
<!DOCTYPE html>
<html lang="de">

<head>
  <meta charset="UTF-8">
  <meta name="author" content="Markus Säwert" />
  <meta name="viewport" content="width=de
  vice-width, initial-scale=1">

  <title>Das Bioenergiedorf</title>
  <link rel="stylesheet"
  href="https://stackpath.bootstrapcdn.com/
  bootstrap/4.3.1/css/bootstrap.min.css"
  integrity="sha384-ggOyR0iXCbMQv3Xipma34MD+-
  dH/1fQ784/j6cY/iJTQUOhcWr7x9JvoRxT2MZw1T"
  crossorigin="anonymous">

  <link rel="stylesheet prefetch"
  href="https://cdnjs.cloudflare.com/ajax/libs/
  animate.css/3.2.3/animate.min.css">

  <link rel="stylesheet" href="css/style.css">
</head>

<body>

  <!-- BEAUTIFUL CODE -->

  <script src="https://code.jquery.com/
  jquery-3.3.1.slim.min.js"
  integrity="sha384-q8i/X+965DzO0rT7abK41JStQI-
  AqVgRVzpbzo5smXKp4YfRvH+8abtTE1Pi6jizo"
  crossorigin="anonymous"></script>

  <script src="https://cdnjs.cloudflare.com/
  ajax/libs/popper.js/1.14.7/umd/popper.min.js"
  integrity="sha384-UO2eT0CpHqdSJQ6hJty5KVpht-
  PhzWj9WO1clHTMGa3JDZwrnQq4sF86dIHNDz0W1"
  crossorigin="anonymous"></script>
```

```
<script src=“https://stackpath.bootstrapcdn.com/
  bootstrap/4.3.1/js/bootstrap.min.js“
  integrity=“sha384-JjSmVgyd0p3pXB1rRibZUAYoI-
  Iy6OrQ6VrjIEaFf/nJGzIxFDsf4x0xIM+B07jRM“
  crossorigin=“anonymous“></script>

<script type=“text/javascript“
  src=“https://ajax.googleapis.com/ajax/libs/
  jquery/1.11.2/jquery.min.js“></script>

<script src=“//cdnjs.cloudflare.com/
  ajax/libs/ScrollMagic/2.0.7/ScrollMagic.min.
  js“></script>

<script src=“//cdnjs.cloudflare.com/
  ajax/libs/ScrollMagic/2.0.7/plugins/debug.
  addIndicators.min.js“></script>
<script type=“text/javascript“
  src=“js/index.js“></script>

</body>
</html>
```

Nachdem das HTML-Grundgerüst steht, kann nun damit begonnen werden, die Website mit allen Inhalten zu füllen, diese zu stylen und mit Interaktionen sowie dezenten Mikroanimationen zu versehen.

5.4.4 Multilayer-Parallax

Der Multilayer-Parallax-Effekt beruht im Prinzip auf dem in Kapitel 4 beschriebenen Parallax-Effekt. Im Unterschied zu diesem besteht der Multilayer-Parallax-Effekt aus mehreren Ebenen, die sich alle unterschiedlich schnell beim Scrollen bewegen. Ziel ist es, der Website optisch mehr Tiefe und Dynamik zu verleihen. Das finale Ergebnis lässt sich mit den Bildern einer Videokamera auf einem Kamerakran vergleichen, welcher vertikal von einer großen Höhe nach unten Richtung Boden gesenkt wird, wobei der Blickwinkel unverändert bleibt.

Abbildung 5.9

Aufbau der Grafikdatei für den Multilayer-Parallax-Effekt. Zu sehen sind die einzelnen Ebenen, welche sich später unterschiedlich schnell bewegen und dadurch der Eindruck von Tiefe und Perspektive entsteht.
Unten ist das Ausgangsbild groß dargestellt. Hier liegen alle Ebenen Deckungsgleich übereinander.

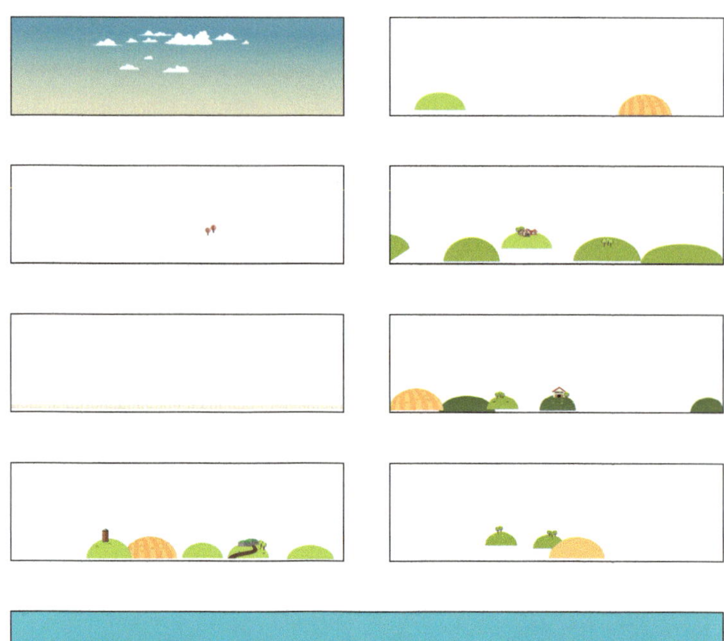

Dazu muss das Startbild in mehreren Ebenen aufgebaut werden. Hierbei ist darauf zu achten, dass alle Elemente einer Tiefenebene, wie beispielsweise die verschiedenen Hügel der Landschaft, gemeinsam auf derselben Ebene liegen. Darüber hinaus empfiehlt es sich, dass die einzelnen Grafiken jeweils dieselbe Dimension aufweisen. Dadurch werden unnötige Verschiebungen vermieden.

Für die Website des Bioenergiedorfs wurde die entsprechende Grafik in Adobe Illustrator erstellt. Diese besteht dabei innerhalb der Arbeitsdatei aus mehreren Ebenen. Im nächsten Schritt wurde jede Ebene als separate SVG-Datei gespeichert. Auf diese Weise können die Ebenen später einzeln angesprochen werden.

Leider speichert Adobe Illustrator bei dieser Vorgehensweise dennoch jeweils auch alle unsichtbaren Ebenen mit in die Dateien der einzelnen Ebenen. Dadurch wird die Dateigröße der einzelnen Dateien unnötig groß.

Zur Optimierung der Performance wurden deshalb mittels Code-Editor innerhalb jeder SVG-Datei die überschüssigen und nicht verwendeten Ebenen gelöscht (SVG-Dateien sind bekanntermaßen aus Texteinträgen zusammengesetzt, die gemeinsam die grafischen Objekte definieren, vgl. Kapitel 4.6, und lassen sich somit in einem Code-Editor editieren).

Dadurch konnte die Dateigröße von 252 KB pro Ebenen-Datei auf teils bis zu 2 KB reduziert werden. Dieser Vorgang musste händisch auf der Code-Ebene durchgeführt werden und ist vergleichsweise aufwendig, lässt sich aber aktuell nicht umgehen.

Insgesamt ist das Bild aus elf verschiedenen Ebenen aufgebaut. Die gesamte Performance-optimierte Dateigröße liegt hierbei bei 272 KB (im Vergleich: 2.772 KB oder 2,8 MB ohne Performance-Optimierung). Hierdurch wird der Unterschied, besonders mit Blick auf die Ladezeit der Website, nochmals deutlich.

Der Aufbau eines Multilayer-Parallax-Effekts besteht dabei aus mehreren Ebenen. Im vorliegenden Beispiel werden die zuvor erstellten separaten SVG-Dateien der jeweiligen Ebenen alle jeweils als Hintergrundbild integriert. Die Staffelung der Ebenen in ihrer räumlichen Tiefe wird durch die Sortierung ihrer Einträge im HTML von oben nach unten bewirkt, wie im Code-Beispiel auf der nachfolgenden Seite zu sehen ist.

Das bedeutet auch, dass für jede Grafik ein einzelnes *<div>-Element* mit einer eindeutigen Klasse erstellt werden muss. Zusätzlich werden die zwei Klassen *.layer* und *.parasize* ergänzt. Die erste Klasse sorgt für ein übergreifendes Styling, die zweite sorgt für die korrekten Dimensionen.

All diese Divs befinden sich in einer übergeordneten *<div>*. Diese sorgt dafür, dass das Parallax-Scrolling ausschließlich in diesem definierten Bereich erfolgt. Entsprechend schließen nachfolgende Bereiche der Website bündig an.

Dies ist notwendig, da die einzelnen Grafiken innerhalb dieser *<div>* sich unterschiedlich schnell bewegen. Ansonsten könnte es zu einer unschönen Darstellung kommen, wenn die eine Ebene bereits komplett nach oben gescrollt ist, aber noch auf die restlichen Ebenen warten muss. Es würde unterhalb der jeweiligen Grafik ein leerer Bereich entstehen, bei dem im schlimmsten Fall die Verschiebungen der anderen Ebenen zu sehen sein könnten.

Ein entsprechender HTML-Code hierfür könnte wie nachfolgend dargestellt aussehen:

▼ **Aufbau des Multilayer-Parallax-Effekts in HTML**

```html
<div id="hero" class="parasize">
  <div class="layer-1 layer parasize"
    data-depth="0.10" data-type="parallax">
  </div>
  <div class="layer-2 layer parasize"
    data-depth="0.25" data-type="parallax">
  </div>
  <div class="layer-3 layer parasize"
    data-depth="0.25" data-type="parallax">
  </div>
  <div class="layer-4 layer parasize"
    data-depth="0.50" data-type="parallax">
  </div>
  <div class="layer-5 layer parasize"
    data-depth="0.55" data-type="parallax">
  </div>
  <div class="layer-6 layer parasize"
    data-depth="0.6" data-type="parallax">
  </div>
  <div class="layer-7 layer parasize"
    data-depth="0.7" data-type="parallax">
  </div>
  <div class="layer-8 layer parasize"
    data-depth="0.8" data-type="parallax">
  </div>
  <div class="layer-9 layer parasize"
    data-depth="0.8" data-type="parallax">
  </div>
```

```
<div class="layer-10 layer parasize"
  data-depth="1" data-type="parallax">
</div>
<hr class="layer-11 layer parasize"
  data-depth="1" data-type="parallax">
</hr>
<div class="layer-12 layer"
  data-depth="1" data-type="parallaxTraktor">
</div>
</div>
```

Mittels CSS werden die SVG-Grafiken jeweils als Hintergrund-Bilder geladen. Darüber hinaus wird hier auch das *overflow*-Verhalten definiert.

Da die Darstellung bildschirmfüllend und responsive erfolgen soll, müssen noch weitere Styling-Angaben getätigt werden. Diese können im nachstehenden CSS-Code unter *.parasize {...}* abgelesen werden (vgl. folgende Seite).

Hierbei sei auf *height: 100vh !important;* hingewiesen. Mit dieser Anweisung wird festgelegt, dass die Höhe der Hintergrundbilder immer der Höhe des Viewports entsprechen soll.

Mittels der CSS-Anweisung *background-size: cover;* werden die Hintergrundbilder responsive eingebunden. Die Bezugsgröße ist dabei die Höhe des Viewports. Entsprechend werden überstehende Bereiche der Grafik links und rechts einfach abgeschnitten.

Hinzuweisen ist auf die obere Wolken-Ebene, welche im Weiteren mit einer *@keyframe*-Animation animiert werden soll. Dabei sollen sich die Wolken visuell von links nach rechts bewegen. Hierfür ist die CSS-Anweisung *background-size: cover;* ungünstig, da dadurch die Grafik links und rechts abgeschnitten und dieser visuelle Fehler aufgrund der Animation sichtbar wird.

Für eine korrekte Darstellung muss an dieser Stelle die CSS-Anweisung zu *background-size: 200% 200%;* geändert werden, um das Beschneiden zu vermeiden.

▼ **CSS-Code mit Angaben für den Multilayer-Parallax-Effekt sowie für die bildschirmfüllende Darstellung**

```css
body {
  height: 100%;
}


#hero {
  overflow: hidden;
  position: relative;
}


.layer {
  background-position: bottom center;
  background-size: auto;
  background-repeat: no-repeat;
  width: 100%;
  position: fixed;
  z-index: -1;
}
.parasize {
  background-position: center;
  background-repeat: no-repeat;
  background-size: cover;
  min-height: 100vh !important;
}

.layer-1 {
  background-image: url("../img/himmel.svg");
}

.layer-2 {
  background-image:
  url("../img/wolken-oben.svg");
  background-size: 200% 200%;
}

.layer-3 {
  background-image:
  url("../img/wolken-unten.svg");
}
```

```css
.layer-4 {
  background-image:
  url(".../img/heisluftballon.svg");
}


...


.layer-10 {
  background-image: url(".../img/traktor.svg");
}


hr.layer-11 {
  border-bottom: 3.2vh solid #805337;
  margin-top: -3.2vh;
}


.layer-12 {
  background-image: url(".../img/traktor.svg");
  background-position: left bottom;
  left: 5vw;
  width: 100%;
  min-height: 102px;
  bottom: 3.2vh;
}
```

Mit dem nachfolgenden Skript des Frontend-Developers Patryk Zabielski[1] kann der Multilayer-Parallax-Effekt umgesetzt werden.

Dieses prüft zunächst über einen *Event-Listener*, ob der Nutzer scrollt. Wurde eine entsprechende Scroll-Eingabe registriert, läuft das restliche Skript ab. Dazu greift es auf die globalen HTML5 *data-type*-Attribute zu. Diese wurden zuvor im HTML mit entsprechenden Werten versehen. Die Zahl *1* entspricht der normalen Scroll-Geschwindigkeit. Werte, die kleiner als *1* sind, scrollen folglich langsamer. Dadurch wird der bekannte Parallax-Effekt erzeugt.

---

1 Zabielski 2016.

Weiter ermittelt das Skript für jedes Layer die aktuelle Position und schreibt diesen Wert in die jeweils entsprechenden *transform:translate()*-Anweisungen. Hierdurch sorgt es letztendlich dafür, dass die einzelnen Grafiken auch tatsächlich verschoben werden.

Um Browser-übergreifende Kompatibilität zu erreichen, werden automatisch die entsprechenden fehlenden Präfixe generiert (siehe Zeilen 19-25 unten).

▼ **JavaScript für den Multilayer-Parallax-Effekt**

```javascript
(function() {

  window.addEventListener("scroll",
  function(event) {

    var depth, i, layer, layers, len, movement,
    opDistance, translate3d;
    topDistance = this.pageYOffset;
    layers = document.querySelectorAll("
      [data-type='parallax']");

    for (i = 0, len = layers.length; i < len;
        i++)
    layer = layers[i];
    depth = layer.getAttribute("data-depth");
    movement = -(topDistance * depth);
    translate3d = "translate3d(0, ' + movement
      + 'px, 0)";
    layer.style["-webkit-transform"] =
      translate3d;
    layer.style["-moz-transform"] =
      translate3d;
    layer.style["-ms-transform"] =
      translate3d;
    layer.style["-o-transform"] = translate3d;
    layer.style.transform = translate3d;
    }

  });

}).call(this);
```

5.4.5 Mikroanimationen

Mikroanimationen sorgen für Lebendigkeit in der sonst oft eher statischen Darstellung von Websites.

Wie zuvor dargelegt, sind diese Bewegungsabläufe der einzelnen Mikroanimationen im Demoprojekt langsam und dezent angelegt, um nicht vom eigentlichen Inhalt abzulenken, sondern lediglich zur Erzeugung einer Atmosphäre beizutragen.

Im Nachfolgenden wird exemplarisch aufgezeigt, wie die zuvor eingebundenen Wolken mit CSS3 animiert werden können, sodass der Anschein erweckt wird, als würden diese von links nach rechts über den Himmel ziehen.

Abbildung 5.10

Skribble der Wolkenanimation.

Dazu muss zunächst im HTML-Code die entsprechende <div> um die Klasse *.animationCloudTop* erweitert werden. Diese sorgt dafür, dass sich die Animation ausschließlich auf eine bestimmte Hintergrundgrafik aus dem Set der Hintergrundgrafiken bezieht, nämlich die mit den Wolken. Alle anderen Hintergrundgrafiken bleiben davon unberührt. Nach diesem Prinzip können einzelne Hintergrundgrafiken des Hintergrundgrafik-Sets gezielt angesprochen und unterschiedlich animiert werden.

Allerdings ließ sich dieses Prinzip der Animation im vorliegenden Beispiel nicht mit dem zuvor aufgezeigten Parallax-Effekt kombinieren.

▼ **Erweitertes HTML mit zwei verschiedenen Klassen für die CSS3-Animation**

```html
<div id="hero" class="parasize">
  <div class="layer-1 layer parasize"
       data-depth="0.10" data-type="parallax">
  </div>
  <div class="layer-2 layer parasize
              animationCloudTop"
    data-depth="0.25" data-type="parallax">
  </div>
  <div class="layer-3 layer parasize"
       data-depth="0.25" data-type="parallax">
  </div>
  <div class="layer-4 layer parasize
    animationHeisluftballon"
       data-depth="0.50" data-type="parallax">
  </div>
  ...
</div>
```

Die CSS3-Animation erfolgt dabei nach dem in Kapitel 4 beschriebenen Schema. Da diese eigenständig und ohne die gezielte Aktivierung durch den Nutzer ablaufen soll, kann die @*keyframes*-Animation verwendet werden.

Dabei werden zunächst alle relevanten Attribute für die Klasse *.animationCloudTop* definiert. Wie im nachstehenden Codesnippet zu sehen ist, wurde der Animation der eindeutige Name *wolkenOben* zugewiesen. Dabei beträgt die gesamte Animationsdauer *500s*.
  Ferner wurde festgelegt, dass die Animation unendlich oft wiederholt wird. Die physikalische Eigenschaft der Beschleunigung ist auf *linear* gesetzt worden, wodurch sich die Wolken gleichmäßig bewegen und nicht wiederholend beschleunigen und wieder abbremsen.

Abschließend wird über die @*keyframes*-Regel das Verhalten definiert. Da sich die Wolken horizontal von links nach rechts bewegen sollen, eignet sich hierfür die Eigenschaft *transform:translate()*. Wie in Kapitel 4 ausgeführt ist diese im Hinblick auf die Performance der Animation die günstigste Variante.

▼ **CSS3-Animationen**

```css
@keyframes wolkenOben {
  from { transform: translate(-20%,0) }
  to { transform: translate(100%,0) }
}


.animationCloudTop {
  animation-name: wolkenOben;
  animation-duration: 500s;
  animation-iteration-count: infinite;
  animation-timing-function: linear;
}
```

5.4.6 Scroll-activated animations

In diesem Abschnitt wird exemplarisch die Umsetzung einer scroll-activated animations erläutert. Hierbei soll im Demoprojekt der im Vordergrund befindliche Traktor mittels Scrollen von links nach rechts fahren. Ein inverser Scroll-Vorgang durch den Nutzer lässt diesen rückwärts fahren.

Hierfür kann die bereits zuvor benutzte JavaScript-Routine mit geringen Modifikationen verwendet werden. Zunächst muss aber die entsprechende Stelle in der HTML-Datei geändert werden.

Dazu erhält die zu ändernde *<div>* mit dem Bild des Traktors den neuen Wert *parallaxTraktor* für das Attribut *data-type*.

▼ **Modifiziertes HTML-Snippet**

```html
<div id="hero" class="parasize">
  [...]

  <div class="layer-12 layer" data-depth="1"
    data-type="parallaxTraktor">
  </div>

</div>
```

Abbildung 5.11

Verschiedene Phasen der Traktor-Animation, abhängig vom Scroll-Vorgang durch den Nutzer.

Wie bereits angeführt, muss das bestehende JavaScript geringfügig erweitert werden. Dafür kann der komplette Teil ab derjenigen Zeile übernommen werden, welche nach dem *data-type*-Attribut (*layers = document.query SelectorAll("[data-type = 'parallax']");*) sucht. Hierbei muss der Eintrag *parallax* durch *parallaxTraktor* ersetzt werden.

Darüber hinaus muss eine weitere *movement*-Variable angelegt werden. Über diese erfolgt die zusätzliche Verschiebung in x-Richtung. Weiter ist an dieser Stelle die Negation zu entfernen, weil die Animation nun nicht mehr vertikal von oben nach unten sondern horizontal erfolgen soll. Die Multiplikation mit dem Zahlenwert *2* sorgt dabei dafür, dass sich der Traktor schneller bewegt.

Nun muss die Eigenschaft *translate3d = "translate3d()* um die neue *movementX*-Variable erweitert werden. Diese wird an der ersten Stelle, dem Platz für den x-Wert, gesetzt. Dies bewirkt, dass das Bild des Traktors um den gleichen Faktor der Scroll-Höhe nach rechts verschoben wird.

▼ **Erweitertes JavaScript**

```javascript
(function() {
  window.addEventListener("scroll",
  function(event) {

    var depth, i, layer, layers, len, movement,
    opDistance, translate3d;
    topDistance = this.pageYOffset;
    layers = document.querySelectorAll("
      [data-type='parallax']");
    for (i = 0, len = layers.length; i < len;
        i++)
    layer = layers[i];
    depth = layer.getAttribute("data-depth");
    movementY = -(topDistance * depth);
    translate3d = "translate3d(0", + movementY
      + "px, 0)";
    layer.style["-webkit-transform"] =
      translate3d;
    layer.style["-moz-transform"] = translate3d;
```

```javascript
        layer.style["-ms-transform"] = translate3d;
        layer.style["-o-transform"] = translate3d;
        layer.style.transform = translate3d;
    }


    layers = document.querySelectorAll(
        "[data-type='parallaxTraktor']");
    for (i = 0, len = layers.length; i < len;
        i++)
    layer = layers[i];
    depth = layer.getAttribute("data-depth");
    movementX = (topDistance * depth * 2);
    movementY2 = -(topDistance * depth);
    translate3d = "translate3d(" + movementX
        + "px, + movementY2 + "px, 0)";
    layer.style["-webkit-transform"] =
        translate3d;
    layer.style["-moz-transform"] =
        translate3d;
    layer.style["-ms-transform"] =
        translate3d;
    layer.style["-o-transform"] = translate3d;
    layer.style.transform = translate3d;
    }

  });
}).call(this);
```

5.4.7   Horizontale Navigation

Im nächsten Schritt soll die Navigation angelegt werden. Der Konzeption ist zu entnehmen, dass zwei verschiedene Navigationen parallel umzusetzen sind: Ein Menübalken als Sticky-Header und eine Scrollspy-Funktionalität.

Zunächst wird die Umsetzung des Menübalkens näher betrachtet. Standardmäßig besitzt dieser Navigationstyp, je nach Viewport-Größe, zwei verschiedene Darstellungen. Ist der Screen breit, werden die Navigationspunkte vollständig und nebeneinander angezeigt.

Abbildung 5.12
Screenshots der beiden verschiedenen Darstellungen der
horizontalen Navigation.

Oben: der Hintergrund der
Navigationsleiste ist transparent

Unten: hat ein Nutzer ge-
scrollt wird ändert sich die
Hintergrundfarbe zu weiß.
Beiden Darstellungsvarianten
ist gemein, dass die Positionierung immer am oberen
Bildschirmrand bleibt.

Ist der Bildschirm hingegen schmal, wie beispielsweise bei Smartphones, wird die Navigation verkürzt durch das Hamburger-Menü dargestellt. Klickt ein Nutzer auf dieses, klappt das Menü auf und die einzelnen Navigationspunkte werden angezeigt.

Für eine semantisch korrekte Auszeichnung der Navigation wurden die entsprechenden HTML5-Elemente verwendet. Da sich das Menü im Kopfbereich der Website befindet, kann das <header>-Tag verwendet werden. Innerhalb dieses Tags werden nun alle notwendigen HTML-Bestandteile der Navigation geschrieben. Wie schon erläutert, hat die Navigation zwei verschiedene Darstellungen (lang und verkürzt als Hamburger-Menü). Für beide Anzeigeformen kann das <nav>-Tag verwendet werden. Diese Zweiteilung ist auch im nachstehend abgebildeten HTML-Code gut zu sehen.

Das Hamburger-Menü wird mittels eines <button>-Tags realisiert. Dieser beinhaltet ein <span>-Tag über welches mit Hilfe der CSS-Pseudoklassen *:before* und *:after* die horizontalen Balken erstellt werden. Die einzelnen Menüpunkte werden als Listenelemente einer unsortierten Liste angelegt und verlinkt. Da es sich bei der Site um einen OnePager handelt, erfolgt die Verlinkung mittels *Anchor-Links*. Dafür wird als Link-Pfad die *ID* der jeweiligen Sektion angegeben.

▼ **HTML**

```html
<div class="nav-container">
<header>
 <nav class="nav">
 <button class="toggle-menu">
  <span></span>
   </button>
 </nav>
 <div id="menu" class="">
  <nav class="main-nav">
   <img class="preloader_img"
        src="img/preloader_img.svg" />
```

```html
    <ul>
      <li><a href="#section1"
          id="np1">Start</a></li>
      <li><a href="#section2"
          id="np2">Einleitung</a></li>
      <li><a href="#schweinestall"
          id="np3">Rohstoffe</a></li>
      <li><a href="#biogasanlage"
          id="np4">Verfahren</a></li>
      <li><a href=" " id="np5">Strom</a></li>
      <li><a href=" " id="np6">Wärme</a></li>
      <li><a href=" " id="np7">Schluss</a></li>
      <li><a href=" " id="np8">Kontakt</a></li>
    </ul>
   </nav>
  </div>
 </header>
</div>
```

Ein entsprechendes CSS-Styling sorgt für den gewünschten Look. Ebenso werden hierdurch die beiden Darstellungen der Navigation unterschieden. Der nachstehende CSS-Code stylt das Aussehen des Menüs für größere Bildschirme (> = 769 px), wie dies auch anhand des definierten *MediaQueries* zu sehen ist.

In der Desktop-Darstellung werden zwei Zustände unterschieden: Nutzer befindet sich noch am Kopf der Website oder Nutzer hat bereits begonnen zu scrollen.

Sobald der Nutzer nun nach unten scrollt, wird die Klasse *header.scrolled* aktiviert. Dadurch wird die initiale Darstellung des Menübalkens von transparent auf volldeckend geändert.

Ebenso soll die Navigation am oberen Bildschirmrand dauerhaft fixiert werden. Dafür sorgt *position: fixed;* wie in den Zeilen sechs und 16 zu sehen ist. Ebenso ist zu erkennen, dass die Farben für den Hintergrund sowie die Menüpunkte geändert werden, sowie dass der zweite Zustand der Navigation mit einer kleinen CSS-Animation eingeblendet wird.

▼ CSS

```css
@media only screen and (min-width: 769px) {
  .nav-container {
    background: none;
  }

  .nav-container header {
    position: fixed;
    width: 100%;
    height: 70px;
    top: 0;
    background: none;
    transition: background 500ms ease;
    -webkit-transition: background 500ms ease;
    z-index: 1800;
  }

  .nav-container header.scrolled {
    position: fixed;
    top: -70px;
    background: #fff;
    transform: translateY(70px);
    transition: transform 500ms ease,
                background 900ms ease;
    -webkit-transition: transform 500ms ease,
                        background 900ms ease;
    color: black;
  }

  .nav-container header nav {
    width: 100%;
    margin: 0 auto;
    height: 100%;
    text-align: center;
  }

  .nav-container header nav ul {
    position: relative;
    top: 50%;
    transform: translateY(-50%);
  }

  .nav-container header nav ul li {
    display: inline;
    margin-right: 20px;
  }
```

```css
.nav-container header nav a {
  text-decoration: none;
  color: white;
}
.nav-container header nav a:hover {
  color: #bbd72f;
}
.nav-container header.scrolled nav a {
  color: black;
}
.nav-container header.scrolled a:hover {
  color: #bbd72f;
}
.nav {
  display: none;
}
#menu {
  display: initial;
}
}
```

Um die Darstellung der Navigation zu ändern wenn ein Nutzer scrollt, wird ein wenig JavaScript benötigt. Ein mögliches Script dafür kann mit jQuery aussehen, wie nachstehend abgebildet.

Eine der bestimmenden Funktionen ist *scrollTop()*. Diese untersucht alle Scroll-Events. Erkennt die Funktion, dass der Nutzer scrollt, wird der ihr zugewiesene Code ausgeführt. Dadurch soll die Darstellung der Navigation erst geändert werden, wenn die Scroll-Tiefe größer als die ursprüngliche Höhe des *<header>* ist. Wenn dies zutrifft, wird vereinfacht gesagt, dem *<header>*-Tag die Klasse *.scrolled* hinzugefügt. Diese Kombination ist, wie im CSS zuvor gezeigt, separat gestylt und führt dazu, dass das Aussehen der Navigation geändert wird.

Über die umgebende *if()* ... *else()*-Anweisung wird die Änderung der Menü-Darstellung in beide Scroll-Richtungen kontrolliert. Das ist notwendig, denn wenn der Nutzer wieder ganz noch oben scrollt, soll die Navigationsleiste wieder transparent sein und sich so harmonischer in das Einstiegsbild integrieren.

▼ **JavaScript**

```javascript
var $header = $("header"),
    $headerHeight = $header.height(),
    $title = $(".title");

var navScroll = {

  init: function() {
    $(window).on("scroll", function() {
      navScroll.navDrop();
    });
  },

  navDrop: function() {
    var $scrollTop = $(window).scrollTop();

    if ($scrollTop > $headerHeight) {
      $header.addClass("scrolled");
      $title.css("padding-top", "70px");
      $("#line-top").css("top", "135px");
      $("#logo-line-top").css("top", "95px");
    }
    else if ($scrollTop == 0) {
      $header.removeClass("scrolled");
      $title.css("padding-top", "0");
      $("#logo-line-top").css("top", "35px");
      $("#line-top").css("top", "85px");
    }


  }
};


$(document).ready(function() {
  navScroll.init();
});
```

Der Vollständigkeit halber wird in diesem Abschnitt kurz auf das Thema responsive Navigation eingegangen. Wie Eingangs erwähnt, hat sich diese Funktionalität heute als Standard etabliert, weshalb jede moderne Website dies auch bieten sollte.

Im Folgenden geht es nun weniger darum, aufzuzeigen wie solch eine Navigation von Anfang bis Ende entwickelt wird. Dazu lassen sich im Web genügend Informationen und Beispielcodes zur Vertiefung finden.

Prinzipiell wird über die *CSS-MediaQueries* definiert, wann das Hamburger-Menü oder die vollständige Navigation dargestellt werden soll. Dafür ist es sinnvoll, für beide Menüs eine unterschiedliche *ID* zu vergeben. Dadurch kann die Darstellung der Menüpunkte unterschiedlich im CSS beschrieben werden. So werden beispielsweise die Navigationspunkte nicht mehr nebeneinander, sondern untereinander angeordnet. Auch wird die Schrift größer dargestellt, um die einzelnen Punkte mit dem Finger besser auswählen zu können.

Jetzt stellt sich natürlich die Frage, wie man vom Hamburger-Menü zum aufgeklappten Menü gelangt. Dies kann zum Beispiel mittels der *toggle*-Funktion in jQuery relativ einfach realisiert werden. Dazu wird eine Funktion geschrieben, die durch die *.click()*-Methode überwacht wird. Letztere überprüft permanent, ob die davor definierte Klasse *.toggle-menu* vom Nutzer angeklickt (entweder mit der Maus oder dem Finger) wurde.

Sobald ein Klick auf diese Klasse registriert wurde, wird die Anweisung der Funktion abgearbeitet. Mittels der *.toggleClass()*-Methode kann einem definierten Element eine weitere Klasse hinzugefügt werden. Diese hinzugefügte Klasse bleibt solange bestehen, bis der Nutzer wieder auf das Element klickt. Somit kann die *toggle*-Methode zwei unterschiedliche Zustände (Menü offen bzw. Menü geschlossen) definieren.

Abbildung 5.13
Darstellung des geöffneten mobilen Menüs, nachdem der Nutzer auf das Hamburger-Icon geklickt hat.

▼ **JavaScript - Responsive Navigation**

```javascript
$(".toggle-menu").click(function() {

    $(this).toggleClass("active");
    $("#menu").toggleClass("open");
    $("#scrolldown").toggleClass("openn");


});
```

Scrollspy

In diesem Abschnitt wird aufgezeigt, wie die Scrollspy-Funktionalität mittels ScrollMagic.js für die Navigation umgesetzt wurde. Dadurch wird automatisch innerhalb der Navigationsleiste der entsprechende Navigationspunkt visuell hervorgehoben, sobald der Nutzer beispielsweise durch scrollen in das dazugehörige Segment gelangt ist.

Scrollt der Nutzer dieses Segment in den Viewport, wird mittels ScrollMagic die CSS-Klasse *.active* an den *<a>*-Tag des entsprechenden Navigationspunktes temporär angehängt. Mittels CSS wird das Styling für diese *.active*-Klasse vorgenommen.

Zu Beginn wurde für jeden Menüpunkt eine eigene ScrollMagic-Szene angelegt. Im Weiteren wurde mittels des bereits bekannten Befehls *triggerElement* festgelegt, ab wann Etwas passieren soll. Hier wurde die *ID* der entsprechenden *<section>* angegeben. Die *duration* der jeweiligen Szene hängt von der Dauer, beziehungsweise der Höhe der einzelnen Segmente ab. Dadurch variieren diese Angaben. Mittels *.setClassToggle()* wird die bereits angesprochene *.active*-Klasse dem jeweils entsprechenden Navigationspunkt zugewiesene. Dazu wurden zuvor die einzelnen IDs der Navigationspunkte verwendet.

▼ **JavaScript**

```javascript
/* ----- Scroll Spy Navigation ----- */

new ScrollMagic.Scene({
    triggerElement: "#section1",
    duration: "100%"
})
.setClassToggle("#nav1", "active")
.addTo(controller);

new ScrollMagic.Scene({
    triggerElement: "#section2",
    duration: "300%"
})
.setClassToggle("#nav2", "active")
.addTo(controller);
```

```javascript
new ScrollMagic.Scene({
    triggerElement: "#schweinestall",
    duration: "400%"
})
.setClassToggle("#nav3", "active")
.addTo(controller);

new ScrollMagic.Scene({
    triggerElement: "#biogasanlage",
    duration: "500%"
})
.setClassToggle("#nav4", "active")
.addTo(controller);
```

Damit die mittels ScrollMagic jeweils temporär angehängte *.active*-Klasse auch visuell sichtbar wird, muss
diese noch abschließend mit CSS entsprechend gestylt
werden.

▼ **CSS**

```css
.nav-container header.scrolled nav a.active {
    color: #bbd72f;
}
```

5.4.8 Schweinestall und Wiese jeweils mit Traktor

Nach dem die Neugierde weckenden Einstieg soll nun
das Storytelling zur Funktionsweise eines Bioenergiedorfs
beginnen. Am Anfang des Prozesses stehen die Rohstoffe
und deshalb beginnt die Erzählung im Schweinestall. Ein
Traktor mit einem Güllefass fährt durch diesen, anschließend über eine Wiese und endet in der Biogasanlage.

Zunächst wurden die einzelnen Hintergründe (Schweinestall und Wiese) im HTML angelegt. Der Aufbau ist dabei
prinzipiell derselbe. Die Positionierung dieser beiden Elemente ist relativ simpel, da diese nur untereinander
angeordnet werden müssen.

Im folgenden HTML-Code sind auch die Infoboxen zu sehen, welche während des Scroll-Vorgangs in den jeweiligen thematischen Abschnitten angezeigt werden sollen.

▼ **HTML**

```html
<!-- SECTION 3 - SCHWEINESTALL -->
<section id="schweinestall"
 class="scroll-center-200">
 <article id="schweinestall-description"
  class="infobox">
  <div class="half-circle">
   <h4>01</h4>
  </div>
  <h3>Biomasse als Energieträger - Gülle</h3>
  <p>Für die Gärmasse in der Biogasanlage werden
     verschiedene Rohstoffe benötigt.
     [...]
  </p>
  <div class="more-info">
    <span class="more-info-circle"></span>
     <a href="#" class="more-info-link"
       data-acc="1">
       <span class="more-info-icon">
        <span class="more-info-line
          more-info-line-1"></span>
        <span class="more-info-line
          more-info-line-2"></span>
       </span>
     </a>
   </div>
  </article>
 </section>
```

Nachdem die Hintergründe eingebunden wurden, kann der Traktor eingefügt werden. Dieser soll später über beide <section>-Elemente hinaus fahren und dadurch die beiden Sinnabschnitte harmonisch miteinander verbinden.

Um dies zu realisieren, muss der Traktor sowohl einen höheren *z-index*-Wert besitzen, als auch außerhalb der beiden <section>-Elemente im HTML eingefügt werden.

▼ **HTML**

```html
<!-- GLOBALE ELEMENTE -->

  <!-- TRAKTOR -->
  <img id="traktor" src="img/traktor_top.svg"
      alt="Traktor mit Güllefass" />
```

Per CSS wird der bereits angesprochene *z-index*-Wert festgelegt, sowie eine fixierte Positionierung mittels des Befehls *position: fixed;* vorgenommen.

Dadurch kann dieses Element wie auch bei *position: absolute;* über andere Elemente darübergelegt werden, jedoch bleibt die Positionierung während des Scroll-Vorgangs unverändert.

Im Gegensatz dazu bewegen sich die beiden Hintergründe (Schweinestall und Wiese) beim scrollen, wodurch der Eindruck entsteht, als würde der Traktor fahren.

▼ **CSS**

```css
#traktor {
    width: 100%;
    max-width: 150px;
    position: fixed;
    transition-duration: 2s;
    z-index: -2;
    left: 50%;
}

#traktor.fixed {
    z-index: -2;
}

#traktor.show {
    z-index: 5;
}

#traktor.show.drive {
    transform: translateY(50%);
}
```

Wie im zuvor abgebildeten CSS-Snippet zu sehen ist, besitzt der Traktor mehrere unterschiedliche Klassen mit verschiedenen Styles, obwohl diese im ursprünglichen *<img>*-Tag im HTML nicht vergeben sind.

Diese Klassen werden mittels ScrollMagic hinzugefügt, bzw. wieder gelöscht. In der ersten Szene *traktor1* wird dem Traktor-*<img>*-Tag die Klasse *.show* hinzugefügt. Dadurch ändert sich der *z-index*-Wert dieses Elements und der Traktor wird sichtbar, da er nun über der Schweinestall-Hintergrundebene liegt.

Weiter wird in der Szene *traktor2* nach demselben Muster zusätzlich noch die Klasse *.drive* hinzugefügt. In Kombination mit der entsprechenden CSS-Anweisung *transform: translateY(50%);* „fährt" der Traktor nun automatisch vertikal von seiner ursprünglichen Position am oberen Bildschirmrand bis zur Bildschirm-Mitte herunter.

Um den Nutzer visuell nicht zu überfordern, laufen diese beiden Prozesse zeitverzögert nacheinander ab. Dies kann beispielsweise über die Veränderung des Parameters *triggerHook* realisiert werden. Wie im nachstehenden Code-Snippet zu sehen ist, beträgt der Wert bei der ScollMagic-Szene *traktor1* „1", wohingegen bei der Szene *traktor2* der *triggerHook* einen Wert von „0" hat.

Abschließend sei noch auf die Zeile *duration: „1000%"* hingewiesen. Dieser hohe Wert ist notwendig, damit das Traktor-Element später vollständig bis zur Biogasanlage angezeigt und nicht vorzeitig wieder ausgeblendet wird.

▼ **JavaScript**

```javascript
// TRAKTOR - SHOW
var traktor1 = new ScrollMagic.Scene({
    triggerElement: "#section3",
    duration: "1000%",
    triggerHook: 1
})
.setClassToggle('#traktor', 'show')
.addIndicators({
    name: "Traktor",
    colorTrigger: "yellow",
```

```javascript
    indent: 0,
    colorStart: "green",
    colorEnd: "magenta"
})
.addTo(controller);


// TRAKTOR - DRIVE
var traktor2 = new ScrollMagic.Scene({
    triggerElement: "Schweinestall",
    duration: "1000%",
    triggerHook: 0
})
.setClassToggle('#traktor', 'drive')
/* .addIndicators({...}) kann optional
    ebenfalls ergänzt werden */
.addTo(controller);
```

Für die korrekte Darstellung muss der Traktor noch mittig positioniert werden. Dies erfolgt im Zusammenspiel mit der zuvor dargestellten CSS-Anweisung *left: 50%;* für *#traktor* und dem nachstehenden JavaScript.

▼ **JavaScript zur mittigen Positionierung des Traktors**

```javascript
// Traktor

var traktor = document.getElementById("traktor");
var traktorBreite = -(traktor.clientWidth) / 2;
traktor.style.marginLeft = traktorBreite + "px";
```

Hierbei wird zunächst die angezeigte Breite der Traktor-Grafik ermittelt und dieser Wert halbiert sowie anschließend negiert. Der Sinn der Negation wird in der letzten JavaScript-Zeile ersichtlich. Mit dieser wird erreicht, dass dem Traktor-Element die weitere CSS-Eigenschaft *margin-left* hinzugefügt wird. Diese hat als Wert den zuvor negierten Ergebnis-Wert.

Der Traktor wird dadurch um die Hälfte seiner Breite nach links verschoben und befindet sich im Ergebnis nun wirklich in der tatsächlichen Mitte der Bildschirmbreite.

In dem vorhergehenden HTML-Snippet ist bereits der Code für die Infoboxen abgebildet. Die Anzeige dieser Boxen wird wieder über ScrollMagic gesteuert. Im Browser sieht das Ergebnis wie nachfolgend dargestellt aus:

Abbildung 5.14

Innerhalb jedes Segments erscheint ab einer bestimmten Scroll-Tiefe die zugehörige Infobox.

Dem zugrundeliegenden JavaScript-Snippet kann der Aufbau dieser Funktionalität entnommen werden. Zu Beginn wird wieder eine neue ScrollMagic-Szene (*infoboxWiese*) definiert. Über das *triggerElement* wird definiert, ab wann genau die weiteren Parameter abgearbeitet werden sollen (*triggerElement: "#wiese"*). Ebenso ist zu sehen, dass der *duration*-Wert auf *80%* verkürzt wurde. Dadurch kann das Infobox-Element zeitversetzt und auf diese Weise für den Nutzer sichtbar ein- und ausgeblendet werden (*setClassToggle('#wiese-description', 'fadein')*). Ansonsten würde die Box nicht erst innerhalb des Segments erscheinen, sondern bereits zu Beginn angezeigt werden.

▼ **JavaScript**

```
// INFOBOX WIESE
var infoboxWiese = new ScrollMagic.Scene({
  triggerElement: "#wiese",
  duration: "80%",
  triggerHook: 0
})
.setClassToggle("#wiese-description", "fadein")
.addTo(controller);
```

Die Funktionalität aller Infoboxen erfolgt nach dem oben dargestellten Muster.

5.4.9 JavaScript zur responsiven Positionierung

Für eine realistischere Wirkung sollen auf der Wiese zwei Bäume platziert werden, welche leicht in den Weg hineinragen, sodass der Traktor unter diesen hindurch fährt. Das verleiht der gesamten Komposition Perspektive und dadurch eine gewisse Tiefe.

Wie zuvor schon erwähnt, besteht auch hier das Problem der *z-index*-Werte. Da die *<section>* mit der Wiese unterhalb des Traktors liegt, können die beiden Bäume nicht innerhalb dieser *<section>* angelegt werden. Ansonsten würde der Traktor einfach über diese darüber fahren, selbst wenn die Bäume einen deutlich größeren *z-index*-Wert haben als der Traktor. Ausschlaggebend für die Hierarchisierung ist immer noch der *z-index*-Wert der umgebenden *<section>*. Daher müssen die Bäume außerhalb dieser *<section>* angelegt werden. Dies kann zum Beispiel vor der ersten *<section>* erfolgen. Wichtig ist dabei, dass keine *z-index*-Werte die Positionierung beschränken. Beide Bäume können dann per *<img>*-Tag eingebunden werden. Die Grafik per se liegt dabei im Vektorformat SVG vor.

Abbildung 5.15
Der individuell angepasste z-Index-Wert sorgt dafür, dass der Traktor nun unter dem Baum hindurch fahren kann.

Im Weiteren wird das Prinzip an nur einem Baum beschrieben. Der zweite Baum wird nach demselben Muster angelegt. Wichtig ist dabei, dass beide Bäume eine eigene *ID* erhalten, sodass diese getrennt angesprochen und auch unterschiedlich positioniert werden können.

▼ HTML

```html
<img id="baum1" src="img/baum.svg" alt="">
```

Mittels einer CSS-Anweisung wird nicht nur die Größe, sondern auch die Positionierung auf *position: absolute;* festgelegt.

Des Weiteren wird ein *z-index*-Wert vergeben, der größer als jener des Traktors ist. Dadurch kann der Baum über die anderen Elemente, wie Wiese und Traktor positioniert werden.

▼ **CSS**

```css
img#baum1 {
    max-width: 320px;
    width: 100%;
    position: absolute;
    z-index: 1000;
    left: 52%;
    top: 0;
}
```

Für eine responsive Positionierung ist der Einsatz von JavaScript unabdingbar. Die korrekte Platzierung gestaltet sich dahingehend schwierig, dass mit zunehmend schmalerem Screen die Inhalte in der Breite gestaucht werden und dadurch in die Länge wachsen. Folglich kann die Platzierung nicht als fixe Pixelangabe erfolgen, sondern muss für jede Viewport-Größe jeweils separat dynamisch ermittelt und berechnet werden.

Dies kann, wie in dem nachstehenden JavaScript-Code dargestellt, folgendermaßen realisiert werden:

Die generelle Überlegung hierbei ist, die exakte Höhe der vorherigen <section>-Elemente per JavaScript zu ermitteln, diese Werte zusammen zu addieren und zum Schluss noch den Versatz innerhalb der Wiese hinzuzuzählen.

Hierfür werden zunächst die einzelnen Segmente in jeweils eine eigene Variable gespeichert. Danach wird für jede Variable mit Hilfe der Methode *.scrollHeight()* die aktuelle Höhe jedes einzelnen Segment ermittelt, die Werte zusammen addiert und in der neuen Variablen *baum1* gespeichert.

Als letzter Schritt wird mittels JavaScript die ermittelte Summe für *baum1* als Wert für die CSS-Eigenschaft *top* verwendet und dem HTML-Baum-Element temporär übergeben. Hierdurch wird die Baum-Grafik mit dem korrekten Abstand nach oben platziert. Zusätzlich befindet sich diese nun ebenfalls in der Staffelung der Ebene über der Wiese und dem Traktor an der vorgesehenen Stelle.

▼ **JavaScript**

```javascript
window.onload = showViewport;
window.onresize = showViewport;

function showViewport() {
console.log("Dokument geladen");

var elmnt1 = document.getElementById("section1");
var elmnt2 = document.getElementById("section2");
var elmnt3 = document.getElementById("section3");
var elmnt4 = document.getElementById("section4");
var elmnt5 = document.getElementById(
                              "schweinestall");
var elmnt6 = document.getElementById("wiese");

// Baum 1
var wbaum1 = window.innerWidth;
var baum1 = (elmnt1.scrollHeight + elmnt2.
    scrollHeight + elmnt3.scrollHeight + elmnt4.
    scrollHeight + elmnt5.scrollHeight);

document.getElementById("baum1").style.top =
    baum1 + "px";
}
```

Abschließend soll noch auf die beiden einleitenden Code-
zeilen näher eingegangen und deren Funktion erläutert
werden.

Die Anweisungen *window.onload = showViewport;* und
window.onresize = showViewport; sollten unbedingt verwendet werden. Diese Befehle sorgen dafür, dass die
Funktion zur Positionierung erst dann abgearbeitet wird,
wenn alle Elemente des DOM vollständig geladen sind.

Ansonsten könnte sich die Höhe der Abschnitte im
Nachhinein noch ändern, was folglich zu einer falschen
Berechnung der Positionierung führen würde. Daher
müssen die beiden einleitenden Anweisungen unbedingt
oben stehen.

5.4.10 Infobox

Die primäre Informationsdarbietung auf der Website ist kurz und übersichtlich gehalten. Dennoch sollen interessierte Nutzer die Möglichkeit haben, sich umfänglicher informieren zu können. Diese Informationen werden in Form eines Overlays aufbereitet. Drückt ein Nutzer auf den „+"-Button in der Infobox, so wird der dazugehörige Inhalt angezeigt. Dabei verdeckt der Content die eigentliche Website. Der Code für den „+"-Button muss im Gegensatz zum Code des Overlays innerhalb der jeweiligen <section> platziert werden.

▼ HTML-Code

```html
<div class="more-info">
<span class="more-info-circle"></span>
<a href="#" class="more-info-link" data-acc="1">
 <span class="more-info-icon">
  <span class="more-info-line more-info-line-1">
  </span>
  <span class="more-info-line more-info-line-2">
  </span>
 </span>
</a>
</div>
```

Im nachstehend abgebildeten HTML-Code ist der Aufbau dieser zusätzlichen Informationen zu sehen. Das abgebildete Gerüst wird für alle Overlays verwendet. Lediglich die ID der umschließenden <div> muss dabei jedesmal geändert werden.

Da die Overlays immer über den Inhalten der Website liegen sollen, müssen diese zwingend außerhalb des *Wrappers* im HTML-Code platziert werden. Andernfalls würden diese maximal den *z-index*-Wert des jeweiligen Segments erhalten. Dadurch wäre es nicht an allen Stellen der Website möglich, dass die Overlays immer die gesamte Website verdecken. Daher wurden alle Code-Anweisungen der Overlays in der HTML-Datei außerhalb des Wrappers platziert.

▼ HTML - Code Overlay

```html
<!-- Infobox #1 -->
<div id="acc-1" class="more-info-overlay">
    <div class="more-info">
        <div class="lightbox-controls more-info-
           link short-animate">
            <a class="close-lightbox long-animate"
               href="#!">Close Lightbox</a>
        </div>
    </div>
    <div class="more-info-content">
        <div class="container overlay">
            <h1 class="overlay-info">Biomasse als
               Energieträger</h1>
            <div class="row">
                <div class="col-md-12">
                    <h2>Gülle</h2>
                    <p class="more-info-description">
                        Lorem ipsum dolor elitr [...]
                    </p>
                </div>
            </div>
        </div>
    </div>
</div>
```

Der schrittweise Aufbau eines responsiven Overlays soll an dieser Stelle nicht weiter vertieft werden. Hierzu lassen sich im Web unzählige Beispiel-Codes finden. Auch besteht die Möglichkeit, den abgebildeten Code anhand der zum Download angebotenen Code-Beispielen im eigenen Code-Editor und Browser nachzuvollziehen.

Vielmehr sei an dieser Stelle auf eine Herausforderung hingewiesen, die in diesem Zusammenhang auftauchen wird. Die prinzipielle Funktionalität ähnelt der des responsiven Menüs. Auch hier wird nach einem Klick auf ein Symbol (z.B. Hamburger-Menü-Icon) das Menü aufgeklappt/angezeigt/hineingeschoben/... . Dies funktioniert in diesem Kontext auch perfekt, da zu einem Button auch nur ein anzuzeigender Inhalt gehört.

Abbildung 5.16
Screenshot des Overlays

Im Falle der Bioenergiedorf-Website müssen jedoch, je nachdem auf welchen „+"-Button gedrückt wird, mehrere verschiedene Inhalte angezeigt werden. Eine schnelle Lösung dieses Problems wäre, wenn für jeden „+"-Button sowie dessen zugehörigem Overlay andere IDs und Klassennamen vergeben würden. Entsprechend müssten auch in der JavaScript-Datei mehrere Funktionen für jedes einzelne Paar geschrieben werden. Dies ist sehr umständlich und führt zu einem unnötig aufgeblähten Code. Ebenso steigt bei der Wartung der Website der Aufwand dadurch erheblich, da beispielsweise Änderungen in der Darstellung für jedes Overlay separat im CSS geändert werden müssten.

Eine elegante Lösung stellt das nachfolgende jQuery-Script da. Dieses sucht zunächst nach allen Elementen, welche die Klasse *more-info-link* besitzen. Mit Hilfe der *.click()*-Funktion wird die Nutzerinteraktion mit diesen Elementen überwacht. Klickt ein Nutzer auf eines dieser Elemente, wird die Funktion abgearbeitet. Dabei wird analysiert, welches HTML5-Attribut diesem zugehörig ist und von der Nummerierung eine Position abgezogen, da in der Informatik der Beginn der Zählung bei 0 (0, 1, 2, 3, 4, ...) und nicht bei 1 (1, 2, 3, 4, 5, ...) liegt. Dadurch kann dann beispielsweise dem fünften Overlay die Klasse *.open* hinzugefügt werden, womit die Toggle-Funktion, wie beim responsiven Menü, wieder funktioniert.

▼ **JavaScript**

```javascript
$(function() {

var $accordionContents = $(".more-info-
    overlay");
$(".more-info").find(".more-info-link").click(
function() {
  var $thisToggle = $(this);
  var $thisContent = $($accordionContents
            [$thisToggle.data("acc") - 1]);
  if (!$thisContent.hasClass("open")) {
    var $activeContent = $(".more-info-overlay.
      open");
```

```
    $activeContent.slideToggle('600');
    $activeContent.removeClass('open');
    $thisContent.slideToggle('600');
    $thisContent.addClass('open');
    }
  });
});
```

5.4.11 Biogasanlage

Das nächste Inhaltselement nach dem Schweinestall und
der Wiese ist die Biogasanlage, deren Umsetzung eine
gewisse Herausforderung darstellt. Hierbei muss der
Traktor in diese „hineinfahren" und wird dadurch ausgeblendet. Weiter wird die geschlossene Kuppel geöffnet,
sodass das Innere zu sehen ist. Diese wird mit der Gülle
des Traktors von unten nach oben befüllt. Abschließend
sind innerhalb dieser braunen Gülle-Brühe auch Blasen,
Schwebeteilchen und sonstige Partikel zu sehen. Hierfür
werden drei *<section>*-Elemente unterhalb des Wiesen-
Segments angelegt.

▼ **HTML**

```html
<!-- SECTION 7 - BIOGASANLAGE -->
<section id="biogasanlage">
  <div class="content"></div>
</section>


<!-- SECTION 8 - BIOGASANLAGE-DRECK -->
<section id="dreck" class="project scroll-
  center-400"></section>
<article id="dreck-description" class="infobox">
  <div class="half-circle">
    <h4>03</h4>
  </div>
  <h3>Die Biogasanlage</h3>
  <p>An der Biogasanlage [...] vermengt.</p>
</article>
```

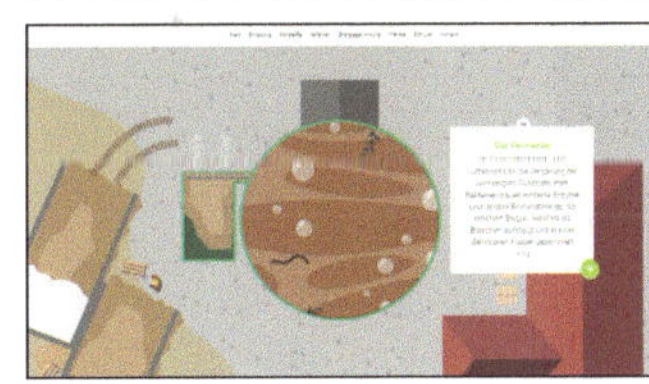

Abbildung 5.17

Screenshots verschiedener
Stadien der Biogasanlage-
Animation.

Der Fortgang der Animation
steuert der Nutzer mittels
Scrollen.

```html
<!-- SECTION 9 - BIOGASANLAGE-BIOGAS -->
<section id="biogas" class="project
scroll-center-400"></section>
<article id="biogas-description"
        class="infobox">
<div class="half-circle">
 <h4>04</h4>
</div>
<h3>Der Fermenter</h3>
<p>Im Fermenter findet [...] gesammelt wird.</p>
 <div class="more-info">
  <span class="more-info-circle"></span>
  <a href="#" class="more-info-link"
    data-acc="4">
  <span class="more-info-icon">
   <span class="more-info-line
              more-info-line-1"></span>
   <span class="more-info-line
              more-info-line-2"></span>
  </span>
  </a>
 </div>
</article>
```

Für die Realisierung wurde die Pinning-Funktion von ScrollMagic genutzt. Hierbei kann ein Segment mittels Trigger ab einer bestimmten Position fixiert werden. Folglich kann der Nutzer weiterscrollen, jedoch bewegt sich das fixierte Segment für eine definierte Zeitdauer (*duration*) nicht mit.

Wie im nachstehenden JavaScript-Code zu sehen, wurde hierfür wieder eine neue ScrollMagic-Szene angelegt. Diese trägt im Beispiel den Namen *pinBiogasanalge*. Sobald die zugehörige *<section id="biogasanalge">* das obere Ende des Vieports durch scrollen erreicht hat (*triggerHook: 0)*, soll diese gepinnt und dadurch fixiert werden.

Abschließend muss noch die Angabe *pushfollowers* hinzugefügt werden, mit welcher sich das Verhalten der nachfolgenden Elemente steuern lässt.

Als Wert wird *false* benötigt. Dadurch bewegt sich das gepinnte Element an dessen folgenden Elementen vorbei. Der Wert *true* hingegen sorgt dafür, dass alle folgenden Elemente erst dann durch scrollen bewegt werden können, sobald die *duration* des gepinnten Elements abgelaufen ist. Folglich würde durch *true* eine unschöne Lücke entstehen, weshalb im Kontext des Demoprojekts der Wert *false* der richtige ist.

▼ **JavaScript**

```javascript
// pin the intro
  var pinBiogasanlage = new ScrollMagic.Scene({
      triggerElement: "#biogasanlage",
      triggerHook: 0,
      duration: "1000%"
  })
    .setPin("#biogasanlage", {
      pushFollowers: false
  })
    .addTo(controller)
```

Abbildung 5.18
Fixiertes Hintergrundbild der Biogasanlage. Der Kreis in der Mitte ist transparent.

Nun ist das Segment der Biogasanlage gepinnt. Jedoch scrollen sich die nachfolgenden Inhalte unter dieser hindurch und sind somit nicht sichtbar. Daher soll, sobald das Segment der Biogasanlage gepinnt wird, das dazugehörige Hintergrundbild durch ein identisches Hintergrundbild getauscht werden, bei welchem jedoch der grüne Kreis transparent ist. Dadurch werden die nachfolgenden Elemente sichtbar, welche unter dem gepinnten Segment hindurchgescrollt werden.

Da das Bild der Biogasanlage fixiert ist und der Kreis in der Mitte transparent ist, werden die Inhalte der nachfolgenden Segmente zum einen unter diesem Hintergrundbild dargestellt und zum anderen scrollen sie mit. Dadurch entsteht der Eindruck, dass die Biogasanlage mit Rohstoffen gefüllt wird.

Ebenfalls muss zeitgleich die Traktor-Grafik ausgeblendet werden, da diese sich zwar hierarchisch unter dem fixierten Hintergrundbild der Biogasanlage befindet, jedoch über den nachfolgenden Segmenten liegt und dadurch ansonsten sichtbar sein würde.

Abbildung 5.19
Nachfolgendes Element, welches sich unter dem fixierten Segment hindurch scrollt.

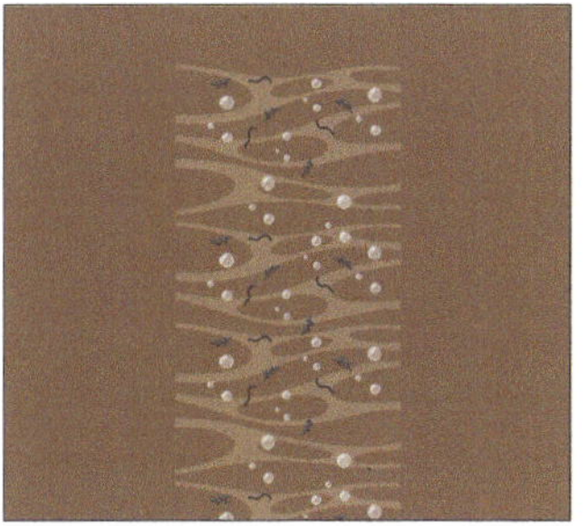

Abbildung 5.20
Weiteres Segment, welches sich unter dem fixierten Segment der Biogasanlage hindurchscrollt.

All diese angesprochenen weiteren Anpassungen wurden mittels den jQuery-Methoden *.on("enter")* und *.on("leave")* umgesetzt.

Bei *.on("enter")* wird das Hintergrundbild über eine *function()* getauscht und der Traktor ausgeblendet.

Mittels *.on("leave")* wird der Traktor wieder eingeblendet und das Hintergrundbild zurückgetauscht.

Es ist wichtig, beide Zustände zu definieren, denn der Nutzer kann bekanntermaßen nicht nur in eine Richtung scrollen, beispielsweise nur nach unten, sondern auch in die endgegengesetze. Für den letzten Fall ist es unerlässlich, die mittels jQuery vorgenommenen Änderungen wieder rückgängig zu machen. Andernfalls würde dies zu visuellen Fehldarstellungen und somit zu einem unbefriedigenden Nutzererlebnis führen.

▼ **JavaScript**

```javascript
// pin the intro
var pinBiogasanlage = new ScrollMagic.Scene({
  triggerElement: "#biogasanlage",
  triggerHook: 0,
  duration: "1000%"
})
.setPin("#biogasanlage", {
  pushFollowers: false
})
.addTo(controller)
.on("enter", function() {
  $("#biogasanlage").css("background-image",
    "url(img/biogasanlage-fixed.svg)");
  $("#traktor").css("display", "none");
})
.on("leave", function() {
  $("#biogasanlage").css("background-image",
    "url(img/biogasanlage.svg)");
  $("#traktor").css("display", "block");
});
```

Weiter wurden nach dem bekannten Muster mittels ScrollMagic weitere Szenen zur korrekten Bestimmung der Trigger-Punkte der jeweiligen Infoboxen angelegt.

▼ **JavaScript**

```javascript
// INFOBOX WIESE
var infoboxWiese = new ScrollMagic.Scene({
    triggerElement: "#wiese",
    duration: "80%",
    triggerHook: 0
})
.setClassToggle('#wiese-description', 'fadein')
.addTo(controller);

// INFOBOX BIOGASANLAGE GÜLLE
var infoboxBiogasanlageGuelle =
    new ScrollMagic.Scene({
    triggerElement: "#dreck",
    duration: "80%",
    triggerHook: 0
})
.setClassToggle('#dreck-description', 'fadein')
.addTo(controller);      });
```

Das zugehörige CSS ist relativ überschaubar. Über die Eigenschaft *height* wurde gesteuert, wie groß die jeweiligen Segmente sein soll, was dann auch die Scroll-Dauer bestimmt.

Nachfolgend wird kurz auf die verwendete CSS-Klasse *.scrollmagic-pin-spacer* eingegangen. Diese wird automatisch von ScrollMagic erzeugt. Um den Effekt umzusetzen, dass der Traktor von der Wiese kommenden in die Biogasanlage fahren kann, hat der bewegliche Hintergrund der Biogasanlage (vor dem pinning) im oberen Bereich eine transparente Zone. Diese ist notwendig, da dieses Segment hierarchisch über der Traktor-Grafik liegt. Hätte das Hintergrundbild der Biogasanlage keine transparente Zone, so würde der Traktor direkt nach der Wiese unter dem Biogasanlagen-Segment verschwinden.

Jedoch führt diese transparente Zone dazu, dass die Elemente des Parallax-Intros wieder sichtbar werden. Daher wurde die *.scrollmagic-pin-spacer*-Klasse mit einer Hintergrundfarbe gestylt, welche der des Bodens der Biogasanlage entspricht.

▼ CSS

```css
/*--------------- Biogasanlage ---------------*/
.scrollmagic-pin-spacer {
  background-color: #b2b2b2;
}


.project {
  height: 100vh;
  background-size: cover;
  background-position: center;
}

#dreck {
  height: 400vh;
  background-image:
          url("../img/biogasanlage-dreck.svg");
  background-size: cover;
  background-position: center;
  background-color: #b2b2b2;
}

#biogas {
  height: 400vh;
  background-image:
          url("../img/biogasanlage-biogas.svg");
  background-size: cover;
  background-position: center;
}}
```

5.4.12 Gasleitung

Nachdem nun Biogas in der Biogasanlage entstanden
ist, muss dieses im nächsten Schritt zum Blockheizkraft-
werk geleitet werden, wo es verbrannt und die Energie
dadurch in Strom und Wärme umgewandelt wird.

In diesem Segment soll der Transport des Biogases von
der Biogasanlage durch Rohrsysteme dargestellt werden.
Dazu wurde zunächst der nachstehende HTML-Code in
der HTML-Datei ergänzt.

▼ HTML-Code

```html
<!-- SECTION 10 GASPIPELINE-->
<section id="gasleitung">
 <div id="gasdrop">
  <img id="gasdrop-small" src="img/gas.svg" />
  <img id="gasdrop-big" src="img/drop.svg" />
 </div>

 <img id="gaspipeline-oben"
      src="img/gaspipeline-gras.svg" />

 <div class="section" id="section10">
  <section id="s10">
   <span id="positioner"></span>
    <img id="gaspipeline-unten"
         src="img/gaspipeline_unten.svg" />
  </section>
 </div>
 <article id="gasleitung-description"
          class="infobox">
  <div class="half-circle">
   <h4>05</h4>
   </div>
    <h3>Gasleitung</h3>
    <p>Das im Fermenter entstandene Biogas
       gelangt von dort durch eine Gasleitung
       zum Blockheizkraftwerk.</p>
    <div class="more-info">
     <span class="more-info-circle"></span>
     <a href="#" class="more-info-link"
        data-acc="5">
      <span class="more-info-icon">
      <span class="more-info-line
            more-info-line-1"></span>
      <span class="more-info-line
            more-info-line-2"></span>
      </span>
     </a>
    </div>
 </article>
</section>
```

Abbildung 5.21
Screenshot des
Gasleitung-Segments.

Wie zu erkennen, werden mehrere Bilder der Gasleitung eingebunden (*#gaspipeline-oben* und *#gaspipeline-unten*). Dies ist notwendig, um die stilisierte Gas-Grafik innerhalb des Rohrsystems visuelle erscheinen und wieder verschwinden zu lassen. Den zugehörigen Aufbau muss man sich dabei wieder hierarchisch vorstellen.

Auf der untersten Ebene (*#gaspipeline-unten*) wird das dunkle Innere der Gasleitung dargestellt. Eine Ebene höher wird die Gas-Grafik platziert. Auf der obersten Ebene liegt wieder eine Grafik, welche die Gasleitung sowie das Erdreich zeigt. Die darin abgebildete Gasleitung ist an einigen Stellen transparent. Lediglich die Kontur der Leitung ist hierbei abgebildet. An diesen Stellen liegt jeweils deckungsgleich die unterste Ebene (*#gaspipeline-unten*) darunter.

Visuell ist diese Aufteilung nicht sichtbar, bewirkt jedoch, dass nun die Gas-Grafik mittels scrollen durch die Gasleitungen transportiert werden kann.

Mittels einer weiteren ScrollMagic-Szene wird festgelegt, dass die Gas-Grafik wirklich erst mit Beginn der <section> *#gasleitung* zu sehen sein soll. Andernfalls würde diese schon bereits innerhalb der Biogasanlage zu sehen sein.

▼ **JavaScript**

```javascript
// GASDROP

var gasdrop = new ScrollMagic.Scene({
    triggerElement: "#gasleitung",
    duration: "510%",
    triggerHook: "0"
})
.setClassToggle("#gasdrop", "show")
.addTo(controller);
```

Wie dem nachstehenden CSS-Code zu entnehmen ist, wurde die Gas-Grafik in ihrer Positionierung fixiert. Das bedeutet, dass sich lediglich die Bilder *#gaspipeline-unten* und *#gaspipeline-oben* beim scrollen bewegen und folglich den optischen Eindruck des Gasflusses bewirken.

▼ **CSS-Code**

```css
#gasdrop {
  position: fixed;
  width: 100%;
  z-index: 650;
  top: 30%;
  opacity: 0;
  display: none;
}

#gasdrop.show {
  opacity: 1;
  display: block;
}
```

5.4.13   „Scroll down"-Hinweis

Die Herausforderung in der Entwicklung dieses Hinweises besteht darin zu erkennen, ob der User scrollt oder nicht. Wie in den Vorüberlegungen beschrieben, soll dieser Hinweis nur dann erscheinen, wenn der User aufgehört hat zu scrollen. Der Hinweis besteht aus einer Maus-Animation, welche das Scrollen mit dem Mausrad darstellt, sowie der dazugehörigen Anweisung „Scroll Down" als Text. Alle Elemente werden in einer umschließenden * * geschrieben. Als Besonderheit soll die Mausanimation nicht als GIF-Animation, sondern als CSS-Animation ablaufen. Dazu ist es notwendig, die Maus in einen Mauskörper und in das Mausrad aufzuteilen.

▼ **HTML**

```html
<!-- SCROLLDOWN-HINWEIS -->
<div id="scrolldown" class="animated bounce">
  <div id="maus_body">
    <div id="maus_rad"></div>
  </div>
  <h4>Scroll Down</h4>
</div>
```

Der Mauskörper wird mittels *border, border-radius* gestylt. *Width* und *height* legen die Gesamtgröße der Maus fest. Die Animation des Mausrads erfolgt anhand einer einfachen *@keyframe*-Animation. Zusätzlich wird mit Hilfe einer zweiten *@keyframe*-Animation ein Bounce-Effekt erzeugt. Mittels der Klasse *animated* wird die Verzögerung sowie die Dauer des Bounce-Effekts gesteuert.

▼ CSS

```css
/*------------ Scroll Down Maus ------------*/
#scrolldown {
    position: fixed;
    bottom: 7%;
    z-index: 99999;
    width: 140px;
    margin-left: auto;

    margin-right: auto;
    left: 0;
    right: 0;
    opacity: 1;
    -webkit-transition: all 0.7s ease-in-out;
    transition: all 0.7s ease-in-out;
}
#scrolldown h4 {
    text-align: center;
    margin-top: 8px;
}
#maus_body {
    border-style: solid;
    border-width: 2px;
    border-color: #fff;
    border-radius: 32px;
    height: 43px;
    width: 23px;
    margin: 0 auto;
}
#maus_rad {
    border-style: solid;
    border-width: 2px;
    border-color: #fff;
```

```css
    border-radius: 8px;
    background-color: #fff;
    position: relative;
    height: 3px;
    width: 3px;
    margin: 0 auto;
    -webkit-animation: rad_animation 1.5s linear
    infinite;
    animation: rad_animation 1.5s linear infinite;
}
.animated {
    -webkit-animation-delay: 5s;
    animation-delay: 5s;
    -webkit-animation-duration: 2.5s;
    animation-duration: 2.5s;
    -webkit-animation-fill-mode: both;
    animation-fill-mode: both;
    -webkit-animation-timing-function: linear;
    animation-timing-function: linear;
    animation-iteration-count: infinite;
    -webkit-animation-iteration-count: infinite;
}
@-webkit-keyframes bounce {
    0%, 20%, 40%, 60%, 80%, 100% {
        -webkit-transform: translateY(0);
    }

    50% {
        -webkit-transform: translateY(-10px);
    }
}

@keyframes bounce {
    0%, 20%, 40%, 60%, 80%, 100% {
        transform: translateY(0);
    }

    50% {
        transform: translateY(-10px);
    }
}
```

```css
.bounce {
  -webkit-animation-name: bounce;
  animation-name: bounce;
}


@-webkit-keyframes rad_animation {

  0% {
    opacity: 0;
    top: 2px;
  }


  50% {
    opacity: 1;
    top: 50%;
  }

  100% {
    opacity: 0;
    top: 33px;
  }
}

@keyframes rad_animation {

  0% {
    opacity: 0;
    top: 2px;
  }

  50% {
    opacity: 1;
    top: 50%;
  }

  100% {
    opacity: 0;
    top: 33px;
  }
}
```

Für die gewünschte Funktionalität sorgt schlussendlich ein kurzes Script in jQuery. Maßgeblich verantwortlich ist wieder die *.scroll()-Methode*. Eine mögliche Variante, wie dieses Script aussehen kann, ist nachstehend abgebildet und beruht auf den Ausführungen des Webentwicklers Quatban Taco zu diesem Thema.[2]

Dabei wird über *.scrollEnd()* detektiert, wann der Nutzer aufgehört hat zu scrollen. Wenn dem so ist, wird die *<div>* mit der ID *scrolldown* mittels *.fadeln(1000)* eingeblendet.

Der Wert *1000* innerhalb der runden Klammern gibt die Zeit an, in der das Element eingeblendet (*fade-in*) wird. Hier 1000 Millisekunden = 1 Sekunde.

Des Weiteren muss überprüft werden, ob der Nutzer das untere Ende der Website bereits erreicht hat, denn dann muss der Hinweis logischerweise nicht mehr angezeigt werden. Dies erfolgt über die Anweisung *$(window). scrollTop() + $(window).height() = = $(document).height()*. Hat der Nutzer das untere Ende noch nicht erreicht, wird, der Hinweis wieder ausgeblendet (*fade-out*), wie in Zeile 12 und 13 dargestellt.

▼ **JavaScript**

```javascript
/* ----- DETECT SCROLLING ----- */
/* Credits to Quatban Taco */

$.fn.scrollEnd = function(callback, timeout) {
  $(this).scroll(function() {
    var $this = $(this);
    if ($this.data("scrollTimeout")) {
      clearTimeout($this.data("scrollTimeout"));
    }
    $this.data("scrollTimeout", setTimeout(call-
    back, timeout));
  });
};
```

2 Vgl. Taco 2017.

```javascript
$(window).scroll(function() {
  $("#scrolldown").fadeOut(300);
});
$(window).scrollEnd(function() {
  // Check if a user has scrolled to the bottom
  if($(window).scrollTop() + $(window).height()
  == $(document).height()) {
     $("#scrolldown").css("display", "none");
   } else {
  $("#scrolldown").fadeIn(1000);
} }, 2000);
```

5.5 Weiterführende Anpassungen

Das Demoprojekt ist bis an dieser Stelle komplett und wurde vollständig erklärt. Dennoch ist es vom Inhalt her nicht vollständig umgesetzt, was das Thema Bioenergiedorf anbelangt. Um eine komplette Website für das Bioenergiedorf zu erstellen, müsste der Inhalt noch deutlich erweitert und vervollständigt werden. Allerdings würde dies für den Leser des Buchs keine neuen Erkenntnisse mehr liefern und wird daher im Buch nicht fortgeführt.

Die fertige Website des Bioenergiedorfs *Untermaßholderbach*, von der das Demoprojekt abgeleitet ist, kann ab Februar 2020 mittels Google im Web gefunden werden.

Zum Abschluss soll jedoch noch ein kurzer Blick auf weiterführende Anpassungen gerichtet werden. Insbesondere geht es dabei um

- ▶ Smooth-Scrolling

- ▶ Preloader

- ▶ Scroll Snap

- ▶ Responsive Design

Diese Themen haben, vom Responsive Design einmal abgesehen, nichts mit der visuellen Darstellung der Website zu tun, sondern dienen dazu, die User Experience (UX) zu steigern.

Smooth-Scrolling

Eine Funktionalität, welche die User Experience steigern soll, ist das sogenannte Smooth-Scrolling.

Klickt ein Nutzer einen Link an, sorgt die Smooth-Scrolling Funktionalität dafür, dass der Nutzer automatisch und visuell sichtbar zum entsprechend verlinkten Inhalt gescrollt wird. Das macht nicht nur optisch einiges her, sondern auch der Nutzer behält zu jeder Zeit den Überblick, wo er sich aktuell auf der Site befindet und wie er dort hingekommen ist. Demnach wird ihm nicht einfach der zugehörige Inhalt schlagartig angezeigt. Mit dem nachfolgenden Script des Webentwicklers Chris Coyier[3] kann dieses Feature realisiert werden.

▼ **JavaScript**

```javascript
/* ------------ Smooth Scrolling ------------ */
/* Credits to Chris Coyer
   - https://css-tricks.com/snippets/jquery/
   smooth-scrolling */

$('a[href*="#"]')
  // Remove links that don't actually link to
anything
.not('[href="#"]')
.not('[href="#0"]')
.click(function(event) {
// On-page links
if (location.pathname.replace(/^\//, ,') ==
    this.pathname.replace(/^\//, ,') &&
    location.hostname == this.hostname) {
    // Figure out element to scroll to
    var target = $(this.hash);
    target = target.length ? target : $(
"[name=' + this.hash.slice(1) + ']");
    // Does a scroll target exist?
    if (target.length) {
    // Only prevent default if animation is
       actually gonna happen
```

---

3 Coyier 2017

```javascript
event.preventDefault();
    $("html, body").animate({
    scrollTop: target.offset().top
    }, 1000, function() {
    // Callback after animation
    // Must change focus!
    var $target = $(target);
    $target.focus();
    if ($target.is(":focus")) {
    // Checking if the target was focused
        return false;
    } else {
        $target.attr("tabindex", "-1");
    // Adding tabindex for elements not
        focusable
        $target.focus();            }
    });
    }
    }
});
```

Preloader

Unter Umständen kann es beim Demoprojekt dazu kommen, dass die Bäume, welche mittels JavaScript platziert werden, zu Beginn kurz am oberen Bildschirmrand zu sehen sind. Dies kommt daher, dass die Baum-Grafiken vor der JavaScript-Funktion geladen werden.

Um dies zu kaschieren könnte im Weiteren zusätzlich ein Preloader in die Website implementiert werden. Dabei bestehen Preloader oft aus einfachen Animationen mit dem Ziel, den Nutzer während der Wartezeit zu unterhalten. Eine der bekanntesten Formen hierfür sind sicherlich animierte Fortschrittsbalken oder blinkende Kreise.

Die Umsetzung eines Preloaders dürfte allgemein bekannt sein und lässt sich gegebenenfalls im Web leicht finden. Auf den Preloader wird an dieser Stelle daher nicht näher eingegangen.

Am besten jedoch sollte auf eine sehr kurze Ladezeit der Website geachtet werden, sodass im Idealfall auf einen Preloader gänzlich verzichtet werden kann.

Erweiterte Infoboxen

In Abschnitt 5.4.10 wurde der Aufbau einer Infobox in Form eines Overlays aufgezeigt. Im Sinne einer vollumfänglichen Website könnten, im Gegensatz zum Demoprojekt, die Infoboxen, neben strukturiertem Text auch noch um weitere Medienbausteine, wie zum Beispiel eine Bildergalerie, Videos oder Audio ergänzt werden.

Generelles Ziel der Infoboxen ist es dabei, umfangreichere und tiefergehende Informationen bereit zu stellen, ohne den Inhalt der Scroll-Reise selbst dadurch zu überladen. Entsprechend kann die Infobox als eine Art AddOn-Zone verstanden werden.

Die Einbindung und Implementierung weiterer Medienbausteine in die Infoboxen kann dabei vergleichsweise einfach in die bestehende Code-Struktur erfolgen, sodass andere Elemente und Funktionen des Demoprojekts davon unberührt bleiben (isolierter Code).

Automatische vertikale Zentrierung eines Segments

Ein weiteres Feature könnte sein, dass der Nutzer bei Segmenten, welche eine Höhe entsprechend des Viewports besitzen (also *100vh* und nicht länger als diese sind), diese automatisch vertikal zentriert werden.

Hierdurch wird erreicht, dass nur das aktuelle Segment bildschirmfüllend dargestellt wird. Elemente des vorherigen oder nachfolgenden Segments sind dadurch nicht mehr zu sehen.

Mittels JavaScript/jQuery kann diese automatische vertikale Zentrierung innerhalb eines Segments umgesetzt werden. Hierzu lassen sich im Web entsprechende Beispiele finden.

An dieser Stelle soll noch auf eine vielversprechende neue Möglichkeit hingewiesen werden. Die zuvor beschriebene Funktionalität kann neuerdings mit Hilfe der Scroll Snap-Technik von CSS nativ realisiert werden. Somit kann auf den Einsatz von JavaScript verzichtet werden.

Mittels Scroll Snap kann gesteuert werden, dass die Website im Browser an definierten Punkten im Layout einrasten soll, sobald der Nutzer über diese festgelegten Stellen scrollt.

Der Aufbau der Scroll Snap-Technik mittels CSS ist sehr einfach. Hierzu wird ein Container-Element und die darin enthaltenen Kind-Elemente benötigt. Über dieses Container-Element wird der Bereich auf der Website definiert, in welchem das geänderte Scroll-Verhalten stattfinden soll.

▼ **HTML-Code**

```html
<body>

    <section></section>
    <section></section>
    <section></section>

</body>
```

Die CSS-Anweisung *scroll-snap-type: y mandatory* sorgt dafür, dass lediglich vertikales Scrollen erlaubt ist und die definierten Snap Points streng befolgt werden.

scroll-snap-align: start bewirkt, dass an jeder Oberkante einer Sektion angehalten wird. Weitere mögliche Werte sind *center* und *end*.

▼ **CSS-Code**

```css
body {
  margin: 0;
  scroll-snap-type: y mandatory;
}


section {
  height: 100vh;
  scroll-snap-align: start;
}
```

Der Browser-Support dieser neuen CSS-Eigenschaft sieht insgesamt sehr gut aus. Laut *caniuse.com* unterstützen alle aktuellen Browser, bis auf Opera, bereits heute diese Technik.[4]

Auch hier zeigt sich im Vergleich zu einer JavaScript-Lösung dank des Progressive Enhancements ein Vorteil dieser nativen Technik, da die entsprechenden Anweisungen von Browsern, welche Scroll Spy mittels CSS nicht unterstützten, einfach ignoriert werden. Folglich führt ein nicht vorhandener Support nicht zu Fehldarstellungen, Fehlfunktionen oder sogar zum Crash der Website.

Weitere Informationen hierzu sind unter anderem bei Mozilla zu finden:
https://developer.mozilla.org/en-US/docs/Web/CSS/CSS_Scroll_Snap

Innerhalb des Demoprojekts wurde die Scroll Snap Technik jedoch aus den nachfolgenden zwei Gründen nicht eingesetzt.

Aktuell scheint es (noch) keine Möglichkeit zu geben, die Geschwindigkeit, beziehungsweise die Dauer des automatischen Scroll-Vorgangs individuell anzupassen.

Weiter verursachten im Demoprojekt die unterschiedlichen Höhen der einzelnen Segmente Probleme in der Bedienbarkeit. Dies zeigte sich darin, dass das Scrollen innerhalb von Segmenten, welche höher als *100vh* sind, zeitweise nicht mehr möglich war.

Responsive Design

Im Rahmen dieser Publikation ist es leider nicht möglich, dieses Thema vollumfänglich aufzuarbeiten. Dennoch soll im Folgenden punktuell darauf hingewiesen werden, an welchen Stellen im Demoprojekt es zu Herausforderungen kommen kann bei der Umsetzung von Responsive Design, und welche Anpassungen hierfür bereits teilweise wie umgesetzt wurden.

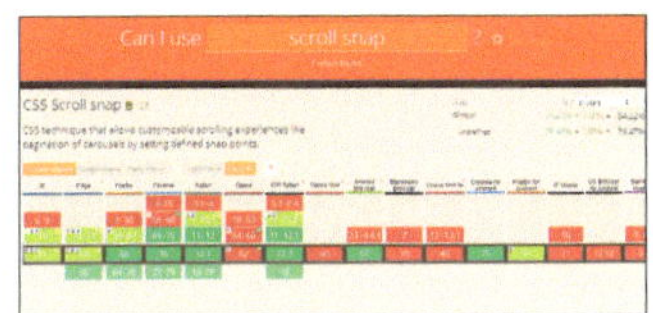

Abbildung 5.22
Browser-Support für CSS Scroll Snap

---

4 Vgl. https://caniuse.com/#search=scroll%20snap (09.08.2019).

Alternatives Intro für Smartphone

Das Intro der Desktop-Version basiert auf einem Multi-layer-Parallax-Effekt. Dieser kann die Performance von Smartphones an ihre Grenzen führen, was sich unter anderem durch Ruckeln und eine nicht flüssige Bedienbarkeit äußern kann. Entsprechend erscheint es sinnvoll, dieses Feature auf mobilen Endgeräten zu deaktivieren.

Im Demoprojekt wird hierfür im CSS-Code ein Breakpoint bei *576px*-Breite definiert. Für Viewports, die breiter als *576px* sind, wird der Multilayer-Parallax-Effekt ganz normal angezeigt. Folglich werden hierbei auch die CSS-Anweisungen des Media Querys nicht befolgt.

Für Viewports mit einer Breite von bis zu maximal *576px* hingegen greifen die Anweisungen des Media Querys. Innerhalb diesem wird der Multilayer-Parallax-Effekt deaktiviert (*#hero {display: none;}*).

Damit im Kopfbereich der Website nun keine Lücke entsteht, wird der *<section> #section1* ein Hintergrundbild hinzugefügt, welches ebenfalls die ländliche Landschaft zeigt, jedoch ohne verschiedene Ebenen.

▼ **CSS-Code**

```css
@media (max-width: 576px) {

#hero {
    display: none;
}


  #section1 {
    background-image:
      url("../img/intro-mobile.svg");
    background-size: cover;
    background-position: center;
  }


  #hero-mobile {
    display: block;
  }

}
```

Texte responsive testen und Breakpoints manuell setzen

Eine große Herausforderung im responsiven Webdesign ist responsiver Text. Im Demoprojekt führte ein nicht optimierter Text zu globalen Darstellungsfehlern auf der gesamten Website. Beispielsweise erhält die Website bei sehr kleinen Viewports einen horizontalen Scrollbalken. Gleichzeitig geht mit der falschen Breite der Website auch eine fehlerhafte Berechnung für die Platzierung des Traktors und der Bäume einher.

Daher wurde das Demoprojekt mit den Entwickler-Tools des Browsers für verschiedene Viewport-Größen getestet. Führte der Text durch die schmale Bildschirmgröße zu Darstellungsfehlern, wurde bei dieser Viewport-Größe jeweils ein Media Query manuell gesetzt.

▼ **CSS-Code**

```css
@media (max-width: 800px) {
  h1 {
    font-size: 50px;
  }
}


@media (max-width: 500px) {
  h1 {
    font-size: 30px;
    font-weight: 400;
  }
}
```

Gasleitung

Der Vollständigkeit halber soll in diesem Abschnitt nochmals auf das Segment der Gasleitung zurückgekommen werden. Die dafür verwendeten Grafiken wurden im Demoprojekt mittels *<img>*-Tag und nicht als Hintergrundbild eingebunden. Um dennoch das selbe Verhalten wie bei einem Hintergrundbild zu erhalten, wurden die CSS-Eigenschaften *object-fit* und *object-position* verwendet. Über *height: 600vh;* wird dabei die Größe der Grafiken gesteuert.

▼ **CSS-Code**

```css
img#gaspipeline-oben {
    z-index: 660;
    width: 100%;
    position: absolute;
    margin-top: -250px;
    width: 100vw;
    object-fit: cover;
    object-position: top;
    height: 600vh;
}
```

SVG hinsichtlich der Ladezeit optimieren

Wie in Kapitel 4 bereits ausgeführt, sind SVG-Dateien als Vektor-Grafiken von der Dateigröße her meist kleiner als JPEG- oder PNG-Dateien, die auf Pixel basieren.

Dennoch darf dabei nicht außer Acht gelassen werden, dass SVG-Grafiken vom Browser jedes mal neu *on the fly* gerendert werden müssen, was zusätzliche Rechenleistung erfordert. Im Gegensatz zu JPG-Grafiken und Video kann man dabei leider nicht auf entsprechende Hardware-Unterstützung setzen.

Folglich sollte darauf geachtet werden, die Dateigröße (Anzahl der Pfad-Definitionen, und Menge an zusätzlichen Code-Angaben) von SVG-Grafiken ebenfalls sehr gering zu halten. Hierfür hat sich für das Demoprojekt folgender Workflow bewährt.

Sämtliche SVG-Grafiken wurden in Adobe Illustrator entworfen und anschließend als SVG-Datei gespeichert. Jedoch ist das dabei entstanden Ergebnis hinsichtlich der Datei-Größe von 2,4 MB sehr unbefriedigend groß.

Diese Größe resultierte unter anderem daher, dass jedes Schwein, oder jede Bodendiele des Stallbodens als ein eigenes, neues Objekt vollumfänglich beschrieben wurde. Visuell sind diese Objekte jedoch identisch und unterscheiden sich lediglich in der Rotation und Positionierung. Somit wäre es wünschenswert, nicht jedes identische Objekt einzeln anlegen zu müssen.

Das Open Source Vektorgrafik-Programm Inkscape (*inkscape.org*) bietet für dieses Problem eine geniale Lösung. Es erlaubt, Objekte nicht nur zu kopieren, sondern auch zu klonen. Das Klonen hat den Vorteil, dass innerhalb des SVG-Codes kein neues Objekt erzeugt wird, sondern vielmehr nur ein Alias des Objekts auf das Ursprungs-Objekt referenziert.

Das hat zur Folge, dass das Objekt nur einmal vollumfänglich mit Pfadangaben beschrieben werden muss. Alle davon geklonten Objekte „verlinken" nur noch auf das Originalobjekt, wodurch deren jeweilige Datenmenge ganz erheblich reduziert werden kann.

Dabei muss jedoch beachtet werden, dass es unter Umständen zu einem interessanten Phänomen innerhalb des Grafik-Programms kommen kann.

Wird beispielsweise ein Schwein mehrmals geklont, schauen alle Klone in die selbe Richtung. Für mehr Abwechslung, sollten diese jedoch individuell gedreht werden, sodass nicht mehr alle Schweine in die selbe Richtung schauen. Wird nun ein geklontes Schwein gedreht, drehen sich alle Schweine der selben Klon-Serie mit.

Folglich empfiehlt es sich, zu Beginn mehrere Schweine anzulegen, welche in verschiedene unterschiedliche Richtungen schauen, und erst dann jeweils mit dem Klonen zu beginnen.

Die mittels Inkscape erzeugte SVG-Datei ist hinsichtlich der Dateigröße bereits wesentlich kleiner, kann jedoch noch weiter optimiert werden. Während des Speichervorgangs schreibt Inkscape eine Vielzahl an zusätzlichen (und meist) nicht notwendigen Attributen in den SVG-Code.

Dieser nicht benötigte Code kann komfortabel mit dem Online-Optimizer für SVG-Grafiken SVGOMG (*https://jake-archibald.github.io/svgomg*) von jakearchibald auf Github automatisch entfernt werden.

Dazu kann die zu optimierende SVG-Datei einfach per Drag & Drop in das Tool geladen werden. Nachdem die Arbeit des Optimizers abgeschlossen ist, kann die optimierte SVG-Datei heruntergeladen werden.

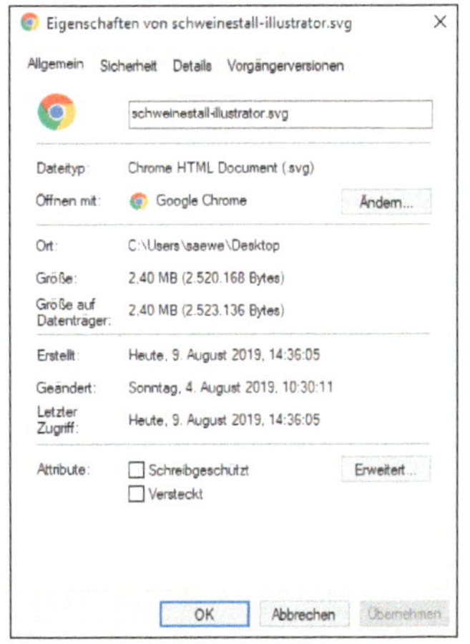

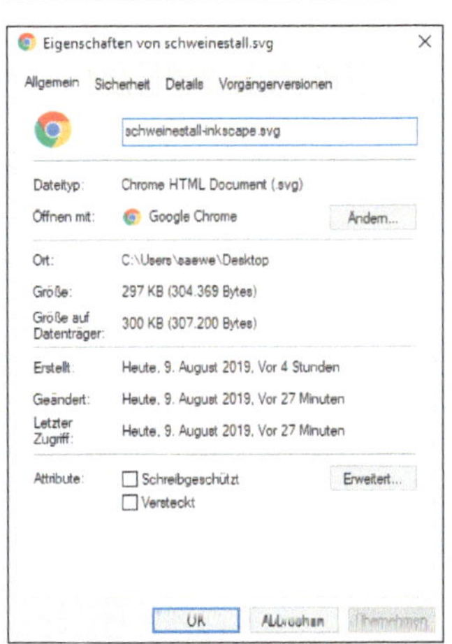

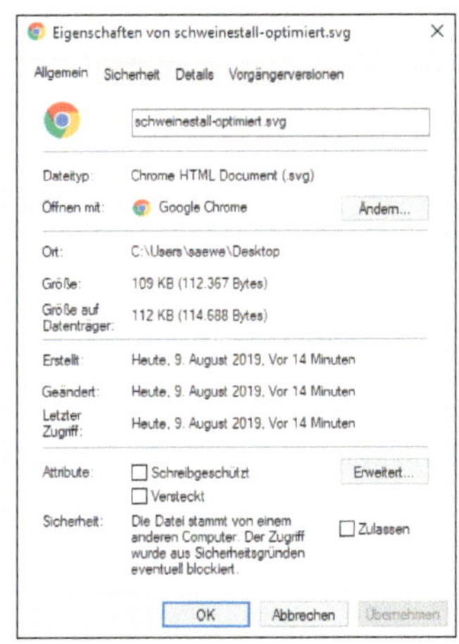

Abbildung 5.23

Vergleich der verschiedenen Datei-Größen

Ebenfalls sollte schon beim Anlegen einer SVG-Grafik darauf geachtet werden, dass diese von ihren Abmessungen her groß angelegt ist. Hierdurch kann bis zu einem gewissen Grad verhindert werden, dass die sogenannten Fließkommastellen eine wichtige Rolle spielen könnten. Idealerweise ist die Grafik so groß, dass auf diese Nachkommastellen komplett verzichtet werden kann.

Grafiken für Responsive Design optimieren

Die zuvor optimierte SVG-Grafik lässt sich entsprechend den Breakpoints für Desktop, Tablet und Smartphone noch weiter optimieren.

Das im CSS definierte Verhalten der SVG-Grafik als Hintergrundbild ist über die Eigenschaft *background-size: cover;* geregelt. Dies führt dazu, dass bei schmalen Viewports die Hintergrundgrafik links und rechts „beschnitten" wird.

Dies könnte zu der trügerischen Idee führen, die Hintergrundgrafiken für diese Viewports entsprechend schmäler abzuspeichern. Allerdings bewirkt das hierbei resultierende und folglich auch geänderte Seitenverhältnis, dass diese „angepassten" Grafiken vom Browser in einer anderen Größe dargestellt werden. Dies könnte zwar mit einer weiteren Anpassung der Eigenschaft *height* innerhalb desselben Media Querys im CSS behoben werden, jedoch funktioniert dadurch der Trigger der entsprechenden Infoboxen nicht mehr korrekt. Wie abzusehen ist, steigt somit der Optimierungsaufwand für diese Methode gewaltig, womit diese Methode ausscheidet.

Daher empfiehlt es sich an dieser Stelle, die SVG-Grafik nicht in ihrer physischen Größe zu beschneiden, sondern diese Anpassung als Bestandteil der visuellen Darstellung vorzunehmen. Damit ist gemeint, dass alle Objekte, welche sich links und rechts in den durch den Browser abgeschnittenen Bereichen befinden, von der Zeichenfläche manuell gelöscht werden. Hierdurch entstehen links und rechts leere Flächen, die Maße der Grafik jedoch bleiben erhalten. Abschließend empfiehlt es sich wieder, die erzeugte SVG-Datei mittels SVGOMG zu optimieren, wie vorstehend beschrieben.

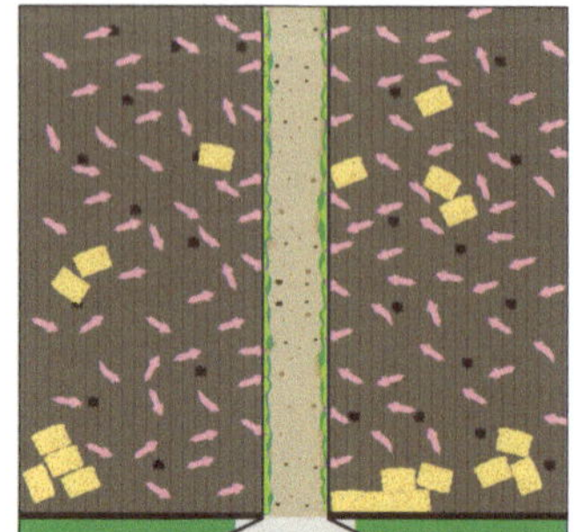

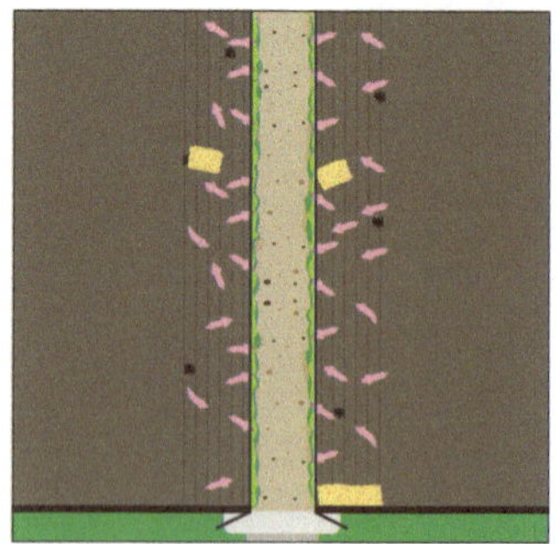

Abbildung 5.24
Oben:
Grafik für Desktop-Viewports

Unten:
optimierte Grafik für Smartphone-Viewports. Alle Vektorobjekte außerhalb dieses Viewports wurden entfernt, die Dimensionen der Grafik aber beibehalten.

Im Ganzen führen diese Maßnahmen dazu, dass die Datenmenge der SVG-Datei sinkt, weil sehr viele Vektor-Objekte wegfallen konnten.

Auf diese Weise kann für mobile Nutzer eine optimierte SVG-Grafik ausgeliefert werden, welche schneller übertragen werden kann und zeitgleich das Datenvolumen des Nutzers geringer belastet. Ebenso wird die vergleichsweise schwächere Hardware für das *on the fly*-Rendering der SVG-Grafik weniger stark beansprucht, wodurch die Website insgesamt performanter bleiben kann.

Entsprechendes Vorgehen bietet sich auch für andere mobile Endgeräte an, wie beispielsweise Tablets mit anderen Viewport-Breiten. Dazu müssen nach dem selben Prinzip zusätzliche optimierte Grafiken vorgehalten werden.

Literaturverzeichnis

Coyier, Chris (2017): Smooth Scroll with jQuery. Online im Internet unter: https://css-tricks.com/snippets/jquery/smooth-scrolling/ (13.10.2018)

Taco, Quatban (2017): Show/Hide Div on Scroll. Online im Internet unter: https://stackoverflow.com/questions/13250325/show-hide-div-on-scroll (13.10.2018)

Zabielski, Patryk (2016): How to make Multi-Layered Parallax Illustration with CSS & Javascript. Online im Internet unter: https://medium.com/@PatrykZabielski/how-to-make-multi-layered-parallax-illustration-with-css-javascript-2b56883c3f27 (13.01.2018)

Abbildungsverzeichnis

5.1: Screenshot aus dem fertig entwickelten Demoprojekt
(enthält Elemente von Freepik)

5.2: Inhaltsbereich des Demoprojekts mit einer Breite von 1280 px
(enthält Elemente von Freepik)

5.3: Geplante Mikroanimation
(enthält Elemente von Freepik)

5.4: „Scroll Down"-Hinweis

5.5: Design der Infobox
(enthält Elemente von Freepik)

5.6: Screenshot der ScrollMagic.js-Website

5.7: Screenshot der kleinen ScrollMagic.js-Beispiel-Website

5.8: Screenshot der angelegten Ordnerstuktur

5.9: Aufbau der Grafikdatei für den Multilayer-Parallax-Effekt
(enthält Elemente von Freepik)

5.10: Skribble der Wolkenanimation

5.11: Verschiedene Phasen der Traktor-Animation, abhängig vom Scroll-Vorgang durch den Nutzer
(enthält Elemente von Freepik)

5.12: Screenshots der beiden verschiedenen Darstellungen der horizontalen Navigation
(enthält Elemente von Freepik)

5.13: Darstellung des geöffneten mobilen Menüs

5.14: Infobox
(enthält Elemente von Freepik)

5.15: Responsive Positionierung der Bäume
(enthält Elemente von Freepik)

5.16: Screenshot des Overlays

5.17: Screenshots verschiedener Stadien der Biogasanlage-Animation
(enthält Elemente von Freepik)

5.18: Grafik fixierte Biogasanlage

5.19: Grafik Dreck

5.20: Grafik Biogas
(enthält Elemente von Freepik)

5.21: Screenshot des Gasleitung-Segments
(enthält Elemente von Freepik)

5.22: Browser-Support für CSS Scroll Snap
(https://m https://caniuse.com/#search=scroll%20snap,
abgerufen am 09.08.2019)

5.23: Vergleich der verschiedenen Datei-Größen

5.24: Mobil-optimierte Grafiken
(enthält Elemente von Freepik)

6

Résumé

Storytelling ist so alt wie die Menschheit. Digital Storytelling ist eine moderne Form davon. Digital Storytelling im Web ist die vielleicht aktuellste Varianten hiervon.

Digital Storytelling im Web unterscheidet sich dabei erheblich von anderen Varianten des Digital Storytellings. Ellenlange Texte werden im Web nicht gelesen und scheiden damit als primärer Informationsträger aus. Audio kann ebenfalls nicht eingesetzt werden, da das Web, und speziell das mobile Web tendenziell weitgehend stumm sind. Video kann zwar eingesetzt werden, aber meist nur in Form von kurzen Video-Snippets, da Nutzer lange Videos meist nicht vollständig ansehen, sondern vorzeitig abbrechen. Dies hat mit der unterschiedlichen, im Netz sehr deutlich aktiveren Rezeptionshaltung zu tun, die sich mit *Lean Forward* beschreiben lässt, während sie bei Kino und TV mit *Lean Back* beschrieben werden kann.

Somit stellt Digital Storytelling im Web eine ganz eigene Ausprägung des Storytellings dar mit eigenen Gegebenheiten und Herausforderungen für die Medienschaffenden in Konzeption und Umsetzung.

Nicht nur gilt es, völlig unterschiedliche Nutzererwartungen und -gepflogenheiten zu bedienen, sondern auch der Medienmix muss völlig anders zusammengesetzt werden, als dies bei anderen Formen der Fall ist.

Zudem müssen die technischen Gegebenheit und Limitationen der Verbreitung der Inhalte im Web klug in die Konzeption und Umsetzung eingedacht werden. Speziell das responsive Web und die Tatsache, dass heutzutage mobile Endgeräte als Zielplattform für Inhalte aus dem Web die stationären Endgeräte von Proporz her weit überwiegen, stellen hierbei große Herausforderungen für das Digital Storytelling im Web und für seine Ersteller dar.

Herkömmliche Websites haben dabei das Problem, dass es mit ihnen eher schwierig erscheint, einen roten Faden, eine Sequentialität der Inhalte, Neugier und einen Faszinationseffekt aufzubauen und aufrecht zu erhalten über die Gesamtheit der Inhalte hinweg im Sinne einer spannenden und mitreisenden Geschichte.

Hier kommt das Prinzip der scroll-activated animation ins Spiel. Dieses Konzept und seine Darstellungsform erlauben es hervorragend, Sequentialität, Neugier auf das Kommende und Faszination zu bewirken und die Inhalte dafür an einem roten Faden aufzureihen. Und dies in einer sehr zeitgemäßen Form, bestens angepasst an die technischen Gegebenheiten des Webs und an die eigenständigen Gewohnheiten seiner Nutzer.

Aktuell empfehlen die Autoren hierbei noch eher die Verwendung von Vektorgrafik, zumindest im Rahmen der scroll-activated animation selbst. Dies daher, da hierbei die performanteste Darstellung ohne Ruckeln zu erwarten ist und gleichzeitig eine optimal scharfe Darstellung auf allen Zielgeräten erfolgt.

Dieser primär vektorbasierte Ansatz kann dann nach der Idee des Multimedia-Storytelling um zusätzliche Medien erweitert werden, wie Pixel-basierte Fotos und Video oder Sample-orientiertes Audio etc., aber im Overlay in Form von zusätzlichen Fenstern, die sich auf Wunsch öffnen und vor den aktuellen Inhalt der Scroll-Reise legen, bis sie absichtlich wieder geschlossen werden.

Falls Pixel- odor Sample-orientente Inhalte aber auch direkt in die Scroll-Reise eingebunden werden sollen, z.B. als Hintergrundbilder oder Hintergrundvideos, dann sollte ein intelligentes Preloading und Precaching erfolgen, das die unumgänglichen Ladezeiten vor dem Nutzer versteckt, indem diese auf Zeiträume vorverlegt werden, in welchen der Nutzer gerade mit der Aufnahme der bereits zuvor geladenen Inhalte beschäftigt ist, sodass hier ein gewisses Zeitfenster zum Vorladen der nächsten Inhalte besteht, ohne das es zu lästigen Wartezeiten für den Nutzer und nicht flüssiger nahtloser Darstellung kommt.

Für mobile Endgeräte sollte dabei besser eine zweite alternative Variante der Inhalte vorgehalten werden. Diese sollte mit weniger Pixel- und Sample-basierten Inhalten auskommen, auf diese Weise die Ressourcen des Zielgerätes schonen, sowie flott geladen und vom Zielgerät gerendert werden können.

Vom Blickwinkel des Authorings gesehen, ist es aus Sicht der Autoren dieses Buches möglich und empfehlenswert, die Inhalte bereits in der Konzeption in einer stark illustrativen Erzählform anzulegen, die sich gut über Vektorgrafik transportiert lässt. Dies führt zu Erzählungen auf Basis von stilisierten, abstrahierten, vom Inhalt her eher reduzierten Grafiken. Dieser vielleicht primär technisch bedingte Ansatz bietet sich aber zugleich auch auf einer nicht technischen Ebene als typischer Stil an, der zeitgenössischen Stories im Web einen eigenen modernen und spezifischen Look verleihen kann. *„Form follows function and style profits from technical restrictions"*, um eine bekannte Aussage an dieser Stelle noch etwas zu erweitern.

Bei gekonnter Umsetzung laufen scroll-activated animations auf der Basis von Vektorgrafik dann geschmeidig und ruckelfrei auf sämtlichen Varianten von Zielgeräten im Web ab und lassen sich dabei mit vergleichsweise geringer Datenmenge verbreiten. Zudem erlaubt das Prinzip der Vektorgrafik dabei eine von der Auflösung und Darstellungsqualität stets optimale Darstellung, praktisch unabhängig von den technischen Gegebenheiten des Zielgerätes.

Für die Zukunft steht zu erwarten, dass auf Basis der technischen Weiterentwicklung der Zielgeräte und der Übertragungswege vermehrt auch Pixel- und Sample-basierte Anteile zunehmend ohne Performance-Nachteile direkt in scroll-activated animations eingebunden werden können, ohne deren Erlebnis und Faszination zu stören durch lästige Ladezeiten und Ruckeln.

Um Inhalte für Digital Storytelling im Web auf Basis von scroll-activated animations gekonnt zu konzipieren und zu erstellen, bedarf es seitens der Medienschaffenden hoch spezialisierter Fachkenntnisse und Erfahrung, damit das Ergebnis die erhebliche zusätzliche Mühe bei seiner Erstellung auch wirklich rechtfertigt. Das vorliegende Buch trägt dazu seinen Anteil bei und informiert Medienschaffende in vielerlei Hinsicht über die Gegebenheiten und Herausforderungen auf dem Weg zu optimalen Ergebnissen.

Es legt dabei einen Grundstock und gibt, nicht zuletzt über das umfangreich dokumentierte Demoprojekt, viele praktische Hinweise und Anregungen zur Umsetzung. Auf diese Weise vorbereitet, kann sich der Leser nun seinen eigenen Projekten widmen und profitiert hierbei hoffentlich in erheblichem Maße von den Inhalten und Anregungen in diesem Buch.

Gleichwohl muss das Buch dabei zwangsläufig unvollständig bleiben und kann nicht alle Probleme vorauseilend lösen, die Medienschaffende bei der Umsetzung eigener Digitaler Stories für das Web erwarten. Aber die Autoren haben sich zumindest größte Mühe dabei gegeben, den Leser hierfür in eine gute Startposition zu bringen und ihn auf die vielfältigen Herausforderungen vorzubereiten.

Für die Zukunft steht zu erwarten, dass sich der Anteil an Inhalten im Web, welche auf dem Ansatz des Digital Storytelling basieren, zunehmend erweitern wird. Websites nach diesem Ansatz werden herkömmliche Websites in gewissen Bereichen des Webs zunehmend verdrängen, so zumindest das Credo der Autoren.

Auch werden dabei die Ersteller immer besser mit den zusätzlichen und andersartigen Herausforderungen der Erstellung solcher Inhalte zurecht kommen und in der Folge wird die Qualität immer weiter steigen, sowie sich eine Art von neuem inhaltlichem Standard hierfür herausbilden. Man wird sehen...

Neben dem bereits heute gängigen Einsatz für Marketing und Produktwerbung, werden weitere Bereiche des Webs zunehmend für das Digital Storytelling erschlossen werden, wie beispielsweise das Employer Branding oder Data Science, um hier nur einige zu nennen.

Aber auch der Sektor der Schulung und Weiterbildung bietet hierfür eine vielversprechende Anwendungsfläche. Gerade in diesen Bereichen könnte das Potential zur Faszination, das dem Digital Storytelling innewohnt, für zusätzliche Motivation sorgen und die Erfolgsquote beim Lernen merklich erhöhen.

Der Leser sei ausdrücklich dazu angeregt, hier weitere Flächen der Anwendungsmöglichkeiten zu entdecken, zu erkunden und für seine eigenen Projekte und Kunden zu erschließen. Das Buch soll ihn dabei in vielerlei Hinsicht stimulieren und unterstützen.

Die Autoren sind dabei schon sehr gespannt auf all die faszinierenden und hochkarätigen Umsetzungen, die hierbei in den kommenden Jahren ganz sicher entstehen werden. Und diese finden auf Zuruf dann selbstverständliche sehr gerne ihren Platz in der nächsten Ausgabe dieses Buches...

Markus Säwert und Roland Riempp
(im August 2019)